"十三五"国家重点图书出版规划项目

国家出版基金项目
NATIONAL PUBLICATION FOUNDATION

《中国经济地理》丛书

孙久文　总主编

贵州经济地理

赵翠薇　李旭东　罗　娅　等◎著

GUIZHOU

经济管理出版社
ECONOMY & MANAGEMENT PUBLISHING HOUSE

图书在版编目（CIP）数据

贵州经济地理/赵翠薇等著 . —北京：经济管理出版社，2023. 10
ISBN 978-7-5096-9028-4

Ⅰ. ①贵…　Ⅱ. ①赵…　Ⅲ. ①区域经济地理—贵州　Ⅳ. ①F129. 973

中国国家版本馆 CIP 数据核字（2023）第 094991 号

组稿编辑：申桂萍
责任编辑：申桂萍　李光萌
助理编辑：张　艺
责任印制：黄章平
责任校对：张晓燕

出版发行：经济管理出版社
　　　　　（北京市海淀区北蜂窝 8 号中雅大厦 A 座 11 层　100038）
网　　址：www. E-mp. com. cn
电　　话：（010）51915602
印　　刷：唐山昊达印刷有限公司
经　　销：新华书店
开　　本：720mm×1000mm/16
印　　张：17
字　　数：296 千字
版　　次：2023 年 10 月第 1 版　　2023 年 10 月第 1 次印刷
书　　号：ISBN 978-7-5096-9028-4
定　　价：98. 00 元

《中国经济地理》丛书

顾　　问：宁吉喆　刘　伟　胡兆量　胡序威　邬翊光　张敦富

专家委员会（学术委员会）

主　　任：孙久文

副 主 任：安虎森　张可云　李小建

秘 书 长：张满银

专家委员（按姓氏笔画排序）：

邓宏兵　付晓东　石培基　吴传清　吴殿廷　张　强　李国平

沈正平　陈建军　郑长德　金凤君　侯景新　赵作权　赵儒煜

郭爱君　高志刚　曾　刚　覃成林

编委会

总 主 编：孙久文

副总主编：安虎森　付晓东

编　　委（按姓氏笔画排序）：

文余源　邓宏兵　代合治　石培基　石敏俊　申桂萍　安树伟

朱志琳　吴传清　吴殿廷　吴相利　张　贵　张海峰　张　强

张满银　李　红　李二玲　李小建　李敏纳　杨　英　沈正平

陆根尧　陈　斐　孟广文　武友德　郑长德　周国华　金凤君

洪世键　胡安俊　赵春雨　赵儒煜　赵翠薇　涂建军　高志刚

曾　刚　覃成林　滕堂伟　薛东前

总　序

　　今天，我们正处在一个继往开来的伟大时代。受现代科技飞速发展的影响，人们的时空观念已经发生了巨大变化：从深邃的远古到缥缈的未来，从极地的冰寒到赤道的骄阳，从地心游记到外太空探索，人类正疾步从必然王国向自由王国迈进。

　　世界在变，人类在变，但我们脚下的土地没有变，土地是留在心里不变的根。我们是这块土地的子孙，我们祖祖辈辈生活在这里。我们的国土有960万平方千米，有种类繁多的地貌类型，地上和地下蕴藏着丰富的自然资源，14亿中国人民有五千年延绵不绝的文明历史，经过40余年的改革开放，中国经济实现了腾飞，中国社会发展日新月异。

　　毛泽东主席曾明确指出："中国革命斗争的胜利，要靠中国同志了解中国的国情。"又说："认清中国的国情，乃是认清一切革命问题的基本根据。"习近平总书记在给地理测绘队员的信中指出："测绘队员不畏困苦、不怕牺牲，用汗水乃至生命默默丈量着祖国的壮美山河，为祖国发展、人民幸福作出了突出贡献。"李克强总理更具体地提出："地理国情是重要的基本国情，要围绕服务国计民生，推出更好的地理信息产品和服务。"

　　我们认识中国基本国情，离不开认识中国的经济地理。中国经济地理的基本条件，为国家发展开辟了广阔的前景，是经济腾飞的本底要素。当前，中国经济地理大势的变化呈现出区别于以往的新特点。第一，中国东部地区面向太平洋和西部地区深入欧亚大陆内陆深处的陆海分布的自然地理空间格局，迎合东亚区域发展和国际产业大尺度空间转移的趋势，使我们面向沿海、融入国际的改革开放战略得以顺利实施。第二，我国各区域自然资源丰裕程度和区域经济发达程度的相向分布，使经济地理主要标识的区内同一性和区际差异性异常突出，为发挥区域优势、实施开发战略、促进协调发展奠定了客观基础。第三，以经济地理格局为依据调整生产力布局，以改革开放促进区域经济发展，以经济发达程度和市场发育程度为导向制定区域经济政策和区域规划，使区域经济发展战略上升为国家重大战略。

因此，中国经济地理在我国人民的生产和生活中具有坚实的存在感，日益发挥出重要的基石性作用。正因为这样，编撰一套真实反映当前中国经济地理现实情况的丛书，就比以往任何时候都更加迫切。

在西方，自从亚历山大·洪堡和李特尔之后，编撰经济地理书籍的努力就一直没有停止过。在中国，《淮南子》可能是最早的经济地理书籍。近代以来，西方思潮激荡下的地理学，成为中国人"睁开眼睛看世界"所看到的最初的东西。然而对中国经济地理的研究却鲜有鸿篇巨制。中华人民共和国成立特别是改革开放之后，中国经济地理的书籍进入大爆发时期，各种力作如雨后春笋。1982年，在中国现代经济地理学的奠基人孙敬之教授和著名区域经济学家刘再兴教授的带领和推动下，全国经济地理研究会启动编撰《中国经济地理》丛书。然而，人事有代谢，往来成古今。自两位教授谢世之后，编撰工作也就停了下来。

《中国经济地理》丛书再次启动编撰工作是在2013年。全国经济地理研究会经过常务理事会的讨论，决定成立《中国经济地理》丛书编委会，重新开始编撰新时期的《中国经济地理》丛书。在全体同人的努力和经济管理出版社的大力协助下，一套全新的《中国经济地理》丛书计划在2018年全部完成。

《中国经济地理》丛书是一套大型系列丛书。该丛书共计40册：概论1册，思想史1册，"四大板块"共4册，34个省、区、市及特别行政区共34册。我们编撰这套丛书的目的，是为读者全面呈现中国各省份的经济地理和产业布局的状况。当前，中国经济发展伴随着人口资源环境的一系列重大问题，复杂而严峻。资源开发问题、国土整治问题、城镇化问题、产业转移问题等，无一不是与中国经济地理密切相连的；京津冀协同发展、长江经济带战略和"一带一路"倡议，都是以中国经济地理为基础依据而展开的。我们相信，《中国经济地理》丛书可以为一般读者了解中国各地区的情况提供手札，为从事经济工作和规划工作的读者提供参考资料。

我们深感丛书的编撰困难巨大，任重道远。正如宋朝张载所言"为往圣继绝学，为万世开太平"，我想这代表了全体编撰者的心声。

我们组织编撰这套丛书，提出一句口号：让读者认识中国，了解中国，从中国经济地理开始。

让我们共同努力奋斗。

孙久文

全国经济地理研究会会长

中国人民大学教授

2016 年 12 月 1 日于北京

前　言

贵州位于中国西南部、云贵高原东部，地处我国三级阶梯的第二级阶梯，海拔较高、气候凉爽，是极佳的避暑胜地，也是一个山川秀丽、民族众多的省份。矿产资源类型多样、储量丰富，在中国已查明的 162 种矿产资源中，贵州就发现了 137 种，其中 25 种资源储量居全国前 3 位，煤炭、磷矿优势尤其突出，不仅储量大，而且品质好，素有"江南煤海"之称。贵州早期的居民，大都与古代西南的"濮人""百越""氐羌""苗瑶"四大族系相关，秦汉以后汉族和其他少数民族陆续迁入贵州，进一步丰富了贵州的民族成分，少数民族呈现"大杂居，小聚居"的分布特征。在漫长的历史长河中，各民族相互影响、相互促进，民族文化传承、交融、演变，既保留了原有民族风貌，又融合了其他民族特色。

春秋以前，贵州大部分属于"荆楚"或"南蛮"地区，战国后期的夜郎国大部分疆域在今贵州省内。明朝是贵州历史上重要的发展时期，明初屯兵制的推行，江南等地的汉族人口大量迁入，改变了贵州的人口结构；明永乐十一年（公元 1413 年）贵州行省设立，贵州与中原地区的联系逐渐加强，引入了中原先进的生产技术，土地资源开发规模不断扩大，经济发展速度加快。1840 年鸦片战争爆发后，贵州自给自足的自然经济受到外来商品和资本的冲击，产生了官僚资本企业，1886 年开办了第一个官督商办企业——镇远青溪铁厂。19 世纪末 20 世纪初，贵州在矿产冶炼、酿酒、纺织等行业出现了民族资本企业，如茅台镇的成义酒厂、荣和酒厂等。抗战时期全国政治经济中心西移，部分工厂、学校、行政机构等迁入，贵州经济发展出现了短暂的繁荣，1941 年设立第一个建制市——贵阳市。

作为全国唯一没有平原支撑的省份，多山的地形不仅限制了农业生产发展，在道路修建技术较为落后的时代，还成为交通发展的阻碍，再加上区位条件、历史、政策等因素，贵州的资源优势并未转化为经济优势，社会经济发展长期处于全国较低水平。1949 年人均国民生产总值仅 49 元，居全国倒数第一位，第一产业产值占国民生产总值的 83%。1964～1978 年国家建设时期，贵州符合当时经济布局的"靠山、分散、隐蔽"原则，成为三线建设的重要省份。国家投资力度加大，还迁入大批工程技术人员，在开发矿产资源，建设铁路、公路等基础设施，基本建成以航空、航天为主的工业体系，为贵州工业发展打下良好基础。1978 年贵州省第二产业比重提升到 40%，20 世纪 90 年代初，第二产业比重超过第一产业。随着产业布局思路的调整，"三线"建设时期的大部分企业逐步搬迁到区位条件较好的地区。这一特殊历史时期的工业遗产价值逐渐受到重视，有的地区将"三线"工业遗产保护和旅游开发结合起来，如中国首台航空发动机诞生地——毕节市大方县羊场坝镇，中国航空发动机厂遗址已作为旅游景点开放，遵义市等地也开发了三线文化主题的旅游线路。"三线"建设时期工业重型化特征明显，对资源的依赖程度高。在这一基础上发展起来的贵州工业，资源型、重型化特征一直没有得到根本改变，高耗能、高耗材、高污染、低产出特征明显。20 世纪 90 年代开始的西部大开发，贵州作为能源资源大省，建设了一批水电站、火电站，成为"西电东送"的主要省份。毋庸置疑，资源开发对贵州经济发展的拉动作用十分明显，但是对资源依赖过于严重的区域经济必定十分脆弱，20 世纪中后期出现的煤炭、有色金属供过于求的状况，严重影响了贵州经济发展；在资源开发枯竭区，出现了失业、社会治安恶化等社会问题，破解这一难题势必进行产业转型发展。

喀斯特生态环境脆弱，矿产资源开发带来了地表塌陷、地下水、泥石流等，行业发展受到限制。贵州地处长江、珠江上游，生态地位重要，喀斯特生态环境脆弱，经济发展和生态建设的矛盾十分突出。

西部大开发战略实施以来，贵州基础设施建设突飞猛进，实现县县通高速，贵广高铁开通标志着贵州进入"高铁时代"，是西部地区第一个通高铁、第一个实现县县通高速的省份；9 个市（州）全部通航。开工建设黔中水利枢纽、夹岩水利枢纽、马岭水利枢纽等大中型水利工程，降低了贵州水旱灾害风险。为贵州进一步发展创造了条件。"十二五"期间，贵州提出了"工业强省战略"和"城镇化带动战略"，"十二五"以来，经济增速连续 10 年居全国前三位，

2015~2020年，地区生产总值在全国的排位从第25位上升到第20位，人均地区生产总值从第29位上升到第25位。"十三五"期间，贵州66个贫困县全部脱贫摘帽，5年减少贫困人口507万，异地扶贫搬迁人口192万，是全国减贫人口、搬迁人口最多的省份，创造了贵州经济发展的"黄金十年"。

纵观贵州经济发展历程，阶段性特征非常明显。当前贵州正处于一个新的、快速发展时期，正努力通过发展新型工业、山地特色农业、旅游业等，推动乡村振兴，实现社会经济的持续发展，将资源优势、生态优势转化为经济优势，建成生态美、百姓富的美丽贵州。

全书共十章，由5位教师共同完成：第一章、第二章由罗娅完成；第三章、第十章由赵宇鸾完成；第五章、第六章由李旭东完成；第七章、第八章由赵航完成；第四章、第九章由赵翠薇完成。赵翠薇负责全书提纲拟订和统稿工作。

随着书稿的完成，我们深刻认识到贵州经济地理研究是一个极其复杂的系统工程，尚有许多领域需要深入。限于笔者研究水平及其他因素，书中可能存在诸多不足，希望得到读者的反馈意见，以便于我们进一步修订完善。书中对于相关专家的观点和研究成果尽量给予引证，有不慎遗漏之处，恳请各位专家谅解。

在本书的编写过程中，广大研究生同学在数据资料收集、图件制作、文字校对等方面做了大量工作，因涉及人数较多，故不一一列出姓名，在此一并对参与书稿撰写工作的研究生同学表示感谢。

赵翠薇

2022年4月

目　录

第一章　自然条件与资源禀赋

贵州省地处中国西南部，是一个山地多、平地少、喀斯特地貌广布的省份，在亚热带季风气候条件下，发育了地带性黄壤和亚热带常绿阔叶林，生态环境异质性高，土壤植被类型多样；矿产资源地位重要，汞矿等矿产资源保有储量居全国第 1 位，是我国南方最大的煤炭资源基地，素有"西南煤海"之称。独特的地貌景观、古朴的民族风情以及革命历史遗迹等资源为贵州省旅游业发展打下了良好基础。

第一节　自然地理条件

一、地理位置

贵州省简称"黔"或"贵"，位于我国西南部、云贵高原东部，北至四川盆地南缘山地和鄂西南高原，南至南盘江河谷和桂西北山地，南北跨大约 5 个纬度（北纬 24°37′~29°13′），南北长约 509 千米；西起滇东黔西高原，东至湘西丘陵山地，横越 6 个经度（东经 103°36′~109°37′），东西长约 595 千米，总面积约为 17.6 万平方千米，占全国国土面积的 1.8%。贵州省地处亚热带，亚热带在全球行星风系中属于回归线信风带，受下沉气流影响，世界上其他地区往往形成干旱气候，而我国受到海陆分布和青藏高原的巨大影响，以季风气候为主，气候温暖湿润、水热同季，具有发展农业的良好基础。

贵州省北接四川省和重庆市，南邻广西壮族自治区（简称"广西"），东邻湖南省，西邻云南省，是一个不沿边、不沿江、不沿海的内陆省份，历史上是中、东部地区进入西南边陲的必经之地，战略地位十分重要。由于地形崎岖，在当时的技术条件下，修建驿道十分困难，而且河流落差大、水流湍急，不具备水运发展优势，交通基础设施落后曾经是制约贵州经济社会发展的重要因素（陈永孝，1993；贵州省地方志编纂委员会，1985）。

近年来，贵州省已成为我国西南地区重要的交通枢纽。贵昆、湘黔、黔桂和川黔四条铁路干线贯穿全省，贵广（贵阳—广州）、长昆（长沙—昆明）和成贵（成都—贵阳）等高速铁路建成通车，贵州省成为西部省区南下出海、云南和中国—东盟自由贸易区东进北上的主要通道。交通条件的改善，极大加强了与周边省份及其他地区的联系，贵州成为长江经济带矿产及能源供应基地、"南方丝绸之路"南通路节点，区位优势明显提升（张宏海，2015）。

二、地质地貌

（一）地质基础

贵州大地构造单元属于扬子准地台及华南褶皱带，在漫长的地质历史时期经历了多次海陆变迁，古生代和中生代大部分地区为海侵区，海相沉积发育，形成了广泛分布的碳酸盐岩，成为喀斯特地貌发育的物质基础；三叠纪末期海水退却形成陆地，燕山运动奠定了现代地貌格局；新生代以来贵州自西向东大幅掀斜上升，地势比周边的四川盆地、湘西丘陵和广西丘陵抬升1000米以上，导致贵州气温低于同纬度地区，成为夏季避暑胜地。

贵州地层发育齐全，中元古界至第四系均有出露，有丰富的煤、磷、铝、锰和大理石等沉积矿产。贵州出露的地层可划分为元古界、古生界、中生界和新生界。其中，新生界含古近系、新近系、第四系；中生界含三叠系、侏罗系和白垩系；古生界含寒武系、奥陶系、奥陶系与下志留系并层（OS1）、志留系、泥炭系、泥炭系与石炭系并层（DC）、石炭系、二叠系与石炭系并层（C1P）和二叠系；元古界含中元古界、青白口系、震旦系与南华系并层（Z+NH1）、南华系、震旦系。

贵州出露的地层比较完备，岩石性质多种多样，包括碳酸盐岩、砂页岩、变质岩、玄武岩等，为发育不同类型的土壤植被提供了条件。

（二）地貌特征

贵州处于我国西部高原山地向东部丘陵平原的过渡地带，地势西高东低，呈阶梯状下降，西部威宁彝族回族苗族自治县一带为云南高原东延部分，海拔高度大约 2200 米，中部为贵州山原的主体，海拔高度在 1000~1500 米，镇远以东地区为湘西低山丘陵组成部分。中部高原向北部的四川盆地和南部的广西丘陵倾斜，形成南北两个斜坡，地势的基本格局由东西三级阶梯及南北两个斜坡构成（见图 1-1）。

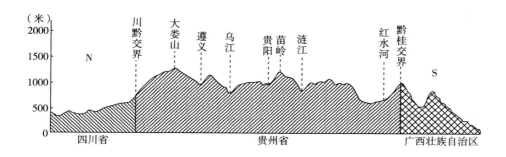

图 1-1　贵州自北向南地势起伏示意图

资料来源：黄威廉，屠玉麟，杨龙. 贵州植被［M］. 贵阳：贵州人民出版社，1988.

贵州地貌类型复杂，从成因上可以划分为以流水侵蚀作用为主的剥蚀—侵蚀地貌和以溶蚀作用为主的喀斯特地貌。贵州出露的碳酸盐岩面积广大，达到 109085 平方千米，占全省土地总面积的 61.92%，在温暖湿润的气候条件下发育了喀斯特地貌，形成独特的峰林、峰丛、溶蚀洼地、漏斗、溶洞等景观（邓晓红和毕坤，2004），成为重要的旅游资源，如高位旱溶洞织金洞，规模宏大，洞内石笋、石柱、钟旗等堆积物千姿百态，2015 年被批准为世界地质公园，有"溶洞之王"的美誉。贵州还分布有砂页岩、变质岩、玄武岩等非碳酸盐岩，其中，集中分布在赤水的侏罗—白垩纪红色砂页岩，发育了典型的丹霞地貌，主要表现为高原峡谷、山原峡谷两种类型，形态优美，是中国丹霞世界自然遗产的重要组成部分（彭建和熊康宁，2008）。

从形态上，贵州地貌类型可以划分为高原、山地、丘陵、台地和盆地，其中高原山地面积 138207.11 平方千米，占全省面积的 78.45%；丘陵面积 35385.62 平方千米，占全省面积的 20.09%；台地面积 143.02 平方千米，占全省面积的 0.08%；盆地面积 2431.24 平方千米，占全省面积的 1.38%。总体来讲，贵州山地丘陵面积所占比重大，素有"八山一水一分田"之说，是全国唯一没有平原分布的省份。

盆地散布在高原、山地和丘陵之间，有构造盆地，如水城盆地；河谷盆地，如三都盆地、荔波盆地；溶蚀盆地，如独山盆地、平坝马场盆地。台地分布零星，海拔高度变化较大，赤水河下游的台地海拔在300~400米，为低台地；海拔1000米以上的高原山区，为高台地，如贵阳高坡、惠水上摆、龙里中排等地。

贵州高原面仅在上游河流溯源侵蚀尚未到达的区域保存比较完整，分布在两个区域：第一，西部的威宁—赫章—六盘水一带为云南高原的东延部分，海拔较高，在2000米以上，地势起伏和缓；第二，黔中高原分布在贵州中部，海拔在1000~1500米，由丘陵和其间的宽浅盆地或坝子构成，起伏100~200米。贵州高原在河流中下游地区形成深切河谷，高差多在500~700米，形成很多著名的峡谷，如乌江峡谷、北盘江峡谷、马岭河峡谷等，风景优美，部分已开发成为旅游景区。

三、气候水文

（一）气候

1. 气候的基本特征

贵州省地处亚热带，由于位于欧亚大陆东南部、青藏高原东侧，形成亚热带季风性湿润气候。气温年变化幅度较小，全省大部分地区年平均气温为14℃~16℃，区域差异明显，西部地势较高的威宁、大方一带温度较低，南部红水河谷、北部赤水河谷以及东北部的乌江河谷温度较高。最冷月（1月）多年平均气温多在4℃~6℃，高于同纬度的其他地区；最热月（7月）多年平均气温多为22℃~25℃，比同纬度的其他区域低，为典型的夏凉地区。降水丰富但季节分布不均，太阳辐射强度较云南及长江中下游地区低，阴雨日数多，湿度大。

贵州气候复杂多样，有"一山分四季，十里不同天""一日之间，乍寒乍暖；十里之内，此热彼凉"之说。气象灾害较为严重，主要有暴雨、干旱、秋风、凝冻、冰雹等灾害性天气。

（1）中部气候温和，两隅寒暖各异。贵州的地理纬度南北相差约5个纬度，太阳辐射差异并不明显，但由于地形地势及冷暖气流的影响，气温的区域差异较大，中部气候温和，位于中部的省会城市贵阳，气候温和湿润，四季分明，冬无严寒，夏无酷暑，有"第二春城"之美称。西北部地势较高地区，冬冷夏凉；偏东、偏南河谷地带，冬暖夏热；东北部处于冷空气入侵的前站，冬季极端最低气温可低于−10℃；西南部冬半年盛行西南气流，日照足、气温高。

（2）降雨丰富，时空分布不均。受季风影响，降雨丰富，1961～2019年年均降水量为1100～1300毫米，最大值约1600毫米，最小值约850毫米。全省有三个多雨区、三个少雨区，兴义—晴隆—六枝—织金一带是第一个多雨区，这一区域处于西南暖湿气流入侵的通道，年降雨量超过1400毫米；丹寨—都匀一带是第二个多雨区，处于苗岭山脉的迎风坡，年降雨量也超过1400毫米；松桃—江口—铜仁一带是第三个多雨区，地处武陵山脉的迎风坡，年降雨量约1400毫米。位于乌蒙山脉背风坡的西部威宁—赫章—毕节一带，年降雨量仅850～950毫米，是第一个少雨区；道真—正安—桐梓一带，位于大娄山西北坡，年降雨量不足1100毫米，是第二个少雨区；施秉—镇远一带，受局部地形的影响，年降雨量小于1100毫米，是第三个少雨区。

降水量多集中在夏秋季节，4～9月为雨季，雨季降水量占年降水量的75%～80%。贵州西南部5月中下旬才进入雨季，5～10月的降水量约占年降水量的85%；冬季降水量仅占年降水量的5%左右，气候干湿季分明。

（3）垂直差异较大，立体气候明显。贵州海拔高差达2500米以上，气候垂直差异明显，如西部威宁彝族回族苗族自治县比中部贵阳市的海拔高1163米，年平均气温比贵阳市低4.8℃，东部铜仁市海拔比贵阳市低787米，年平均气温比贵阳市高1.6℃（王孜昌等，2002）。

热量是重要的农业生产资源。贵州南部的红水河、都柳江谷地是全省热量条件最好的地区，全年日平均气温稳定在5℃以上，可以种植喜温作物；北部赤水河下游谷地、东部乌江下游谷地，全年日平均气温基本上大于0℃或3℃以上，喜凉作物在冬季可以继续生长。西部海拔1700米以上地区，一般种植热量条件要求较低的粳稻，东部铜仁市可以种植双季稻（许炳南等，1992）。

2. 气候变化趋势

（1）年平均气温上升，冬季上升幅度大。贵州近50年的年平均气温变化，呈现出先下降后上升的趋势，与近百年来全球气候以变暖为主要趋势的特征一致，20世纪六七十年代气温呈下降趋势，90年代中期之后气温明显上升，冬季的上升幅度最大。从空间上看，贵州各地平均气温都呈现出上升趋势，上升速率为每 10 年上升 0.1℃~0.2℃，但南部边缘地带的上升幅度大大高于其他地区，为每 10 年上升 0.25℃。

（2）年降水量减少，集中趋势明显。近 50 年来贵州年降水量呈下降趋势，其中春季、秋季降水减少，夏季和冬季降水增加。全省降水平均减少量为每 10 年减少 10~30 毫米，西部地区减少最多，每 10 年减少 30 毫米以上。极端降水事件呈显著的上升趋势，20 世纪 90 年代至 21 世纪，全省极端降水事件明显增多。

（3）气候变化影响较大。贵州地形复杂，夏季降水集中，加上修建道路、房屋等工程活动的影响，滑坡、泥石流等地质灾害严重。地质灾害的发生与降水强度、降水持续时间等关系密切，贵州暴雨日数增加，可能导致地质灾害发生的频率和强度增大（吴战平等，2016）。

农业是受气候变化影响最大的部门。干旱是贵州最主要的农业气象灾害，有"十年九旱"之说。贵州温度上升和降水量减少的气候变化趋势，使春旱、伏旱以及跨季节干旱发生的可能性增加，加上喀斯特地区地表水资源匮乏，将会加剧干旱对农业生产的影响。

气候变化会对城市交通、能源、排水、供电、信息通信等基础设施产生不利影响。已建设的基础设施的设计标准，难以适应气象要素的剧烈变动，极端气候条件下容易受损甚至丧失服务功能。例如，2008 年的凝冻灾害是贵州有气象记录以来最严重的一年，主要输电线路和交通几乎瘫痪；城市内涝严重，贵阳市中心城区有 27 个地段容易遭受水淹，7 个城市道路下拉槽容易积水。

（二）水文

贵州的河流分属长江流域和珠江流域，中部的苗岭山脉为一级分水岭，苗岭以北地区属长江流域，流域面积为 115747 平方千米，占总面积的 65.7%；以南地区属珠江流域，流域面积为 60381 平方千米，占总面积的 34.3%。北部大娄山脉为乌江和赤水河的分水岭；横亘黔东北的武陵山脉，为乌江和沅江的分水岭；蜿蜒于贵州西部的乌蒙山脉，是牛栏江、横江和北盘江、乌江的分水岭，乌蒙山向东延伸的韭菜坪为贵州最高峰，海拔约 2901 米。

1. 河网密度大，地下水系发育

全省河网密度较大。长度在 10~50 千米的河流共计有 984 条，占全省河流总数的 91.7%。受地质与地势条件制约，多数河流发源于西部和中部的高原山地，沿地势向北面、东面和南面呈放射状分布。河流上游流经起伏较小的高原地带，河谷开阔且流速平缓；在地势转折的斜坡地带，水流湍急；中游河谷深切狭窄，是水能资源最丰富的地区；下游河谷趋于平缓。

贵州第四纪以来的间歇性抬升，使河流侵蚀基准面不断下降，喀斯特地貌纵向强烈发育，形成漏斗、落水洞、竖井等，地下水系发育，形成喀斯特地区独特的地貌水文二元结构。全省有地下河1130条，其中800余条排入长江流域，300余条排入珠江流域。地下河多埋藏在地表以下几十米内，其河流经区地表多有呈线状排列的漏斗、落水洞、洼地、地下河天窗等。石灰岩为主的地区地下河发育最好，白云岩为主的地区地下河发育程度次之（见表1-1）。

表1-1　贵州省喀斯特地下河基本情况

岩性	地下河数量（条）	岩性	地下河数量（条）
石灰岩	806	碳酸盐岩夹碎屑岩	118
白云岩	155	碎屑岩碳夹酸盐岩	51

资料来源：陈梦熊．中国地下水研究论文选集［M］．北京：中国大地出版社，2007.

2. 长江流域主要水系

（1）乌江水系。乌江古称"延江"，亦称黔江，是长江上游右岸的最大支流，其发源地位于乌蒙山脉东麓的威宁彝族回族苗族自治县。乌江是贵州最大的河流，贵州省内流域面积为66800平方千米，占乌江流域总面积的76.03%，占贵州省总面积的37.95%。干流全长1037千米，流经毕节、六盘水、安顺、贵阳、遵义、铜仁等市，至铜仁市沿河县城后流出贵州省，在重庆市涪陵区汇入长江。乌江水系的水量和水力资源都很丰富，河道天然落差1903.5米，水能资源居长江上游主要支流的第三位，仅次于雅砻江和大渡河。乌江干流具有开发梯级水力发电站的有利条件，其中贵州省内建设9个水电站，即普定、引子渡、洪家渡、东风、索风营、乌江渡、构皮滩、思林和沙沱，下游重庆市内建设彭水、银盘和白马3个水电站，是我国13个重要的水电基地之一。普定水电站是乌江干流建设的第一座梯级电站，1995年建成投产。

（2）沅江水系。沅江上源清水河水系包括贵州省内清水河干流、省内汇入支流以及出省后汇入沅江的支流沅水、渠水上源洪州河、辰水上源锦江、酉水的二级支流花垣河上源松桃河等，跨贵州、四川、湖南、湖北四省。贵州省内流域面积 30254 平方千米，约占全省总面积的 17.2%。

（3）赤水河—綦江水系。赤水河—綦江水系主要位于贵州北部，包括赤水河及其支流和綦江上源松坎河。其中，赤水河为长江右岸的一级支流，发源于云南省的威信县，干流进入贵州毕节市后成为贵州省和四川省的界河，流经贵州省金沙县、习水县和赤水市后，在四川省合江县汇入长江。贵州省内流域面积 13800 平方千米，约占全省总面积的 7.80%。

（4）牛栏江—横江水系。牛栏江和横江均属于金沙江的一级支流，总流域面积 27360 平方千米，发源于云南省，跨云南、贵州、四川三省。贵州省内的横江—牛栏江水系，包括横江上游主要支流洛泽河上源白水河、牛街河支流安乐小河、牛栏江下游小寨至店子段及北岸主要支流哈喇河等。贵州省内流域面积共 4888 平方千米，约占全省总面积的 2.80%。

3. 珠江流域主要水系

（1）南盘江水系。南盘江发源于云南省沾益县马雄山，是珠江干流西江的上源，流经云南、贵州、广西交界处的三江口后，成为贵州和广西的界河，流至贵州望谟县的蔗香乡与北盘江汇合进入红水河。南盘江干流在贵州省内长 263 千米，主要支流有黄泥河和马别河。贵州省内流域面积共 7651 平方千米，约占全省总面积的 4.30%。

（2）北盘江水系。北盘江发源于云南省宣威市板桥乡，是珠江干流西江上游左岸的一级支流，自西向东经云南省宣威、都格进入贵州省，再折向东南往茅口、盘江桥，至望谟县的蔗香乡与南盘江汇合进入红水河。北盘江干流在贵州省内长 352 千米，主要支流有乌都河、拖长江、麻沙河、可渡河、大田河、打邦河、月亮河、红辣河等。贵州省内流域面积共 20982 平方千米，约占全省总面积的 11.90%。

（3）红水河水系。南盘江与北盘江在望谟县的蔗香乡汇合后称为红水河。其干流自西向东在黔、桂交界处流过 106 千米后折向东南进入广西，主要支流有蒙江和六洞河。贵州省内流域面积约 16000 平方千米，占全省总面积的 9.10%。

（4）都柳江水系。都柳江发源于贵州东南部长江与珠江两流域的分水岭——苗岭山脉，是珠江水系最大上源西江的主要支流，大部分河谷呈东西走向。其干流自西向东流经贵州省三都、榕江和从江县后进入广西壮族自治区，最后汇入珠江水系。贵州省内流域面积 15809 平方千米，约占全省总面积的

9.00%（贵州省水利厅，2015）。

四、土壤植被

（一）土壤

贵州成土母质多样，既有老风化壳，也有现代风化物的残积物、坡积物、冲积物和湖积物。受成土母质、地貌、气候和人类活动的共同影响，贵州土壤类型繁多、生物资源丰富，土壤、植被分布既有水平地带性规律，又呈现出垂直分异特征，为农林牧业全面发展和立体布局打下了基础。

1. 土壤分布特点

贵州地带性土壤为黄壤，由于地势起伏引起的水热条件差异，土壤分布存在水平分异。从南北差异来看，南部的红水河、南北盘江河谷地带，气候为湿热的南亚热带气候，发育了砖红壤性红壤。黔中高原面海拔上升到800～1400米，气候逐渐变化为温暖湿润，发育地带性黄壤，为贵州典型黄壤分布集中区。贵州从东西差异来看，东部主要受东南季风的影响，相对湿度较大，土壤以黄红壤和黄壤为主。西部受印度洋西南季风及西南暖流的影响，干湿季明显，相对湿度较小，在海拔低的西南部有红壤分布，而在海拔较高的西北部则为高原黄棕壤。贵州从东到西土壤分布为黄红壤—黄壤—高原黄棕壤（见图1-2和图1-3）。

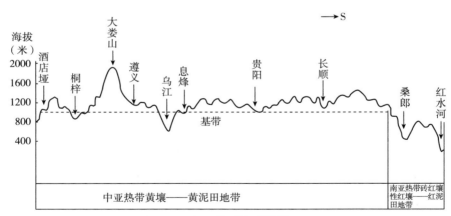

图1-2　贵州自南向北土壤分布示意图

资料来源：贵州省农业厅，中国科学院南京土壤研究所．贵州土壤［M］．贵阳：贵州人民出版社，1980.

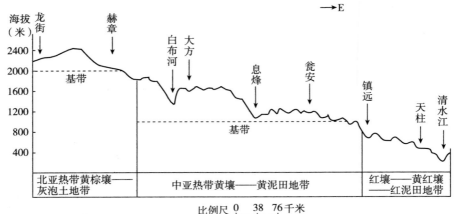

图1-3　贵州自西向东土壤分布图

资料来源：贵州省农业厅，中国科学院南京土壤研究所．贵州土壤［M］．贵阳：贵州人民出版社，1980.

土壤类型分布不仅表现为水平分异特征，还呈现出垂直分布规律。随着山地海拔的升高，气温、降水、生物等发生了变化，土壤由山麓到山顶也发生相应的演替。例如，贵州东北部武陵山脉主峰梵净山，海拔2572米，在500米以下发育黄红壤，500～1300米发育山地黄壤，1300～1700米发育山地黄棕壤，1700～2300米发育山地暗色矮林土，2300米以上气温降低，风速加大，发育山地灌丛草甸土。

2. 主要土壤分布

黄壤是贵州分布最广泛的地带性土壤，主要分布于中部、北部和东部的海拔700～1400米地带和西南部、西北部的海拔900～1900米的山原地区，多发育于湿润的亚热带常绿阔叶林和常绿落叶阔叶混交林环境，面积约占全省土地面积的45%。

黄棕壤主要分布于贵州西北部海拔1900～2200米的高原山地和北部、东部海拔1300～1600米的部分山地，常发育于亚热带常绿落叶阔叶混交林环境。

红壤主要分布于红水河及南盘江、北盘江流域的海拔500～700米的河谷丘陵地区，常发育于南亚热带河谷季雨林环境。黄红壤为红壤与黄壤间的过渡类型，分布于贵州东北部铜仁市地区及东南部都柳江流域海拔500～700米的低山丘陵地区，常发育于湿润性常绿阔叶林环境。

石灰土为非地带性土壤，在石灰岩出露的地方几乎都有发育。

紫色土主要分布于贵州北部的赤水—习水一带，常发育于紫色砂页岩出露区域的环境。

山地草甸土主要分布于少数 1900 米以上的山顶和山脊，常发育于山地灌丛、灌草丛及草甸环境。

（二）植被

1. 植被分布特点

受气候、土壤、地形和生物等自然因素以及人为因素的综合影响，贵州植被地域分异较为明显。贵州植被水平地带性差异有南北差异和东西差异。南北主要表现为热量差异，南部热量条件较好的河谷地带，分布着南亚热带常绿阔叶林，在植物种类构成中出现热带成分的植物，中部和北部发育了中亚热带常绿阔叶林。东西表现为水分差异，西部降水较少且干湿季分明，分布着地带性中亚热带常绿阔叶林，植物种类接近云南省的成分；东部降水较多且季节分布较为均匀，发育了典型的湿润型中亚热带常绿阔叶林，植物种类成分多为中国东部华中成分。

海拔较高的山地，地势升高引起热量和水分的重新分配，形成山地植被垂直带谱，基带则反映地带性植被。贵州东北部的梵净山，主峰高 2572 米，相对高差为 2000 米，植被的垂直分异明显，海拔 1300 米以下为常绿阔叶林，1300～2100 米为常绿落叶阔叶混交林，2100～2350 米为亚高山针叶林，2350～2572 米为亚高山灌丛草甸。

2. 主要植被类型

（1）自然植被。贵州植被类型复杂多样，按照植被分类的一般原则，将其分为阔叶林、针叶林、灌丛及灌草丛、竹林等类型。

阔叶林是指以阔叶树种为主要成分的森林植被。贵州的阔叶林以常绿阔叶林为主，它是中亚热带的地带性植被，受人类活动影响较大，现在仅在边远山区的坡陡谷深、人迹罕至之处，发现有小面积的原始常绿阔叶林保存下来。

针叶林是贵州现存植被中分布面积最广、经济价值较大的类型，主要是亚热带山地常绿针叶林，它具有四季常青的群落外貌，从东南部的都柳江河谷（海拔 200 米）到西部威宁高原（海拔 2400～2600 米）都有分布。

灌丛及灌草丛多是森林植被遭到破坏后次生形成，仅在少数较高海拔的山体顶部（雷公山、梵净山等），才有小面积的原生灌丛和灌草丛分布。灌丛及灌草丛植被分布普遍，面积较大，类型多样。

贵州竹林为中亚热带竹林，北部赤水河流域集中分布，多在海拔300~1300米的低山地区及清水河、都柳江等河谷斜坡上。

（2）栽培植被。贵州栽培植被可分为农田植被与经济林植被两大类。农田植被可分为旱地植被与水田植被，旱地作物有喜温的玉米以及小麦、马铃薯、豆类等。人工栽培的经济林包括油茶林、油桐林、茶丛、乌桕林、油橄榄林等，果木林包括柑橘林、苹果林、梨林、桃林等。

黔西北一带地势较高，是贵州的高寒山区，人工种植作物有明显的暖温带特色，经济林以适应冷凉气候的核桃、漆树为主，梨、苹果等暖温带果树分布广，品质好；农作物一般一年一熟或两年三熟，作物品种以耐干旱、贫瘠、低温的荞麦、燕麦、马铃薯为主。

低海拔的河谷地带热量条件较好，作物一年三熟，能够正常生长喜热作物甚至热带作物，如赤水河谷下游、乌江—锦江河谷是全省双季稻主要产区，栽培有龙眼、荔枝、火龙果等热带水果（黄威廉等，1988）。

第二节　资源禀赋

一、土地资源

贵州复杂的自然地理条件，形成了丰富的土地资源类型。贵州土地资源类型划分如下：

第一级按照最重要的差异性标志——地貌类型，划分为沟谷河川与平坝地、岗台地、丘陵地、低山地和中山地五类；第二级依据次一级的差异性标志——土壤和植被，划分为78种二级类型。例如，第一级沟谷河川与平坝地，根据利用方式二级类划分为水稻土坝子、山间谷地水田、旱作沟谷与坝子等；丘陵地根据土壤植被类型，划分为常绿阔叶林黄壤丘陵地、针叶林红壤丘陵地、旱作石灰土丘陵地、丘陵地梯田等（蔡运龙，1990）。

二、地表、地下水资源

贵州水资源相对丰富,天然降雨是主要来源。全省平均年产水量(水资源总量)为 1062 亿立方米,占全国的 3.74%,居全国第九位。人均占有水资源 2800 立方米,居全国第十位,高于全国平均水平 2091 立方米。按水系分区,长江流域水资源总量为 680 亿立方米,珠江流域为 382 亿立方米。

《贵州省水资源公报》数据显示,贵州水资源以地表水为主,多年地表水资源量占水资源总量的 79.29%,地下水占 20.07%。2019 年,全省水资源总量达 1117 亿立方米,每平方千米产水 634 万立方米,人均水资源量 308 立方米。

喀斯特地区特殊的水文地貌二元结构,具有地表、地下两个水系(杨明德,1982)。贵州水资源总量包括地面径流和地下径流两个部分,降雨大部分由地面径流汇入河流,小部分渗入地下形成地下径流。全省年平均径流深为 588 毫米,空间变化特征与降雨分布基本一致,由东南向西北递减。按水系分区,长江流域为 577 毫米,珠江流域为 608 毫米。沅江水系的 671 毫米、南盘江水系的 665 毫米、柳江水系的 668 毫米为高;金沙江水系的 402 毫米、赤水河的 483.3 毫米为低。

贵州的地下水主要为岩溶裂隙水,水量占地下水总量的 80% 以上,分布于喀斯特地区。全省地下水资源总量多年平均值为 262 亿立方米,平均地下径流模数为 147000 立方米/平方千米,占河川径流总量的 24.8%;岩溶水 214.9 亿立方米,平均地下径流模数为 152000 立方米/平方千米,占全省地下水资源总量的 83.1%;非岩溶水 44 亿立方米,平均地下径流模数为 128000 立方米/平方千米,占全省地下水资源总量的 16.9%。

三、矿产资源

贵州省是中国矿产资源大省,矿种多样、门类齐全(张涤,2003)。截至 2019 年,全省已发现各类矿产 137 种,占全国 173 种的 79.19%;已探明储量矿产 89 种,占全国 162 种的 54.94%,其中有 51 种位居全国总量的前十位,31 种排前五位,25 种排前三位。全省查明矿产地 3405 处,其中能源矿产 826 处,占产地总数的 24.25%;金属矿产 1253 处,占产地总数的 36.80%;非金属矿产 1326 处,占产地总数的 38.95%。新发现大、中型矿产地有煤炭 2 处、铝土矿 1

处。按储量规模分，大型 310 处，占 9.1%；中型 474 处，占 13.92%；小型 2621 处，占 76.98%。按矿床勘查程度分，勘探 403 处，占 11.84%；详查 756 处，占 22.20%；普查及预查 2246 处，占 65.96%。煤炭、铝土矿、磷矿、汞矿等是贵州的优势矿产（见表 1-2）。

表 1-2　贵州优势矿产情况

矿产	煤炭	铝土矿	磷矿	汞矿	锑矿	金矿	锰矿	硫铁矿
资源储量（万吨）	7661400.00	112600.00	464100.00	3.05	38.6	0.0494	83500.00	92100.00
全国排名	5	3	3	1	4	7	1	2

资料来源：《贵州省自然资源公报》（2019）。

（1）煤炭：贵州素以"江南煤海"著称，保有煤炭资源储量 766.14 亿吨，占全国保有资源储量的 4.48%，居全国第五位。集中分布在毕节市、六盘水市，其次为黔西南布依族苗族自治州、遵义市。其中毕节市以无烟煤为主，分布集中，有利于规模开发；六盘水市以贫煤、焦煤为主，开发已久。贵州是中国南方最大的煤炭资源基地，在总体缺煤的西南地区，煤炭资源优势突出。

（2）磷矿：贵州保有资源储量 46.41 亿吨，占全国保有量的 18.36%，居全国第三位。集中分布在黔南布依族苗族自治州、毕节市、贵阳市，质优量大，资源潜力好。开阳、息烽等地的磷矿石储量丰富，质量上乘，其中 P_2O_5 含量大于 30% 的富矿，是少数不经选矿即可生产高浓度磷肥的矿区。开阳磷矿、瓮福磷矿是全国大型的磷矿开采基地。

（3）铝土矿：贵州保有资源储量 11.26 亿吨，占全国保有量的 21.78%，居全国第三位。铝土矿中伴生镓矿、锂矿，集中分布在贵阳市、遵义市。贵阳市铝土矿已由中国铝业集团有限公司、广铝集团有限公司开发；遵义市北部的务川—正安—道真地区的铝土矿资源开发取得了进展，有望成为我国又一个铝工业基地。

（4）金矿（岩金）：贵州保有资源储量（金属量）493.78 吨，占全国保有量的 3.59%，居全国第七位，是我国黄金生产基地之一。主要分布在黔西南布依族苗族自治州和黔东南苗族侗族自治州。

（5）锰矿：贵州保有资源储量 835.28 万吨，占全国保有量的 45.99%，居全国第一位。集中分布在铜仁市、遵义市，分布集中、资源丰富、外部开发条件好，是中国三大锰矿集中产区之一。

（6）锑矿：贵州保有资源储量38.06万吨，占全国保有量的11.61%，居全国第四位，是全国锑资源相对丰富的省份之一。主要分布在黔南布依族苗族自治州、黔东南苗族侗族自治州和黔西南布依族苗族自治州。

（7）汞矿：贵州资源储量3.05万吨，探明资源储量占全国总量的60%以上，居全国第一位。主要分布在务川、遵义、盘县一线的东南侧，玉屏、台江、荔波一线的北西侧，务川、万山、碧江、松桃、印江、开阳、黄平、丹寨、三都、独山等地分布集中，其中，万山汞矿曾被誉为中国"汞都"，是中国最为重要的汞矿生产加工基地。

（8）硫铁矿：贵州保有资源储量9.21亿吨，居全国第二位，主要分布在西北部的毕节市和北部的遵义市，以中低品位矿产为主，水文地质条件简单，容易开采。

四、能源资源

贵州能源资源丰富，已发现的主要有煤炭、煤层气、天然气、油页岩、铀、水能等常规能源，多种生物质能以及地热能、太阳能、风能等新能源。上述能源资源中，煤炭、水能资源丰富，煤层气开发潜力较好，具备煤电结合、水火互济的资源条件。

1. 煤炭资源

煤炭是重要的能源资源和化工原料，被视为"工业的粮食"。贵州是我国南方最大的煤炭资源基地，可供开发利用的优质煤资源占全省总量的1/3左右。煤炭资源分布广泛，全省88个县（市）中有74个产煤，仅东部少数县市少煤、缺煤，其中，织纳煤田、六盘水煤田分别是无烟煤及炼焦用煤的重要产区。

2. 水能资源

贵州水能资源理论蕴藏量居全国第六位，重要性仅次于煤炭资源。第一次全国水利普查结果显示，贵州水能理论蕴藏量为1584.37亿千瓦·时，平均功率18086.4兆瓦；技术可开发装机容量19487.9兆瓦，年电量778.0亿千瓦·时；经济可开发装机容量18980.65兆瓦，年电量754.58亿千瓦·时。

从水能资源分布来看，长江流域理论蕴藏量最大，为1104.5万千瓦，占全省理论蕴藏量的 59.1%；珠江流域理论蕴藏量为 767 万千瓦，占全省的 40.9%。从单位面积储能情况看，南盘江水系最大，为 370 千瓦/平方千米；北盘江水系次之，为 131 千瓦/平方千米；洞庭水系最小，为 67 千瓦/平方千米；其他水系在 68~127 千瓦/平方千米（见表 1-3）。

表 1-3　1979 年贵州省分流域、分河流水能蕴藏量

流域	水系	流域面积（10^4 平方千米）	水能蕴藏量（10^4 千瓦）	单位面积储能（千瓦/平方千米）
长江流域	小计	11.57	1104.50	347.00
	乌江水系	6.68	751.90	113.00
	洞庭水系	3.03	204.00	67.00
	赤水河綦江水系	1.37	103.60	75.00
	金沙江水系	0.49	45.00	92.00
珠江流域	小计	6.03	767.00	678.00
	南盘江水系	0.78	212.40	370.00
	北盘江水系	2.09	274.20	131.00
	红水河水系	1.59	173.90	109.00
	柳江水系	1.57	106.50	68.00
全省合计		17.60	1871.50	1025.00

资料来源：贵州省水利厅 1979 年水利普查。

从河流的水能资源分布来看，水力资源理论蕴藏量大于 100 万千瓦的河流有 3 条，即乌江、南盘江—红水河和北盘江，水能资源蕴藏量在 50 万~100 万千瓦的河流有 2 条，即清水江和蒙江，10 万~50 万千瓦的河流有 25 条，1 万~10 万千瓦的河流有 120 条，1 万千瓦以下河流有 591 条。从 9 个市（州）水能资源分布情况来看，黔西南州最多，占全省水力资源的 19.08%，贵阳市最少，只占 0.43%（见图 1-4）。

3. 煤层气资源

贵州煤层气资源储量大、品位高，仅次于山西省，居全国第二。全省埋深 2000 米以浅的煤层气资源量达 3.06 万亿立方米，约占全国总量的 22%，其中 94% 的煤层气富含甲烷，甲烷平均含量大于 8 立方米/吨；埋深 1500 米以浅的煤层气储量占全省总量的 81%。

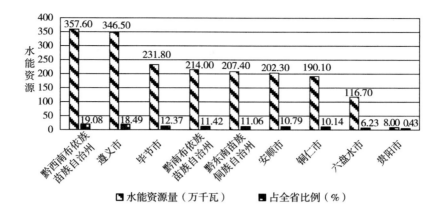

图 1-4 贵州省地州市水能资源状况

资料来源：贵州省地方志编纂委员会. 贵州省志·水利志［M］. 贵阳：贵州人民出版社，1997.

全省煤层气分布与煤矿基本一致，主要在六盘水市、毕节市、遵义市和黔西南布依族苗族自治州，六盘水煤田的煤层气资源最多，其次为织纳煤田和黔北煤田。西部和北部煤层气资源占我国南方煤层气地质资源总量的49.94%，可开采率达到38.44%。西部的滇东黔西地区（包括六盘水市，安顺市的普安县、晴隆县，关岭的布依族苗族自治县，毕节市的威宁彝族回族苗族自治县、赫章县部分），面积约74055.10平方千米，煤层气资源丰富，2000米以浅的地质资源量为34723.72亿立方米，可采资源量12892.88亿立方米（见表1-4）。其中Ⅰ类资源量主要分布在六盘水市和恩洪含气区，占地质资源总量的54.99%，Ⅱ类资源主要分布在贵阳和织纳含气区，占地质资源总量的45.01%。

表 1-4 滇东黔西盆地煤层气资源情况

含气区	面积 （平方千米）	煤炭资源量 （亿吨）	煤层气地质资源量 （亿立方米）	可采资源量 （亿立方米）	资源丰度 （亿立方米/平方千米）
六盘水	64466.00	1234.50	17065.15	7299.72	0.26
贵阳	3805.35	321.68	3861.35	1450.33	1.01
织纳	5177.75	901.02	11768.26	3425.03	2.27
恩洪	606.00	205.71	2028.96	717.80	3.35
合计	74055.10	2662.91	34723.72	12892.88	—

资料来源：秦勇，高弟. 贵州省煤层气资源潜力预测与评价［M］. 徐州：中国矿业大学出版社，2012.

五、旅游资源

贵州特殊的喀斯特地质地貌、浓郁的少数民族风情，孕育了丰富的旅游资源，享有"多彩贵州公园省"的美誉。

目前，全省拥有A级旅游景区255家，其中国家5A级旅游景区4家（黄果树、龙宫、百里杜鹃、荔波樟江），4A级旅游景区91家；世界自然遗产4个（中国南方喀斯特—荔波世界自然遗产地、赤水丹霞世界自然遗产地、中国南方喀斯特—施秉世界自然遗产地、梵净山世界自然遗产地），世界文化遗产地1个（遵义海龙屯土司遗址），人类非物质文化遗产代表作名录1项（侗族大歌）；国家生态旅游示范区4个，国家级风景名胜区18个，国家级自然保护区10个，国家森林公园25个，世界地质公园1个，国家地质公园9个，国家湿地公园36个，国家级水利风景区26个，中国优秀旅游城市7个，国家级历史文化名城（镇、村）25个。

贵州旅游资源禀赋有五大特点（蒋焕洲，2012）：

第一，资源丰富，类型多样，品位高。按照《旅游资源分类、调查与评价》（GB/T18972-2003），全国旅游资源分为8个主类，31个亚类和155个基本类型。贵州增设了乡村旅游、红色旅游、山地体育、康体养生4个资源主类，11个亚类，55个基本类型，共有12个主类，42个亚类和210个基本类型。贵州旅游资源类型多样，旅游资源的等级较高，现有世界自然遗产地4处、世界文化遗产地1处和人类非物质文化遗产1项，还有国家级风景名胜区10余处，如黄果树瀑布、马岭河峡谷、龙宫、织金洞等。

第二，独具特色的喀斯特自然风光。贵州喀斯特面积大，峰林、峰丛、天生桥、溶洞、地下河等山水风光，虽不利于农业生产，却是发展旅游的宝贵资源，孕育了黄果树瀑布、万峰林、织金洞、马岭河峡谷等著名的喀斯特旅游品牌景区。

第三，凉爽夏季形成的气候旅游资源。贵州省位于亚热带湿润季风气候区，省内年平均气温为12℃~18℃，大部分地区年均气温约为15℃。气候温和湿润，冬无严寒，夏无酷暑，少大风，多微风，夏半年气候凉爽，是天然的"大空调"，成为游客理想的避暑胜地，为贵州发展旅游产业提供了得天独厚的条件。

第四，少数民族风情形成丰富的旅游资源。贵州省少数民族众多，世居的有苗族、布依族、土家族、侗族、彝族、仡佬族、水族、白族、回族、壮族、蒙古族、畲族、瑶族、毛南族、仫佬族、满族、羌族共 17 个少数民族。这些少数民族大多集中居住在地处偏远、交通闭塞的少数民族村寨，保留了古朴神秘的民族风情。

第五，红色文化旅游资源。红军长征在贵州经过了 9 个地（州、市）的 61 个县。以黎平会议会址、遵义会议会址、红军四渡赤水遗迹为代表的红军长征文化，是红军长征留下的丰厚的革命历史财富，为红色文化传承提供了珍贵的素材。

第二章　社会历史基础

历史上贵州人口稀疏，随着移民迁入以及人口自然增长，人口数量逐步增加，1949 年以后增长迅速，2019 年常住人口密度 205 人/平方千米，高于全国平均水平。清代以来，人口分布重心从黔东南逐渐转移到黔中贵阳、安顺一带，以贵阳市为中心的黔中地区人口密度最大。贵州先民为苗族、仡佬族、布依族等少数民族，少数民族人口分布表现为"大杂居、小聚居"的格局，文化深受山地环境影响，具有多元文化并存的特色。

第一节　人口与文化

一、人口及变化

（一）人口数量变化

1949 年后，贵州省人口总体呈上升趋势。据《贵州统计年鉴》数据，1949~2019 年，人口从 1416.4 万增长到 3622.95 万，平均每年增加 31.52 万。2019 年，贵州省常住人口达到 3622.95 万，人口密度 206 人/平方千米，高于全国平均水平，常住人口中，城镇人口 1775.97 万，常住人口城镇化率为 49.02%，低于全国平均水平，属于人口密度大、城镇化水平较低的地区。

人口普查数据显示，1953 年第一次人口普查，贵州常住人口总数为 1503.73 万人，2020 年第七次人口普查为 3845.21 万，67 年时间人口数增长了 1.56 倍，第二次人口普查到第六次人口普查，人口的年均增长率不断降低，从 2.88% 降低到-0.15%，2010~2020 年，人口年均增长率上升到 1.02%（见表 2-1）。

表 2-1　贵州省历次人口普查常住人口数

年份	1953	1964	1982	1990	2000	2010	2020
普查次数	第一次	第二次	第三次	第四次	第五次	第六次	第七次
常住人口（万人）	1503.73	1714.05	2855.29	3239.11	3524.77	3473.65	3845.21
年均增长率（%）	—	1.20	2.88	1.59	0.85	-0.15	1.02

资料来源：根据贵州人口普查数据整理。

运用《贵州统计年鉴》数据，按照人口总数及人口自然增长率变化情况，可将贵州人口变化分为恢复增长、快速增长、缓慢下降和逐步上升四个阶段（见图 2-1 和表 2-2）。

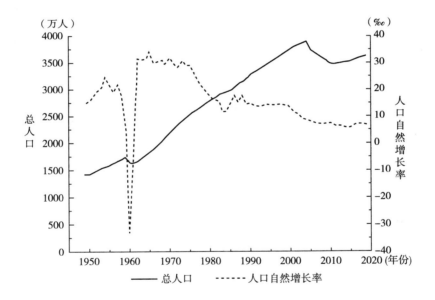

图 2-1　贵州 1949~2019 年人口总数及自然增长率

资料来源：根据历年《贵州统计年鉴》整理。

表 2-2　贵州省 1949~2019 年常住人口变化情况

时间 ＼ 指标	总人口变化（万人）	年均人口变化（万人）	人口自然增长率变化（‰）	平均人口自然增长率（‰）	人口变化阶段
1949~2019 年	2206.55	31.52	—	15.64	—
1949~1973 年	978.83	40.78	16.27	21.06	恢复增长阶段

续表

时间＼指标	总人口变化（万人）	年均人口变化（万人）	人口自然增长率变化（‰）	平均人口自然增长率（‰）	人口变化阶段
1974~2004 年	1406.25	48.49	-20.03	16.4	快速增长阶段
2005~2013 年	-401.48	-44.61	-2.83	6.97	缓慢下降阶段
2014~2019 年	114.94	22.98	0.9	6.49	逐步上升阶段

资料来源：《贵州统计年鉴》（2021）、《贵州奋进的四十年》。

1. 恢复增长阶段（1949~1973 年）

人口总数和自然增长率均呈增长趋势。1949 年以前，贵州省人口增长特征表现为高出生率、高死亡率、低人口自然增长率。1949 年后，随着社会经济发展水平提升、医疗条件改善，人口增长特征转变为高出生率、低死亡率和高人口自然增长率，人口自然增长率从 1949 年的 14.84‰增加到 1973 年的 31.11‰。总人口数量除了三年困难时期减少外，其余年份皆呈增长态势，1949~1973 年总人口增加 978.83 万人，年均增加 40.78 万人，快于 1949~2019 年贵州省年均人口变化水平。

增长的人口数量不仅来自人口自然增长率的提高，也有省外人口的迁入。贵州省是国家"三线"建设的重点省份，1964~1976 年的"三线建设"时期，为国防工业建设，国家将大量工程技术人员从北京、上海、天津、江苏、辽宁等地调入贵州。

2. 快速增长阶段（1974~2004 年）

人口总数上升，自然增长率下降。1974~2004 年是贵州总人口增长最快的时期，年均增加 48.49 万人。这一阶段贵州总人口变化主要源于人口自然增长，除个别年份外，总人口变化趋势与自然增长的人口数量趋势基本一致（见图 2-2）。我国 20 世纪 70 年代初开始实施计划生育政策，到 1980 年，推行"一胎化"政策，全国的人口自然增长率基本稳定在 6‰左右。贵州作为少数民族集中的省份，计划生育政策实施比全国晚，最初仅在贵阳等少数地区实行，1985 年以后推广到全省；政策也较宽松，如夫妻双方同为少数民族的可以生育二胎。随着计划生育政策的推行，贵州人口自然增长率开始下降，1974 年为 29.07‰，2004 年降低到 9.04‰，但人口自然增长率仍高于全国平均水平。

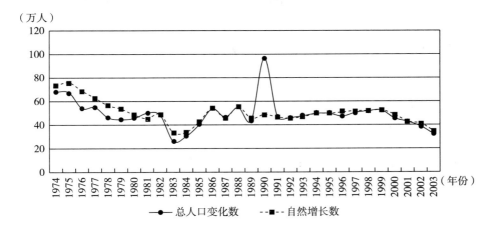

图2-2 贵州省1974~2003年人口变化情况

资料来源:《贵州统计年鉴》(1975~2005)。

3. 缓慢下降阶段(2005~2013年)

人口总数和人口自然增长率均呈下降趋势。2005~2013年,贵州省年末常住人口数量下降了401.48万人,年均减少44.61万人,人口自然增长率从8.69‰下降到5.90‰。这一阶段的人口变化,迁出是人口减少的主要原因。改革开放后,全国区域经济差距逐渐拉大,东部、中部地区的工业化、城镇化水平远高于贵州,受城市较高收入、较好基础设施以及优质教育资源等的吸引,农村青壮年劳动力大量外出务工,农村人口减少、村庄空心化、人口老龄化问题严重。2005~2010年外迁的人口约为80万,2011年为32.17万,2012年为6.86万,人口外迁数量逐渐减少。

4. 逐步上升阶段(2014~2019年)

人口总数和人口自然增长率逐步上升。"十二五"以来,贵州实施了工业化、城镇化战略,经济发展迅速,经济增长速度位居全国前列,一方面外出务工人员因当地产业发展返乡,人口流出数量减少,另一方面贵州经济发展吸引了人才流入。国家放开"二胎"政策后,贵州人口自然增长率逐步提高,2019年达到6.70‰,比2014年的5.80‰提升0.9‰。

(二)人口空间分布

贵州省各区域自然及社会经济发展差异显著,人口地域分布的空间差异特征显著。

1. 各市（州）的人口分布

据《贵州统计年鉴》统计，2019年贵州省9个市（州）中，贵阳市人口密度最大为619.03人/平方千米；六盘水市次之，人口密度为296.18人/平方千米；黔东南苗族侗族自治州人口密度最小，仅为117.12人/平方千米（见表2-3）。贵州省的人口空间分布呈现中部、西北部密集，南部、东南部稀疏的特征。

从常住人口与户籍人口数的差异来看，贵阳市属于人口迁入区，常住人口数多于户籍人口数69.31万人，其他市（州）属于人口净迁出区。

表2-3 贵州省2019年各市（州）人口状况

地区	面积（平方千米）	常住与户籍人口的差异（万人）	人口（万人）		人口密度（人/平方千米）	
			年末户籍人口	年末常住人口	年末户籍人口	年末常住人口
贵阳市	8031.00	69.31	427.83	497.14	532.72	619.03
遵义市	30752.00	-188.80	819.00	630.20	266.32	204.93
六盘水市	9962.00	-58.16	353.21	295.05	354.56	296.18
安顺市	9264.00	-70.71	307.07	236.36	331.47	255.14
毕节市	26844.00	-266.33	937.76	671.43	349.34	250.12
铜仁市	17997.00	-127.53	446.38	318.85	248.03	177.17
黔西南布依族苗族自治州	16800.00	-80.21	368.81	288.60	354.56	296.18
黔南布依族苗族自治州	26189.00	-96.53	426.65	330.12	162.91	126.05
黔东南苗族侗族自治州	30327.00	-129.53	484.73	355.20	159.83	117.12

资料来源：《贵州统计年鉴》（2020）。

2. 县域人口空间分布

为进一步探究贵州人口空间分布特征及变化过程，本书以县域为单位分析1982~2015年人口密度空间分布情况。由于研究时段内行政区划调整，为保证行政区人口数据统一，将贵州省88个县级行政区域合并为80个研究单元，其中，贵阳市的云岩区、南明区、乌当区、花溪区、观山湖区和白云区合并为贵阳，遵义市的红花岗区、汇川区合并为遵义，铜仁市的碧江区、万山区合并为铜仁，六盘水市的水城县和钟山区合并为水城（黄登科和赵宇鸾，2016）。

本书以人口密度作为划分依据，将贵州人口空间分布划分为九个集聚类型，分别是：基本无人区（0~1 人/平方千米）、极端稀疏区（2~25 人/平方千米）、绝对稀疏区（26~50 人/平方千米）、相对稀疏区（51~100 人/平方千米）、一般过渡区（101~200 人/平方千米）、低度集聚区（201~400 人/平方千米）、中度集聚区（401~500 人/平方千米）、高度集聚区（501~1000 人/平方千米）和集聚核心区（>1000 人/平方千米）（葛美玲和封志明，2009）。运用贵州 80 个行政单元 1982 年、1985 年、1990 年、1995 年、2000 年、2005 年、2010 年、2015 年共八个时期的常住人口数据，计算各单元人口密度，结果显示，80 个单元自 1982 年以来人口密度均大于 50 人/平方千米，八个时期都没有基本无人区三种类型、极端稀疏区和绝对稀疏区，人口集聚类型为相对稀疏区到集聚核心区六种。贵阳和遵义的红花岗人口密度最大，1995 年起为高度集聚区和集聚核心区；黔南布依族苗族自治州、黔东南苗族侗族自治州人口密度较小，主要为相对稀疏区。可以看出，除中部的贵阳市和北部遵义市红花岗人口密度较大外，整体上贵州县域人口空间分布从东南向西北逐渐增加；人口分布呈现从南部、东南部向中部的贵阳、安顺和遵义等中心城区集聚的趋势。

3. 城乡人口分布

改革开放以来，贵州城镇人口不断增长，城镇化水平持续上升，乡村人口不断减少。由表 2-4 可知，这一时期，贵州城镇人口从 1978 年的 323.97 万人上升到 2019 年的 1775.97 万人，乡村人口从 1978 年的 2362.43 万人下降到 2019 年的 1846.98 万人，城镇化水平从 1978 年的 12.06% 上升到 2019 年的 49.02%，低于全国平均水平，贵州半数以上人口居住在乡村。

表 2-4 改革开放以来贵州省城镇人口与乡村人口

年份	总人口（万人）	城镇人口（万人）	乡村人口（万人）	城镇化水平（%）	
				贵州（%）	全国（%）
1978	2686.40	323.97	2362.43	12.06	17.91
2000	3755.72	896.49	2859.23	23.87	36.22
2010	3479.00	1176.25	2302.75	33.81	49.94
2019	3622.95	1775.97	1846.98	49.02	60.60

资料来源：《中国统计年鉴》（2020）、《贵州统计年鉴》（2020）。

（三）人口结构特征

从人口自然构成和人口社会构成两个方面分析贵州省人口结构特征（孙国均，2016）。

1. 男性人口较多，性别比波动上升

1949~2019 年，贵州省人口性别比（女＝100）呈波动上升趋势，从 1949 年的 100.31 上升到 2019 年的 105.07，男性人口数量略多于女性人口，性别比例基本在正常范围内。

贵州人口性别比变化可以分为以下几个阶段：1949~1957 年为波动上升期，从 100.31 上升到 102.77；1958~1962 年为波动下降阶段，从 101.62 下降到 98.57；1963~2000 年呈波动上升态势，从 99.68 上升到 108.00；2001~2019 年呈波动下降态势，从 108.13 下降到 105.07，如图 2-3 所示。

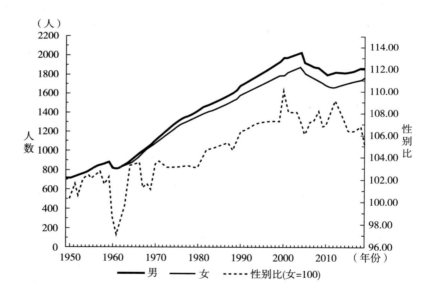

图 2-3　贵州省 1949~2019 年性别比

资料来源：历年《贵州统计年鉴》。

2. 老龄化趋势明显，劳动力流出严重

根据贵州省 1982~2010 年四次人口普查数据（见表 2-5），0~14 岁人口比重呈降低趋势，从 1982 年的 40.88% 下降到 2010 年的 25.22%；15~64 岁人口比重呈上升趋势，从 1982 年的 54.45%上升到 2010 年的 66.21%；65 岁及以上人口比重呈上升趋势，从 1982 年的 4.66%上升到 2010 年的 8.57%。可以看出，贵州少年人口减少、老年人口增加趋势明显，人口年龄结构从年轻型过渡到老年型。第七次人口普查数据显示，65 岁及以上的人口比例达到 11.56%，按照国际标准判断，贵州已经进入老龄社会。

表 2-5　贵州省常住人口年龄结构

年龄结构	1982 年（第三次人口普查）（%）	1990 年（第四次人口普查）（%）	2000 年（第五次人口普查）（%）	2010 年（第六次人口普查）（%）	2020 年（第七次人口普查）（%）
0~14 岁	40.88	32.68	30.17	25.22	23.97
15~64 岁	54.45	62.71	63.87	66.21	64.47
65 岁及以上	4.66	4.61	5.97	8.57	11.56
合计	100.00	100.00	100.00	100.00	100.00

资料来源：根据历次人口普查数据整理。

3. 文化素质不断提高，受教育程度整体偏低

从人口普查数据来看，贵州各种文化程度人口的受教育水平不断提高，每 10 万人口中大专及以上文化程度人数从 1964 年第二次人口普查的 231 人提升到 2020 年第七次人口普查的 10952 人，增长了约 47 倍；每 10 万人口中高中人数从 1964 年第二次人口普查的 781 人增加到 2020 年第七次人口普查的 9951 人，增长了约 12.7 倍；每 10 万人口中初中人数从 1964 年第二次人口普查的 3139 人增加到 2020 年第七次人口普查的 30464 人；文盲率从 1982 年的 42.11%降低到 2020 年的 6.68%。

与全国相比，贵州人口受教育程度低于全国平均水平。1964 年第二次人口普查，每 10 万常住人口中，受教育程度为大专及以上的人口数，贵州为 231 人，全国为 416 人；2020 年第七次人口普查，每 10 万常住人口中，受教育程度为大专及以上的人口数，贵州为 10952 人，全国为 15467 人。贵州省文盲率高于全国平均水平，1982 年第三次人口普查，贵州文盲率为 42.11%，全国为 22.80%；2020 年第七次人口普查，贵州文盲率为 6.68%，全国为 2.67%（见表 2-6）。

表 2-6 贵州和全国 6 岁及以上人口受教育程度构成（每 10 万人中的人数）

时间	地区	小学（人）	初中（人）	高中（人）	大专及以上（人）	文盲率（%）
1964 年第二次 人口普查	贵州	20578	3139	781	231	—
	全国	28330	4680	1319	416	33.60
1982 年第三次 人口普查	贵州	28811	11413	2967	388	42.11
	全国	35237	17892	6779	615	22.80
1990 年第四次 人口普查	贵州	37379	14689	3936	774	29.92
	全国	37057	23344	8039	1422	15.90
2000 年第五次 人口普查	贵州	43557	20639	5665	1915	16.98
	全国	35701	33961	11146	3611	6.70
2010 年第六次 人口普查	贵州	39373	29789	7282	5292	8.74
	全国	26779	38788	14032	8930	4.10
2020 年第七次 人口普查	贵州	31921	30464	9951	10952	6.68
	全国	24767	34507	15088	15467	2.67

资料来源：根据历年《贵州统计年鉴》和《第七次全国人口普查公报》整理。

4. 二三产业就业比重提升，就业结构不断优化

由图 2-4 可以看出，1978~2019 年，贵州省就业人口总体上表现出第一产业

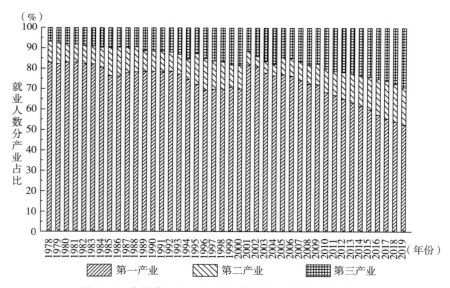

图 2-4 贵州省 1978~2019 年就业人口分产业占比变化

资料来源：根据历年《贵州统计年鉴》整理。

就业人数及比重下降，二三产业就业人数及比重上升，尤其是第三产业上升迅速。第一产业就业人数比重从1978年的82.84%下降到2019年的52.45%；第二产业就业人数比重从1978年的10.27%上升到2019年的18.35%；第三产业就业人数比重从1978年的6.88%上升到2019年的29.20%。就业结构的变化，与贵州省"十二五"以来实施工业强省战略、大力发展旅游等第三产业密切相关。

（四）少数民族人口

1. 少数民族人口变化历程

贵州是一个多民族共居的省份，全省共有民族成分49个，其中少数民族48个，包括苗族、布依族、土家族、侗族、彝族、仡佬族、回族、水族、白族、瑶族、壮族、毛南族、畲族、满族、蒙古族、仫佬族、羌族17个世居少数民族。第七次人口普查数据（2020年）显示，贵州省全省常住人口为3856.21万人，少数民族人口总数为1405.03万人，占全省总人口的36.44%。人口超过10万人的少数民族有苗族、布依族、土家族、侗族、彝族、仡佬族、水族、回族和白族9个，其中苗族人口最多，为396.84万人，羌族人口最少，为0.16万人（见表2-7）。

表2-7 2020年贵州省各民族人口数量

民族	人数（万人）	民族	人数（万人）	民族	人数（万人）
汉族	2234.42	仡佬族	49.52	瑶族	4.09
苗族	396.84	水族	34.87	畲族	3.66
布依族	251.06	回族	18.48	毛南族	2.73
土家族	143.70	白族	17.95	仫佬族	2.50
侗族	143.19	壮族	5.26	满族	2.31
彝族	83.45	蒙古族	4.16	羌族	0.16

资料来源：《贵州统计年鉴》（2021）。

从1949年后的七次人口普查数据来看，贵州少数民族人口比重以增长为主要趋势。1982~2000年，汉族人口比重从74%降低到62.16%，少数民族人口比重从26.00%上升到37.84%（见表2-8），说明少数民族人口增长速度快于汉族。

表2-8　贵州省七次人口普查少数民族人口数量变化情况

普查年份	人口总数（万人）	少数民族人口数（万人）	少数民族人口占全省总人口的比重（%）
1953年（第一次人口普查）	1503.73	393.89	26.19
1964年（第二次人口普查）	1714.05	401.16	23.40
1982年（第三次人口普查）	2855.29	742.35	26.00
1990年（第四次人口普查）	3239.11	1123.65	34.69
2000年（第五次人口普查）	3524.77	1333.60	37.84
2010年（第六次人口普查）	3474.65	1254.80	36.11
2020年（第七次人口普查）	3856.20	1405.02	36.44

注：少数民族人口数量含待识别民族人口。

资料来源：根据贵州省第一次到第七次人口普查数据整理。

1964年、2010年，贵州少数民族人口比重比上轮人口普查数量降低。1953~1964年，少数民族人口增加了7.27万人，汉族人口增加了203.05万人，少数民族人口比重从26.19%下降到23.40%（见表2-8）。2000~2010年，少数民族人口数量和比重都出现负增长，其中人口数量减少了78.80万人，比重降低了1.73个百分点。这一时期的人口减少，主要由于城乡收入的差距，推动农村劳动力向长江三角洲、珠江三角洲等经济发达地区迁移，如苗族人口减少了331554人，主要是外出务工，其中到浙江255646人、广东131364人、上海26543人，白族人口减少7852人，主要是到广东打工（石开忠，2014）。

2. 少数民族空间分布格局

贵州各市（州）中，黔东南苗族侗族自治州的苗族人口最多，大约占全省苗族人口的1/3，集中分布在凯里市、松桃苗族自治县、务川仡佬族苗族自治县、紫云苗族布依族自治县、黄平县、台江县、剑河县、丹寨、雷山县、晴隆县、施秉县、从江县等；布依族集中分布在都匀市、兴义市、镇宁布依族苗族自治县、关岭布依族苗族自治县、独山县、荔波县、平塘县、罗甸县、惠水县、望谟县、册亨县、贞丰县、安龙县、长顺县、贵定县等；土家族主要聚居在印江土家族苗族自治县、沿河土家族自治县、德江县、江口县、思南县、岑巩县、铜仁市、务川仡佬族苗族自治县、道真仡佬族苗族自治县；侗族主要聚居在玉屏侗族自治县、万山区、天柱县、黎平县、锦屏县、三穗县、从江县、榕江县、剑河县、铜仁市、镇远县、石阡县、岑巩县等；彝族主要聚居在毕节市和六盘水市；仡佬族主要聚居在务川仡佬族苗族自治县、道真仡佬族苗族自治县、石阡县，在正安县、思南县、大方县、黔西县、织金县、六枝特区、关岭布依族苗族自治县、普安县和特区也有居住；水族主要聚居在三都水族自治县、都匀市、榕江县、荔波县、独山县、丹寨县、雷山县、水城县、黔西县等地；回族主要聚居在威宁彝族回族苗族自治县、安顺市、兴仁市、普安县、平坝区等；白族主要分布于安顺市、大方县、毕节市、黔西县、织金县、纳雍县、水城县等。

二、文化基础

文化基础是区域经济发展的精神动力和智力支持（杨青青等，2015）。贵州文化既有中原文化的印迹，又与周边地区的巴蜀文化、荆楚文化、滇文化和粤文化紧密联系，贵州文化由本土文化与外来文化长期交融形成，具有多元性；在山地环境条件下，不可避免地打上山地文化印记，对贵州社会经济发展影响深远（张晓松，2000）。

（一）多元文化并存

贵州文化多元并存。受自然地理影响，各民族形成不同的生计方式、不同的经济类型，使其文化传统得以传承和延续（史继忠，2000）。贵州最早的居民濮人以耕田和炼丹砂为生，有穿筒裙、建造干栏式房屋、贵铜鼓等习俗。彝族原来是逐水草而居的游牧民族，后逐渐演化为半农半牧民族，善骑射，以养马著称。苗瑶民族则长于狩猎，长期沿袭刀耕火种的耕种方式，"好入山壑，不落平旷"，不断迁徙。百越民族则以稻田种植为主（费孝通，1985）。

（二）山地文化特征显著

贵州形成了风格迥异的地域文化。贵州文化在多山的地理环境下，必然打上山地烙印。贵州多山地丘陵少平地，各民族大多居住于山区，人口数居前五位的为苗族、布依族、土家族、侗族、彝族；其中，苗族、侗族主要聚居于黔东南苗族侗族自治州的雷公山区和月亮山区，布依族主要聚居于贵州高原向广西丘陵倾斜的黔南布依族苗族自治州、黔西南布依族苗族自治州山区，土家族主要聚居于黔东北的武陵山区，彝族主要聚居于黔西北的乌蒙山区。山区层峦叠嶂、群山连绵，环境比较封闭，地域上又远离中央政权中心，容易形成"安土重迁"的山地农耕文化，在村落建造、饮食服饰等物质文化以及自然崇拜、文化艺术等非物质文化方面都有体现。

1. 山地环境孕育的物质文化

在山区长期的生产生活过程中，各民族充分发挥聪明才智，顺应自然、改造自然，创造了梯田、吊脚楼等适应山地环境的物质文化。

第一，依山修筑的梯田（地）景观。贵州水热条件适合水稻种植，但由于山地坡度较陡，易发生水土流失。人们将陡坡地修筑为梯田（地），形成典型的梯田（地）文化风景，体现了山区人民的生存智慧。梯田（地）往往以平行等高线排列，形状细长，面积因地形而异，常用石块垒砌田坎，既保持水土，又可增加地块面积，部分保存良好、具有一定规模的梯田已开发成为旅游景点，如黔东南苗族侗族自治州的加榜梯田、黎平县的堂安梯田等。

第二，依山而建的木（竹）质吊脚楼。民居在建筑布局、建筑材料、建筑形貌上，反映了人类对所处自然环境的适应、改造和利用。山区村落外部轮廓形状受制于地形条件，既有分布在山间的团状，又有沿河谷分布的带状，但更多的是居于半山腰的簇状形态。当地居民常常在半山腰依山就势居住，这样的村落布局，既减少了占用山区稀缺的平地，又能防御山洪灾害的侵袭，便于砍伐薪材、打猎采药；外敌侵扰时，还能迅速逃离和隐藏。

在建筑材料方面，多就地取材，选择当地富有的木材或竹子。苗族和侗族聚居的雷公山区和月亮山区，这些地区森林茂密，松木和杉木多，也成为当地居民建造房屋的主要材料。松木成林快，木材坚硬，多用于平房建造；杉木材质耐朽、树干高大，是苗族吊脚楼等高层建筑的主要用材。然而居住在南盘江、北盘江流域的布依族，河谷两岸竹林茂盛，当地居民多用竹子来建造房屋。喀斯特山区民居多选用石材，如安顺屯堡村落建筑，用石头建造寨墙、寨门、屋顶等。

在建筑形貌上，大多运用穿斗式木结构进行建造，依山架构前檐柱吊脚，多为吊脚楼。受山地限制，民居多不讲究朝向，往往建造"干栏式"住宅，称为"吊脚楼"，用木材或竹子为支柱搭建小楼，人住在上层，底层圈养牲畜或堆放杂物。这种建筑形式可隔离潮湿地表，通风良好。木柱或竹子立于石柱之上，可保护木头免受水蚀；为避免房屋间遮挡阳光，民居常依照山势错落分布。此外，亚热带地区降水丰富且集中在夏季，为便于房屋排水，屋顶采用坡度较大的歇山顶（赵星，2010）。

第三，适合翻山越岭的深色宽大服饰。各民族服饰的款式、颜色、装饰物的设计制作与环境密不可分。山区服装款式，为了方便翻山越岭和农耕活动，多选择宽大、活动方便的样式。例如，苗族的服饰中，有黔东型的褶裙式服饰（冰河，1999）和黔西南晴隆型的大襟"栏干式"服饰，以及侗族的贯首式、长袍式、大襟式服装（曹万平，2015），这些服装都是以宽大裁剪为特征。

贵州少数民族服饰颜色，除彝族的服装颜色多为黑、红、黄三原色外，其他少数民族的服装多喜欢采用深蓝、藏青、黑色等色调。这可能有两方面原因：一是为染料取材方便。例如，苗族、侗族、布依族聚居地盛产蓝靛，都喜用蓝靛染布。二是为防蚊虫避野兽。因居住地森林茂密，瘴气频发，蚊虫叮咬多见，野兽经常出没，身穿与大自然色调相近的服饰，便于防避蚊虫叮咬和野兽攻击。

服装装饰品常见的有绣花绑腿带和头巾等。例如，侗族、苗族绣花的腿套和织锦绑腿带，就是为防止虫蛇咬伤或草木刺伤腿脚（覃国宁，1992）；侗族妇女喜欢戴头巾而不是斗笠或帽子，因为侗族多近山伴水而居，斗笠上山易被枝丫弄坏且不方便，而头巾既可遮太阳又能挡树屑，可擦汗洗脸还可扎为布袋使用（曹万平，2015）。乌蒙山区的气候较寒冷，属于贵州的高寒山区，居民为保暖，无论性别、年龄，常在上衣外面穿一件无领袖的羊毛披毡。

第四，靠山吃山的饮食文化。俗话说，"一方水土养一方人"。一个地区的饮食文化，会受自然资源、习俗、气候等因素的影响。贵州生物多样，物产丰富，民族饮食也各具特色。侗族、布依族傍水生活，多发展水稻、稻田养鱼等稻作农副业；土家族、彝族依山而居，多发展玉米、土豆、荞麦等旱作农业。苗家的腌鱼、侗家的牛瘪、彝家的荞麦饭、布依人家的糯米饭，都是贵州极具特色的饮食文化。

2. 农耕活动浇灌的非物质文化

第一，保护农耕资源的自然崇拜。农业生产受自然条件限制较大，光、热、水、土等资源是农耕的重要基础。人们在长期的生活中形成了对自然的崇拜，山区居民祭祀山水、太阳，供奉土地、神树，实际上都是通过祭祀的方式，保护农耕生产所必需的水、土、热等自然资源，祈求农业丰收或身体健康。

此外，牛、马等牲畜是重要的劳动工具，牛在农耕活动中非常重要，也备受重视。例如，南盘江河谷地区的布依族，特别重视对牛的保护，有正月初一鸡叫时分到土地庙接牛魂、六月六用粽子喂牛等习俗（唐似亮，2004）。

第二，传播农事安排的节日庆典。节日庆典活动是各族人民传播农事安排的主要形式。例如，黔东南苗族侗族自治州台江县的苗族每年按农历时间顺序，正月过捞鱼节，二月过姊妹节，四月过开秧节，五月过敬秧节，六月过吃新节，七月过敬新谷节，九月过放敞牛节，十月过大年；彝族过护山节、荞菜节、植树节等。这些节日庆典活动的开展，对农事安排活动起到重要作用。

（三）阳明文化影响深远

王阳明先生是明朝著名的思想家、哲学家、军事家，以立德、立功、立言三不朽而传奇史册，阳明文化成为中国优秀的传统文化资源（刘宗碧，2014）。贵州是阳明文化的发源地，著名的"龙场悟道""知行合一"思想都是在贵州龙场（今修文）形成。阳明文化对贵州影响深远。

1. 阳明文化的精髓

阳明文化的精髓在于"心即理""知行合一""致良知"（郭长智，2000）。

第一，"心即理"是阳明心学的一个核心概念。"理"就是道德原理与道德准则，"心"就是人本质的需求。"心即理"也就是说道德原理与道德准则源自人的本质需求（王远白，2015）。这是王阳明思想的出发点，也是王阳明思想被称为心学的重要依据。

"心即理"主要是针对朱熹"心与理"二分而发的。王阳明认为，朱熹虽然主张"心与理"统一，但其中一个"与"字仍表现出"心"和"理"之间的区别，因为此"心"指主体之心，而"理"是事物之理，由于外心而存在于事物之中，也即客观之理。"心"虽然能认识客观事物的"理"，但此"理"不在"心"中。从道德认知的角度，这很容易造成"疲于追逐外在事物而忽视主体自身"的道德建构。

第二，"知行合一"是阳明文化的精髓。"知"是"良知"，"行"是达到"知"的途径，是构成"知"的具体存在形式。"知行合一"意味着内在境界与外在行为的统一，为道德实践提供了可操作的修养方法（肖良武，2010）。

王阳明在贵阳讲学时提出"知行合一"，主要针对当时知行严重分离的状况。知行分离体现在两方面（贵阳市志编纂委员会，1996）：一是王阳明悟道之前，理论界尚未很好地认清道德原理和道德规则的来源，没能解释清楚道德知识方面的问题；二是有些人并非真心践行道德规则，自然不会出现相应的道德行为。王阳明提出的"知行合一"就是要人们认清道德修养既包含"知"又包含"行",两者不可分离。

第三,"致良知"是阳明文化的终极目标。阳明文化的目的在于唤醒人们心中的"良知",将"良知"作为判断是非的标准,倡导"不以善小而不为,不以恶小而为之",充分激发人性中的善性,抑制人性中的恶性,净化人的心灵(肖良武,2016)。

王阳明认为,良知就是道德原理与道德规则,就是一个人的本质需求,有的人被私欲蒙蔽,看不见自己的良知,更无法践行良知。因此,要致良知,首先要努力认清自己的本质需要,并且按照良知的指引行事,认清良知,践行良知(贵阳市志编纂委员会,1996)。

2. 阳明文化在贵州的传播途径

贵州成为王阳明心学的发源地,王阳明在这里悟道并积极传播文化,与当地文化相互融合,从而成为贵州传统文化的一部分(陈为兵,2017)。王阳明离开贵州后,其弟子又以讲学授徒、创办书院、建设祠堂等方式,不断传播其思想和文化。

第一,讲学授徒。王阳明在贵州任职期间,通过讲学、授徒,践行孔子教化育人的理念。在贵州本地的亲炙弟子、再传弟子,以及从外地因做官、流放等来黔的阳明弟子的共同努力下,贵州出现了阳明文化热(刘宗碧,2014)。王门弟子的代表人物陈文学、孙应鳌、汤伯元、马廷锡、李渭等,传承和发扬了王阳明的心学思想,使其朝着更加质朴、笃厚的方向发展,也加快了儒学在贵州的传播速度。王阳明离开贵州后,王门弟子先后形成了以龙场(今修文)、贵阳、凯里、都匀、思南为中心的五大讲学中心(李坤,2015)。

第二,创办书院。阳明文化传播途径清晰,从贵阳龙岗书院到省内各书院。明正德三年(公元1508年),王阳明创办了龙岗书院(位于今修文县阳明洞)并在此讲学。明隆庆、万历年间,贵州进入王学活跃的高潮时期,王门弟子以建书院、讲心学、传播师学为己任,贵州书院如雨后春笋般发展起来,在阳明之后一百余年,先后修建了40余所书院(李坤,2015)。王门弟子或者再传弟子是阳明文化的主要传播者,接受者主要是当地群众,但也有部分少数民族人士和外地求学者(敖以深,2012)。

第三,建设祠堂。王门学子还通过建祠堂,传播和发扬阳明文化。清朝嘉庆年间，为纪念王阳明，贵州学子在贵阳东山建新的"阳明祠"，留存至今（龚振黔和赵平略，2013）。思南、都匀、清平也相继建立了阳明祠，王门弟子和相关学者都会前来拜祭。

第二节　行政区划

一、贵州疆域的形成

春秋时期，今贵州属于牂牁国辖地。战国时期，夜郎国取代牂牁国并迅速扩张。秦始皇统一中国后，在夜郎的部分地区设郡县，并派官吏治理。汉王朝建立以后，夜郎地区继续实施郡县制，在公元前28年至公元前25年，夜郎国灭亡以后，郡县制在今贵州地区得以最后确立。

唐代，今贵州属于黔中道。在宋代，今贵州属于夔州路。宋开宝七年（公元974年），"贵州"名称始见于文献。宋宣和元年（公元1119年），"贵州"开始成为行政区划的名称，范围仅限于今贵阳一带。

在元代，今贵州分属湖广、四川和云南三行省。明洪武十五年（公元1382年），设置贵州都指挥使司，是贵州历史上首次建立的省一级军事机构。明永乐十一年（公元1413年）设置贵州布政使司，贵州由此成为全国十三个行省之一，领"府八，州一，县一，宣慰司一，长官司三十九"。行省最北端在铜仁府境内，与湖广、四川两行省交界；行省最南端为镇宁州境内，与广西、云南两行省交界；行省最东端在黎平府境内，与湖广、广西两行省交界；行省最西端在普安州境内，与云南、四川两行省交界。

今贵州省的管辖范围，历史上由周边省份陆续划拨而来。贵州行省成立之初，管辖东部思州、思南两个土司领地的东部八府和普安州，普安州和东部八府之间，有由四川省统管或普定卫代为管辖的安顺州、永宁州和镇宁州。明正统三年（公元1438年），安顺、永宁和镇宁三州划归贵州。明弘治七年（公元1494年），将播州土司南部部分土地划归都匀府，组建麻哈州；明万历二十年（公元1592年），播州土司所辖四川省部分划归贵州，组建平越府。

"改土归流"完成后，清雍正五年（公元1727年）将四川下辖的遵义府及其所属各县改隶贵州，同时，将毕节以北的永宁全部划归四川，将广西南盘江、红水河以北置永丰州（后改为贞丰），湖南的平溪、天柱以及广西的荔波一并划归贵州管辖。至此，今贵州的区域基本形成。

二、2019 年以来的行政区划

2019 年，贵州省辖 9 个市（州），88 个县（市、区、特区），省会为贵阳市。9 个市（州）包括六个地级市（贵阳市、六盘水市、遵义市、安顺市、毕节市、铜仁市）和三个自治州（黔东南苗族侗族自治州、黔南布依族苗族自治州和黔西南布依族苗族自治州）。

贵阳市辖 6 个市辖区、3 个县，代管 1 个县级市，市政府驻观山湖区林城东路。分别有南明区、云岩区、花溪区、乌当区、白云区、观山湖区、清镇市、开阳县、息烽县和修文县。

六盘水市辖 1 个市辖区、2 个县、1 个特区，市政府驻钟山区。分别有钟山区、水城县和盘县、六枝特区。

遵义市辖 3 个市辖区、7 个县、2 个自治县，代管 2 个县级市，市政府驻汇川区。分别有红花岗区、汇川区、播州区、赤水市、仁怀市、桐梓县、绥阳县、正安县、凤冈县、湄潭县、余庆县、习水县、道真仡佬族苗族自治县和务川仡佬族苗族自治县。

安顺市辖 2 个市辖区、1 个县、3 个自治县，市政府驻西秀区。分别有西秀区、平坝区、普定县、镇宁布依族苗族自治县、关岭布依族苗族自治县和紫云苗族布依族自治县。

毕节市辖 1 个市辖区、6 个县、1 个自治县，市政府驻七星关区。分别为七星关区、大方县、黔西县、金沙县、织金县、纳雍县、赫章县和威宁彝族回族苗族自治县。

铜仁市辖 2 个市辖区、4 个县、4 个自治县，市政府驻碧江区。分别有碧江区、万山区、江口县、德江县、思南县、石阡县、印江土家族苗族自治县、玉屏侗族自治县、沿河土家族自治县和松桃苗族自治县。

黔西南布依族苗族自治州辖 2 个县级市、6 个县，自治州政府驻兴义市。分别有兴义市、兴仁市、普安县、晴隆县、贞丰县、望谟县、册亨县和安龙县。

黔东南苗族侗族自治州辖 1 个县级市、15 个县，自治州政府驻凯里市。分别有凯里市、黄平县、施秉县、三穗县、镇远县、岑巩县、天柱县、锦屏县、剑河县、台江县、黎平县、榕江县、从江县、雷山县、麻江县和丹寨县。

黔南布依族苗族自治州辖2个县级市、9个县、1个自治县，自治州政府驻都匀市。分别有都匀市、福泉市、贵定县、荔波县、瓮安县、平塘县、独山县、罗甸县、龙里县、长顺县、惠水县和三都水族自治县。

第三章　资源开发利用

　　贵州省资源类型多样，矿产资源丰富。本章对土地、水、矿产、能源和旅游等主要资源开发利用现状进行评价，分析资源开发所面临的自然地理环境限制和社会经济发展短板，提出未来一段时期贵州省资源开发利用方向。

第一节　资源开发利用状况

一、土地资源开发利用

　　根据《贵州省第三次全国国土调查主要数据公报》，从土地利用类型构成来看，林地面积最大，为1121.01万公顷，占全省土地总面积的69.04%，集中分布在黔东南苗族侗族自治州、遵义市、黔南布依族苗族自治州、毕节市的丘陵山地地带，这些地区的林地面积占全省林地总面积的67.04%。其次是耕地，面积347.26万公顷，占21.39%，主要分布在毕节市、遵义市，占全省耕地总面积的41.72%；湿地面积最小，为0.71万公顷，占全省土地总面积的0.04%（见表3-1）。

表3-1　贵州省土地利用面积及比重

一级地类名称	面积（万公顷）	比重（%）
耕地	347.26	21.39
林地	1121.01	69.04
草地	18.83	1.16

续表

一级地类名称	面积（万公顷）	比重（%）
湿地	0.71	0.04
城镇村及工矿用地	77.25	4.76
交通运输用地	33.10	2.04
水域及水利设施用地	25.54	1.57
合计	1623.70	100.00

资料来源：《贵州省第三次全面国土调查主要数据公报》。

贵州地貌以山地丘陵为主，山地面积 108740 平方千米，占全省土地总面积的 61.70%，丘陵面积 54197 平方千米，占 31.10%；山间平坝区面积 13230 平方千米，仅占 7.50%。山地丘陵地区适合发展林业，贵州地处亚热带季风气候区，有利于植物生长，历史上曾是地广人稀、森林广布的区域，随着人口增长，土地压力不断增大，出现了石漠化等生态问题，生态建设引起高度重视。随着退耕还林还草、石漠化治理、水土流失治理等工程的实施，贵州林地面积不断扩大，第二次全国土地调查结果显示，贵州省林地面积为 900.86 万公顷，第三次全国土地调查结果显示，林地面积上升到 1121.01 万公顷，增加了 220.15 万公顷。

多山的地形条件，决定了贵州适合耕种的土地面积少，耕地资源稀缺。第三次全国土地调查结果显示，耕地总面积 347.26 万公顷，以旱地为主，旱地面积占耕地总面积的 74.42%，水田占 25.45%。按 2019 年常住人口 3622.95 万人计算，人均耕地面积 1.44 亩，高于全国人均耕地面积（1.37 亩）。但是，贵州以坡耕地为主，坡度>25°的耕地面积占 16.82%；坡度 15°~25°的耕地面积占 27.52%，坡度 6°~15°的耕地面积占 40.72%。2019 年统计数据显示，耕地中土层浅薄、耕作层小于 15 厘米的面积占 40.40%，土质不良的面积占 33.20%，具有障碍层的面积占 25.60%，易涝易旱的面积占 47.20%。可见，耕地质量总体较低。2019 年贵州省耕地质量等级评定结果显示，耕地平均等级为 12.28 等，同年全国耕地质量平均等级为 4.76 等，耕地质量低于全国平均水平。全省高等耕地面积 85383.95 公顷，占全省耕地评定总面积的 1.89%，绝大部分耕地为中低等田（土）。

2010 年和 2018 年贵州土地利用程度不断提高。土地利用率略为上升，从

87.24%提升到87.73%，建设用地率上升较快，从2.98%上升到3.98%；垦殖率有所下降，从25.93%下降到25.65%，土地利用综合程度指数从226.39上升到228.78（见表3-2）。

表3-2　贵州省2010年和2018年土地利用程度

指标	指标说明	2010年	2018年
土地利用率（％）	区域已利用土地面积占土地总面积的比例	87.24	87.73
垦殖率（％）	区域耕地面积占土地总面积的比例	25.93	25.65
建设用地率（％）	区域建设用地面积占土地总面积的比例	2.98	3.98
土地利用综合程度指数	区域土地综合利用水平	226.39	228.78

资料来源：根据《2019年贵州省自然资源公报》数据计算得到。

伴随着土地利用程度加深，土地利用投入产出不断提高，2010年、2015年、2018年，单位建设用地生产总值提升了12901万元/平方千米，单位耕地面积农业产值从857万元/亩增加到3360万元/亩，单位面积固定资产投资额增加了15810万元/亩（见表3-3）。

表3-3　贵州省2010年、2015年、2018年土地利用效率

指标	2010年（A）	2015年（B）	2018年（C）	C-A
单位建设用地生产总值（万元/平方千米）	8154	15418	21055	12901
单位耕地面积农业产值（万元/亩）	857	4785	3360	2503
单位面积固定资产投资额（万元/亩）	1206	9318	17016	15810

资料来源：根据《2019年贵州省自然资源公报》数据计算得到。

二、水资源开发利用

贵州省水资源丰富，全省多年平均水资源总量为1062亿立方米，占全国的3.7%，居全国第9位（周子琴等，2019）。

2019年，贵州全省总用水量为108.06亿立方米，其中地下水源供水量2.00亿立方米，人均用水量298立方米/人。总用水量中，农田灌溉用水量最大，为58.52亿立方米，占总用水量的54.2%，生态环境用水量最小，为0.97亿立方

米（见图 3-1）。

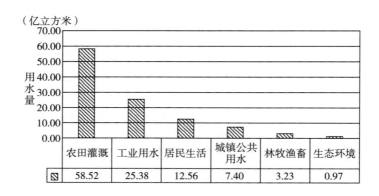

图 3-1 2019 年贵州省各领域用水量

资料来源：《贵州省水资源公报》（2019）。

2019 年用水量比 2018 年增加了 1.27 亿立方米，人均用水量从 263 立方米/人增加到 298 立方米/人，各领域用水量均呈增加趋势。贵州工程性缺水严重，因此，需要加强节水型社会建设，2019 年贵州省水利厅、省发展改革委出台了《贵州省节水行动实施方案》，2020 年 9 月 1 日，《贵州省节约用水条例》正式实施。

总的来说，①近年来，贵州省水资源利用程度有所提高。②水资源利用率、水资源开发利用率、人均水资源量有所上升，说明水资源利用状况在变好，居民生活水平在提高。③人均综合用水量有小幅度的下降，人均水资源利用有待改善。④万元地区生产总值用水量、万元工业增加值用水量下降，说明产业的水资源利用量减少，逐步向高新技术产业等耗水少的产业转移。⑤单位地区生产总值废水排放量有所提升，说明水污染控制力度有待加强。

三、矿产资源开发利用现状

贵州省素有"沉积岩王国"之称，成矿地质条件好，矿产资源丰富，优势矿产突出，矿产分布相对集中、规模大、质量好（孙亚莉等，2017）。矿产资源开发已形成较大规模，2019 年，全省有矿山企业 3713 个，其中，大型企业 196 个，中型企业 739 个，小型企业 2288 个，小矿 490 个，从业人员 16.48 万人。

产矿量为 39227.36 万吨，矿业总产值 565.34 亿元，矿产资源综合利用产值达 17.08 亿元（见表 3-4）。与 2018 年相比，矿山企业数减少了 258 个，减少的为小型企业和小矿，大型企业增加了 20 个，中型企业数量增加了 22 个。说明矿产资源开发规模逐渐扩大，但存在综合开发利用水平偏低、资源浪费、环境破坏等问题。

表 3-4　2019 年贵州省各市（州）矿产资源开发利用情况

单位：个、人、万吨/年、亿元

地区	矿山企业数					从业人员	产矿量	实际采矿能力	矿产总产值	矿产资源综合利用产值	矿产品销售收入	利润总额
	合计	大型	中型	小型	小矿							
贵州省	3713	196	739	2288	490	164792	39227.36	419809.54	565.34	17.08	473.99	97.35
贵阳市	195	13	29	133	20	12327	3016.88	3200.57	51.08	0.01	41.58	5.73
遵义市	360	23	82	238	17	48051	4687.74	6635.47	143.36	1.19	125.76	38.81
安顺市	537	26	113	388	10	17313	6101.59	8010.13	43.10	1.59	36.92	2.61
黔南布依族苗族自治州	231	8	35	152	36	6724	2957.46	3283.27	21.08	1.77	18.99	5.24
黔东南苗族侗族自治州	385	13	112	206	54	4443	2719.35	2784.37	222.42	1.48	13.77	2.47
铜仁市	312	20	39	219	34	18783	3178.13	3317.61	71.84	2.67	70.60	13.46
毕节市	914	29	117	546	222	45933	7323.31	8011.29	150.06	5.20	112.05	18.73
六盘水市	298	14	127	123	34	3667	2719.95	375958.33	9.88	2.59	8.29	1.73
黔西南布依族苗族自治州	481	50	85	283	63	7551	6522.96	8608.5	52.52	0.57	46.04	8.57

资料来源：《贵州省自然资源公报》（2019）。

根据贵州实际，从资源开发的技术可行性、经济合理性、对生态环境的影响等方面综合考虑，贵州主要矿产优先发展顺序为：煤>磷>铝>重晶石>锌>铁>锰>金，优势矿产资源有煤、磷、铝、重晶石，次优势矿产资源为锌、铁、锰、金。优势矿产资源是贵州近期矿产资源开发利用的重点。

四、能源资源开发利用

贵州省能源资源丰富，煤炭资源、水能资源和煤层气资源优势突出（沈镭和高丽，2013），能源资源开发意义重大。

（一）以煤炭为主的能源结构

以煤炭为主的能源资源结构。根据贵州省 2018 年煤炭资源和水能资源储量数据，计算得到主要能源资源数量为 534.37 亿吨标准煤，其中煤炭资源 534.18 亿吨标准煤，占 99.96%，水能资源仅占 0.04%（见表 3-5）。

表 3-5　贵州省能源资源数量与结构

能源品种	探明储量	折标系数	折标准煤（亿吨）	结构（%）
煤炭	747.84（亿吨）	0.7143（千克标准煤/千克）	534.18	99.96
水能	1584.37（亿千瓦·时）	0.1229（千克/千瓦时）	0.19	0.04
合计	—	—	534.37	100.00

资料来源：表中煤炭资源数据来源于《贵州省自然资源公报》（2018），水能资源数据来源于《贵州水资源公报》（2018），折标系数来源于《中国能源统计年鉴》（2015），水能折标系数采用电力系数计算。

以原煤为主的能源生产结构。2014～2017 年，贵州省一次能源生产以原煤为主，占总产量的 80% 以上，但比重持续下降，从 85.45% 下降到 81.40%；水电占一次能源生产总量的比重不到 20%，但比例不断上升，从 14.41% 上升到 17.97%（见表 3-6）。

表 3-6　贵州省一次能源生产量

指标	2014 年	2015 年	2016 年	2017 年
一次能源生产量（万吨标准煤）	15136.11	15061.47	14251.23	13651.31
其中：原煤产量（万吨标准煤）	12933.72	12361.54	11758.58	11112.78
比例（%）	85.45	82.07	82.51	81.40
水电产量（万吨标准煤）	2181.11	2659.24	2421.52	2452.55
比例（%）	14.41	17.66	16.99	17.97

资料来源：《贵州统计年鉴》（2019）。

原煤在能源消费中的重要地位。2014～2017 年，终端能源消费量原煤最多，2017 年达到 3829.77 万吨标准煤，占能源消费总量的 39.14%；其次为电力，2017 年达到 3965.67 万吨标准煤，占能源消费总量的 40.53%，比例上升幅度最大，上升了3.40%。贵州省天然气资源匮乏，2014年国家天然气管道中缅线、中贵线正式开通，结束了贵州缺乏管道天然气的历史，但天然气消费量占能源消费量的比例不到2.00%，呈逐年上升趋势。根据《贵州省天然气"县县通"行动方案》（黔府办发〔2019〕10号），2021年实现全省88个县级行政单位全部使用天然气，天然气的消费比例必然会进一步提高。水电、天然气属于清洁能源，贵州省水电、天然气等清洁能源比例上升，说明能源消费结构向低碳化发展（见表3-7）。

表3-7 贵州省能源消费结构

指标	2014年	2015年	2016年	2017年
终端能源消费量（万吨标准煤）	9015.18	9313.60	9444.78	9783.61
其中：原煤（万吨标准煤）	3417.21	3966.90	3765.63	3829.77
比例（%）	37.91	42.59	39.87	39.14
天然气（万吨标准煤）	118.10	145.50	156.43	187.46
比例（%）	1.31	1.56	1.66	1.92
电力（万吨标准煤）	3346.96	3303.36	3511.80	3965.67
比例（%）	37.13	35.47	37.18	40.53

资料来源：《贵州统计年鉴》（2019）。

贵州省煤炭资源开采条件较好，埋深2000米以浅的资源总量达2419.6亿吨，其中预测的远景资源量为1903.6亿吨；埋深1000米以浅的煤炭资源总量为1678.1亿吨。

煤种较为齐全，以无烟煤和炼焦煤为主，煤炭品质较高，如炼焦煤，灰分含量为10%~25%；硫分含量低，盘州原煤的硫分含量多在1%以下，但是，煤层瓦斯含量较高，瓦斯突出及煤尘爆炸的风险较高。

（二）煤炭资源开发现状评价

自国家实施西部大开发战略，特别是启动西电东送工程以来，对以电煤为主的煤炭需求快速增长，带来了贵州煤炭工业的快速发展，原煤产量从2006年的0.77亿吨标准煤上升到2015年的1.12亿吨标准煤，受经济波动以及控制温室气体等的影响，2019年下降到0.89亿吨标准煤，仍占一次能源生产总量的76.5%，煤炭在能源生产的主体地位未发生变化。

贵州省拥有国有重点煤矿 31 处，设计生产能力 2426 万吨/年，主要分布在六盘水、遵义、毕节 3 个地区（贵州地方志编纂委员会，1989）。省属煤矿共 10 处，设计生产能力为 273 万吨/年，分布在安顺、遵义、贵阳、毕节 4 个地区。省监狱管理局煤矿共有 9 处，设计生产能力 216 万吨/年，主要分布在安顺、遵义、贵阳、黔南布依族苗族自治州和黔东南苗族侗族自治州。集体（县市、乡镇、村）、个体煤矿 1444 处，占全省矿井总数的 96.65%，其中年设计生产能力大于 30 万吨的仅有 12 个，1444 处矿井总设计生产能力 11232 万吨/年，占全省年产量的 79.3%，主要分布于毕节、六盘水、遵义、黔南布依族苗族自治州、黔西南布依族苗族自治州、贵阳和安顺等地。贵州省国有煤矿、省属煤矿（含省监狱管理局煤矿）、集体个体矿的比例大致为 1.5∶1∶16，大型、中型、小型煤矿矿井数的比例约为 1∶2.6∶146。目前贵州省 1494 处矿井共占用煤炭资源量 101.7 亿吨，保有资源量 84.8 亿吨。全省尚未占用的煤炭资源量约 402.6 亿吨（宋生琼等，2012）。

为促进煤炭工业结构优化和转型升级，贵州逐步关闭小煤矿，"十二五"时期，贵州关闭小煤矿超过 600 处，建成五轮山、松河等现代化大中型煤矿 48 处，产能达到 3630 万吨/年[①]。2019 年实施 30 万吨/年以下煤矿有序退出，2020 年，煤矿规模全部为 30 万吨/年及以上，大中型煤矿占比达到 80% 以上，形成以大中型煤矿为骨干、优质产能煤矿为主体的格局。

（三）水能资源开发利用评价

水能资源开发利用条件较好，工程建设难度大（杨滨和杨荣芳，2009；汤向华，2017）。贵州水能资源分布集中，河流上游大都具备兴建大型水电站条件。河谷深切，使兴建大中型坝后式水电站的工程量及淹没区，相对于同等规模的其他地区电站的要小，工程造价较低，电站建设效益较高。贵州煤炭资源丰富，大中型水电站调节水库附近，往往分布有煤炭资源，可建设大型火电厂，具有水火互济的优势。不仅如此，贵州可开发的水能资源虽仅占云南省、贵州省、四川省、西藏自治区的 10%，但地理位置优越，距离电力缺口较大的华南地区输电距离最短，电力输出条件较好。不利条件是，贵州省岩溶地貌分布广，河流大部分位于岩溶地区，工程地质和水文地质条件复杂，水电站勘探及建设

---

① 参见《贵州省能源发展"十三五"规划》。

难度大。

水能资源开发利用较晚，发展迅速（贵州省地方志编纂委员会，1997）。贵州省电力资源开发较晚，1955 年兴建了第一座装机容量 100 千瓦的兴义狮子山水电站。1962 年水电装机容量达到 16.73 万千瓦，为电力建设的第一个高潮。"三线建设"时期，国家在贵州布设了航空航天、汽车制造等工业，为满足工业发展的需要，电力工业迎来了第二个建设高峰。西部大开发战略实施后，贵州作为我国重要的能源基地，水电开发力度进一步提升，全国水利普查显示，2011 年有水电站 1433 座，装机容量 2040.54 万千瓦，其中已经建成 725 座，装机容量 1701.79 万千瓦，在建水电站 67 座。有大型水电站 15 座，装机容量 1509.3 万千瓦，黔西南布依族苗族自治州最多，有 5 座，主要分布在乌江、北盘江、南盘江、清水江等几条大河干流上。中型水电站 20 座，装机容量 240.15 万千瓦，较均衡地分布在八大水系。小型水电站 651 座，装机容量 16.66 万千瓦，全省各地均有分布。水电站数量最多的为遵义市，有 359 座，其次为黔东南苗族侗族自治州，有 337 座，最少的为贵阳市，仅 23 座[①]。水电站分布具有大型水电站相对集中、中小型水电站均衡分布的特点。

2020 年，6000 千瓦以上的水电装机容量达 1996 万千瓦，比 2016 年的 1850 万千瓦增加了 146 万千瓦[②]。2015 年，贵州水电站总装机容量为 3000 万千瓦，55.8 万千瓦的马马崖一级水电站建成投产后，大型水电站增加到 16 座。总体来讲，乌江流域（贵州省内）开发了梯级水电站，干流上建成、扩容电站 7 座，装机容量达到 866.50 万千瓦，支流上建成 2 座，装机容量 35 万千瓦。南盘江流域（贵州省内）干流上建成大型水电站 2 座，装机容量 252 万千瓦，北盘江流域（贵州省内）干流上建成水电站 6 座，装机容量达 334.35 万千瓦（汤向华，2017）（见表 3-8）。

主要河流水电开发情况如下（肖先治等，1997；贵州省地方志编纂委员会，1997）：

乌江干流。乌江为长江右岸一级支流，贵州省最大的河流。干流全长 1037 千米，其中贵州境内长 889 千米，流域内碳酸盐岩分布范围占 70%，岩溶地貌

发育。从源头到化屋基为上游，又称三岔河，河流天然落差 1398.5 米，河床比降 4.3‰；化屋基到思南为中游，河流天然落差 503.7 米，河床比降 1.4‰；思南到重庆市涪陵河口为下游，贵州省内长 181.8 千米，河流天然落差 132 米，河床比降 0.7‰。1985 年水利部制定了乌江干流 9 级电站梯级开发规划，其中 7 座水电站在贵州省内，均已建成。

表 3-8 西部大开发后贵州主要流域水电站建设情况

流域		电站名称	装机容量（万千瓦）	流域	电站名称	装机容量（万千瓦）
乌江流域	干流	洪家渡水电站	60.00	南盘江干流	天生桥一级水电站	120.00
		东风水电站	69.50		天生桥二级水电站	132.00
		索风营水电站	60.00		小计	252.00
		乌江渡水电站（扩建）	125.00	北盘江干流	善泥坡水电站	18.55
		构皮滩水电站	300.00		光照水电站	104.00
		思林水电站	105.00		引子渡水电站	36.00
		沙沱水电站	112.00		马马崖一级水电站	55.80
	支流	大花水水电站	20.00		马马崖二级水电站	40.00
		格里桥水电站	15.00		董箐水电站	80.00
小计			866.50	小计		334.35

资料来源：根据汤向华（2017）整理。

六冲河为乌江最大的一级支流，河流天然落差 1243 米，平均比降 4.6‰，多数河段为深切峡谷，河谷最窄处宽仅 60 米，水力资源丰富，建有赫章妈姑、卡上、毕节倒天河、毕节水牛屯、大方东方、对江等电站。

猫跳河为乌江右岸一级支流，贵州开发利用程度较高的河流，也是我国最早在喀斯特地区开发的河流。发源于贵州省安顺市二铺区大坡洞，河流天然落差 549 米，水能资源可开发量 25.2 万千瓦。河流流经地区喀斯特地貌发育，有伏流河段。五里桥以上为上游，流经贵州高原面，地势起伏和缓，河流宽缓；五里桥以下为高山峡谷区，河床狭窄，水流湍急。猫跳河的开发始于 1939 年以前就动工建设的修文河电站，1951 年建成投产，是贵州省建成的第二座水电站。1957 年提出建设 6 个梯级电站。猫跳河梯级电站，采取自上而下的建设方式，首先建设上游的龙头水库——红枫湖水库，然后逐级开发。1958 年 8 月 15 日一级电站红枫电站开工建设；1980 年 7 月红枫、百花、修文、猫跳石、红林和红岩 6 个梯级电站全部建成，总装机容量 23.9 万千瓦，工程建设搬迁了 2.38 万人，淹没耕地 4.70 万亩。1991 年，在百花电站和修文电站之间的李官河口下游，建成了李官水电站。猫跳河梯级电站开发，在贵阳市形成两座人工湖，其一为红枫湖，有高原明珠之称，可蓄水 6.01 亿立方米，湖面面积为 57.2 平方千米；其二为百花湖，可蓄水 1.82 亿立方米，湖面面积为 14.5 平方千米。

南盘江属于珠江水系，发源于云南省曲靖市，全长 914 千米，贵州省内长 264 千米，落差 425 米。该河段地处云贵高原东南斜坡地带，多为 V 形深切河谷。水能理论蕴藏量为 671.1 万千瓦，可开发量为 559.45 万千瓦。已开发建设的天生桥一级水电站、天生桥二级水电站，装机容量合计 252 万千瓦。

北盘江为西江左岸最大的支流，发源于云南省沾益县，进入贵州后始称北盘江，在贵州省望谟县与南盘江汇合后称红水河。干流全长 449 千米，贵州省内落差为 1006 米，有的河段形成多级瀑布。北盘江河谷深切，水力资源开发条件优越，已建成大型水电站 5 座，以及黄果树梯级电站、晴隆大桥河电站、紫云板母河电站等中小型水电站。

（四）煤层气资源开发利用评价

1. 贵州省煤层气资源的储存条件

贵州省含煤面积约 7.5 万平方千米，上二叠统是最主要的含煤地层，上二叠统海陆过渡相区是煤层气资源储存的主要区域，含煤地层为龙潭组和长兴组（或汪家寨组）。向斜、复向斜往往是煤层气富集区域，贵州省向斜构造煤田包括六盘水煤田、织纳煤田、黔北煤田、黔西北煤田、兴义煤田和贵阳煤田等，煤层气成藏物质基础最好的区域为盘州、水城、纳雍一带，煤层多（9~20 层），厚度大（10~30 米）。

2. 煤层气资源开发利用状况

贵州煤矿瓦斯抽采利用起步较晚（徐宏杰等，2016）。1971 年，水城矿务局老鹰山矿建成第一个地表瓦斯抽放泵站，20 世纪 80 年代后发展较快，2009~2014 年，中国石化化工销售有限公司华东分公司在织金县进行煤层气商业开发，完成了约 24 口煤层气压裂直井的施工，单井最大日产量达 5000 立方米。2014 年，全省瓦斯抽采总量为 21.6 亿立方米，利用量为 5.86 亿立方米，利用率仅为 27.13%。

贵州积极开展煤层气地面抽采技术的研究及实践。近年来，相继在六盘水、毕节等多个地区取得重大突破（杨明坤，2019）。2008～2011年，贵州煤田地质局成功建成老屋基矿垂直井抽取采空区瓦斯；2010～2012年，中国石化化工销售有限公司华东分公司在织金建成煤层气井24口，日产气量达到2000立方米以上；2013年，中联煤层气有限责任公司建成9口钻井；2015年，西南能矿集团股份有限公司贵州页岩气股份有限公司在遵义市建成钻井，日产气量为1000立方米。全省煤层气发电站数量超过20座，单井日产气量超过2000立方米（秦勇等，2014）。

但煤层气产业发展在产业政策、资金投入、开发技术等方面还存在较多问题。贵州省煤层气资源的开发利用日益受到重视，2020年省政府提出"气化贵州"目标，把煤层气作为能源产业发展重点方向之一①，加强毕水兴煤层气产业基地建设，推动织金和盘州两个煤层气产业化基地、纳雍—平坝矿区重点建产区建设。到2025年②，全省煤层气探明储量达800亿立方米，年产煤层气4亿立方米，煤矿瓦斯利用率达到56%。

五、旅游资源开发利用

贵州省旅游资源丰富，独特的喀斯特地貌，形成了洞穴、峡谷、天坑等自然旅游资源；民族风情浓郁，形成丰富的人文景观。

2017年贵州省旅游资源普查，登记了自然类旅游资源42869处，人文类8142处。旅游资源以自然类为主。各主类的单体数量差异较大，普查登记了旅游资源82679处（周琦等，2018），地文景观类占23.61%；增设的4类资源共计11070处，占资源总数的13.39%；生物景观类占17.24%；天象与气候类占0.33%（见图3-2和图3-3）。

1. 旅游资源开发条件

第一，优越的自然环境，便利的交通条件。贵州属亚热带湿润性季风气候，冬无严寒，夏无酷暑，雨量充沛，雨热同期。这为生物的繁衍提供了良好环境，动植物资源十分丰富，珍稀动植物种类繁多，自然保护区、国家公园类型多样。独特的喀斯特地貌条件，使得贵州山水风光别具一格；夏季气温偏低，成为众

---

① 参见《贵州省人民政府关于加快推进煤层气（煤矿瓦斯）产业发展的指导意见（2019—2025年）》。

② 参见《贵州省国民经济和社会发展第十四个五年规划和二〇三五年远景目标纲要》。

多游客的避暑胜地。贵阳市作为西南地区交通枢纽，是周边城市的周转地之一，为旅游业发展提供了便利。

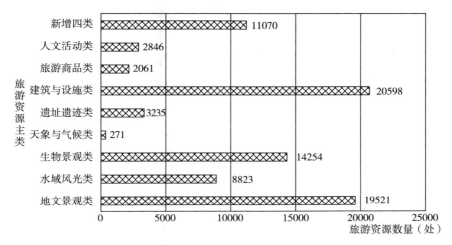

图 3-2 贵州省旅游资源各主类单体数量

资料来源：2017 年贵州省旅游普查资料。

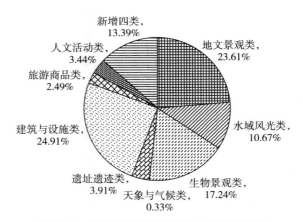

图 3-3 贵州省旅游资源单体主类数量比例

资料来源：2017 年贵州省旅游普查资料。

第二，悠久的开发历史，多样的民族文化。不同历史时期的人类活动，遗留了众多的名胜古迹，如安顺云山屯古建筑群、雷山郎德上寨古建筑群、杨粲墓，以及遵义会议会址等红色革命传统教育基地等。贵州是古代氐羌、苗瑶、百越、百濮四大族系的族群交汇处，有世居少数民族 17 个，其中人口在 100 万以上的就有4个①。各民族的建筑、服饰、饮食、婚俗、祭祀、节庆、艺术等，造就了异彩纷呈的民族文化。

第三，资源开发潜力大，但整合性较差。贵州省旅游资源种类丰富，资源优势突出，如拥有温泉（地热）资源单体264处，其中三级以上的优良级资源达77处，达到理疗热矿水的类型有7种；含有对人体有益元素的天然优质饮用矿泉水有5种。尚未规划、开发的旅游资源单体占62.44%，资源开发潜力较大。但是旅游资源分布分散，整合性较差，资源开发难以发挥规模效应，影响了旅游业的发展。

2. 旅游市场条件

2012年以来，贵州省旅游市场得到快速发展。2012～2019年，接待海内外旅游总人数从21401.18万人次增长到113526.6万人次，年均增幅为26.92%；旅游总收入从1860.16亿元增加到12318.86亿元，年均增幅为31.01%。国内、入境、出境三大旅游市场中，国内旅游市场扩张较快，国内旅游者从21330.68万人次增加到113365.29万人次，年均增幅为26.95%；旅游收入从1849.49亿元增加到12296.03亿元，年均增幅为31.08%。入境旅游增长速度较慢，入境旅游人数从2012年的70.5万人次增加到2019年的161.31万人次，年均增幅为12.55%；国际旅游外汇收入从16893.6万美元增加到34503.00万美元，年均增幅为10.74%。

2020年，受新冠肺炎疫情影响，游客总人数下降到61781.49万人次，入境旅游人数仅为4.36万人次，国内旅游人数为61777.13万人次。

旅游服务能力不断提升。截至2019年6月，有星级饭店250家，其中五星级饭店6家，四星级65家，三星级108家，二星级63家，一星级4家，以四星级和三星级饭店最多，占星级饭店总数的69.2%（见表3-9），2019年底，全省共有旅行社585家，其中出境游旅行社28家。

3. 旅游业发展历程

贵州省旅游业发展始于20世纪四五十年代（高可盈，2016），经历了"点状""线状""全域"三种发展模式。20世纪40～60年代，贵州旅游资源开发初期，资源开发数量少，主要有城市公园、疗养基地、爱国主义基地等，旅游业

---

① 参见2010年全国人口普查数据。

表 3-9 贵州省各市（州）A 级旅游景区及星级饭店分布

地区	AAAAA（五星级饭店）	AAAA（四星级饭店）	AAA（三星级饭店）	AA（二星级饭店）	A（一星级饭店）	小计
贵阳市	1（4）	15（21）	4（14）	1（7）	（0）	21（46）
贵安新区	0（0）	2（0）	0（0）	0（0）	0（0）	2（0）
六盘水市	0（0）	2（3）	16（4）	5（5）	0（0）	23（12）
遵义市	0（0）	23（12）	17（11）	5（10）	0（2）	45（35）
安顺市	2（0）	8（4）	14（10）	0（0）	0（0）	24（14）
毕节市	1（0）	5（5）	10（11）	0（5）	0（0）	16（21）
铜仁市	0（0）	11（8）	14（18）	0（6）	0（0）	25（32）
黔西南布依族苗族自治州	0（2）	6（0）	13（5）	1（2）	0（0）	20（9）
黔东南苗族侗族自治州	0（0）	12（8）	19（23）	0（4）	0（1）	31（36）
黔南布依族苗族自治州	1（0）	7（4）	32（12）	4（24）	0（1）	44（41）
小计	5（6）	91（65）	139（108）	16（63）	0（4）	251（246）

注：A 级景区为 2018 年数据，星级饭店为 2019 年数据。

资料来源：贵州省旅游发展委员会旅游名录。

呈"点"状发展。这一时期，最具代表性的城市公园包括花溪公园、贵阳河滨公园、黔灵山公园等。花溪公园原为私家园林，始建于清乾隆五十二年（1787 年）；黔灵山素有"黔南第一山"之称，清朝康熙年间因修建弘福寺而声名远扬，20 世纪 30 年代建成风景观光园区；1960 年，贵州建成第一个以自然森林资源为主的"森林公园"——"息烽温泉"景区；1961 年，遵义会议会址被国务院列为第一批全国重点文物保护单位，是贵州省入选的首个全国重点文物保护单位。

20 世纪 70～90 年代，贵州旅游业呈现"线状"发展。这一阶段以自然类旅游资源开发为主，人文资源景区较少。国家设立了多个国家级风景名胜区、国家级自然保护区，贵州省将一批具有独特自然风貌或具有较高科学考察价值的旅游资源开发为旅游观光目的地，共开发了 8 个风景名胜区，其中，有代表性的景区有铜仁梵净山景区、赤水丹霞地貌景区、威宁草海湿地景区、雷公山自然保护区等。20世纪90年代，自然旅游资源和人文旅游资源均得到开发，旅游资源开发进入高峰期。依托全国重点文物保护单位、国家级历史文化名城、国家级历史名村名镇等，开发了大量的人文观光景区，其中以少数民族村寨旅游开发最具特色，促进了民族乡村旅游的迅速发展。旅游业进入"全域"发展模式，以交通旅游、大健康旅游、大数据旅游、生态旅游为特征。

4. 旅游业发展现状

贵州已形成包括休闲、文化、体育、生态观光等多样化的旅游产品体系；基础设施不断完善，2016年高速公路通车里程达到5128千米，成为我国西部地区第一个，也是唯一一个县县通高速的地区（刘锦，2016），2019年实现乡乡通油路、村村通客运、组组通公路、村寨路面硬化。2018年，贵州共有A级景区251家，其中AAAAA级景区5家，AAAA级景区91家，AAA级景区最多，有139家，为旅游资源的开发创造了良好的条件。通过多视角多方位的宣传和推广，"山地公园省·多彩贵州风"旅游品牌的知名度不断提升，旅游业发展迅速。2019年，旅游人次是2012年的5.30倍，旅游总收入为2012年的6.62倍（见表3-10、表3-11）。

表3-10 2012~2020年贵州省游客数量　　　　单位：万人次

年份	旅游总人数	入境旅游人数	外国人	港澳同胞	台湾同胞	国内旅游人数
2012	21401.18	70.50	30.42	20.85	19.23	21330.68
2013	26761.28	77.70	31.97	22.93	22.80	26683.58
2014	32134.94	85.50	35.94	24.55	25.01	32049.44
2015	37630.01	94.09	39.83	27.06	27.20	37535.92
2016	53148.42	110.19	51.83	29.13	29.24	53038.23
2017	74417.43	126.79	64.86	31.00	30.93	74290.64
2018	96858.12	146.55	79.57	35.74	31.24	96711.56
2019	113526.60	161.31	102.11	24.26	34.94	113365.29
2020	61781.49	4.36	1.94	1.50	0.91	61777.13

资料来源：历年《贵州统计年鉴》。

表 3-11 2012~2020 年贵州省旅游收入

年份	旅游总收入（亿元）	国际旅游外汇收入（万美元）	国内旅游收入（亿元）
2012	1860.16	16893.60	1849.49
2013	2370.65	20143.41	2358.18
2014	2895.98	21671.23	2882.66
2015	3512.82	20111.94	3500.46
2016	5027.54	25270.74	5011.94
2017	7116.81	28326.58	7097.91
2018	9471.03	31762.59	9449.58
2019	12318.86	34503.00	12296.03
2020	5785.09	2110.80	5783.64

资料来源：历年《贵州统计年鉴》。

与西南地区周边省区相比较，2018 年，贵州省旅游人数为 96858.12 万人次，收入仅次于四川省，但境外游客数量人数最少，国际旅游收入也最低（见表 3-12）。

表 3-12 2018 年西南地区旅游发展情况比较

指标	四川	重庆	云南	贵州
旅游总人数（万人次）	70568.26	59723.71	68847.80	96858.12
入境旅游人数（万人次）	369.82	388.0233	1416.46	146.55
外国人（万人次）	276.47	220.1956	156.14	79.57
港澳同胞（万人次）	49.65	50.2139	156.14	35.74
台湾同胞（万人次）	43.70	117.6138		31.24
国内旅游人数（万人次）	70198.44	59335.69	68141.72	96711.56
旅游总收入（亿元）	10112.75	4344.15	8991.44	9471.03
国际旅游外汇收入（万美元）	151164.79	218989	441800	31762.59
国内旅游收入（亿元）	10012.72	4199.24	8698.97	9449.58

资料来源：《贵州统计年鉴》《云南统计年鉴》《重庆统计年鉴》《四川统计年鉴》。

第二节　资源开发利用方向

一、资源开发面临的环境

（一）自然环境的限制

贵州地貌形态以高原和山地为主，喀斯特地貌面积分布广，生态脆弱。贵州地处长江、珠江上游，作为两江上游重要的生态屏障，生态环境损害不仅直接影响贵州本地居民的生产生活，也会影响长江、珠江中下游地区，生态环境保护任务艰巨。

贵州矿产资源丰富，矿业活动需要对地表进行高强度、大规模的开发，容易导致矿区水土流失、环境污染和地质灾害；地下开采形成的采空区，导致地面塌陷坑、积水等占用土地；废石弃渣、尾矿的堆放占用和破坏土地；矿产资源开采还容易破坏地下水系，导致水位下降，以及排放的矿坑水、选矿废水、浸出废水（液）等污染水体。资源开发面临巨大的环境保护压力。

（二）经济社会条件的制约

1. 发展基础薄弱

1949 年以来，贵州社会经济得到较大发展，但仍然存在经济总量小、人均水平较低等问题，2013 年农村贫困人口 745 万，居全国第一位，2018 年贫困人口降低到 173 万，排第二位（见表 3-13），"十三五"时期脱贫攻坚取得全面胜利，2020 年贫困人口全部脱贫。"十四五"期间，将针对欠发达地区、生态退化区、老工业城市、革命老区、资源型地区采用不同的发展模式。

表 3-13　2013~2018 年全国与民族八省区贫困人口情况

地区	2013 年	2014 年	2015 年	2016 年	2017 年	2018 年
全国（万人）	8249	7017	5575	4335	3046	1660
民族八省区（万人）	2562	2205	1813	1411	1032	602
内蒙古自治区（万人）	114	98	76	53	37	14
广西壮族自治区（万人）	634	540	452	341	246	140

续表

地区	2013 年	2014 年	2015 年	2016 年	2017 年	2018 年
贵州省	745	623	507	402	295	173
云南省	661	574	471	373	279	179
西藏自治区（万人）	72	61	48	34	20	13
青海省	63	52	42	31	23	10
宁夏回族自治区（万人）	51	45	37	30	19	9
新疆维吾尔自治区（万人）	222	212	180	147	113	64
贵州占全国比重（%）	9.0	8.9	9.1	9.3	9.7	10.4
贵州占民族八省区比重（%）	29.1	28.3	28.0	28.5	28.6	28.7
贵州在八省区排位	1	1	1	1	1	2

资料来源：《中国农村贫困监测报告》（2019）。

总体来说，贵州资源优势未能转化为经济优势，发展基础较为薄弱，必然制约经济健康持续发展。

2. 资源开发粗放，环境影响巨大

贵州矿产资源丰富，采矿业成为全省的支柱产业之一。长期以来，大量生产要素投入矿产资源开采业，而制造业、服务业、高新技术业发展相对滞后，产业链短、产品附加值低。有机农业、特色工业产品和旅游资源等开发利用水平不高，红色旅游、民族风情旅游、生态旅游和乡村旅游的潜力有待进一步挖掘。地方经济对矿产资源的依赖严重，一旦资源枯竭，必然危及地方经济。此外，随着矿产资源开发力度的加大，由此带来的生态破坏、温室效应、水环境恶化和固体废弃物污染等问题日益严重。

2016 年，联合国大会第 70 届会议发布了《2030 年可持续发展议程》，其目标就是创建一个可持续的方式进行生产、消费和使用自然资源，中国共产党第十九次全国代表大会报告中明确提出将"美丽中国建设"作为落实《2030 年可持续发展议程》的重要实践。2015 年 5 月 5 日，中共中央、国务院印发了《关于加快推进生态文明建设的意见》（中发〔2015〕12 号），提出了节约资源、保护环境、自然恢复、绿色发展的总体思路（葛全胜，2020）。贵州面临经济发展和生态保护、资源节约的双重压力。

（三）基础设施建设不均衡

经济发展与基础设施建设关系密切。贵州省是一个典型的内陆山地省份，完善的基础设施是经济发展的基础。

在国家大力支持下，近年贵州铁路、公路、水运、民航和城市交通发展迅速，建成开通了贵广、沪昆、渝黔和成贵高铁，实现了县县通高速以及市市（州）有机场，贵南高铁预计 2023 年通车运营。民航旅客运营国际接待能力有待提升，仅贵阳龙洞堡机场开通了东南亚、南亚和东亚等部分城市的国际航线，其余市（州）的机场主要以省内和国内重点城市航线为主。此外，航空运输以旅客运输为主，货运服务功能较弱，全省的机场货运服务功能主要由贵阳龙洞堡国际机场承担，其余市（州）机场较少提供货运服务。

在科、教、文、卫方面，高品质设施数量少，成为加速发展的瓶颈。医疗资源分配不均，23 所三级甲等医院，贵阳市有 13 所，遵义市有 3 所，其余市（州）各有 1 所。县域医疗设施建设水平不高。科研教学平台较少，2020 年，贵州有普通高等学校 75 所，其中，综合性大学 21 所，理工院校 17 所，师范院校 14 所，医药院校 12 所，财经院校 7 所，民族院校 2 所，政法院校 1 所，农业院校 1 所；具有硕士研究生招生资格的高校、科研机构较少，只有 10 个；有高等职业技术学院 46 所。

二、贵州资源开发利用方向

（一）土地资源开发利用方向

土地资源开发利用不足之处：土地利用结构仍不合理；建设用地不断占用耕地，需加强对耕地的保护；随着人口增长和经济发展，对建设用地的需求上升，必须加强对建设用地的总量控制；林地面积不断增加，但林地质量不高，以三级、四级林地为主，森林的生物多样性不够丰富，林下植被稀疏，郁闭度低，森林生态系统的蓄水保土等生态功能较差，林地保护与发展、培育与利用的矛盾突出（赵斌和袁志敏，2014）。

土地资源开发利用方向：①加强国土空间规划编制研究，按照土地适宜性和生态经济规律，调整不合理的土地利用结构和布局；根据生态环境承载力，优化各类用地的利用方式。②强化土地用途管制，严格控制建设用地总量和增量，科学划定城镇用地增长边界。③积极开展土地整理工作，加快开展低效用地的整理，大力提高低效用地再开发再利用水平，提高土地利用效率。④加强土地利用动态监测，包括年度用地计划监测、林地保育情况及水土保持情况监测、土地环境条件监测等，适时掌控土地资源变化状况。⑤重视土地资源利用综合效益的提高，加强林地、草地等生态用地的保护，坚守"十八亿"亩耕地红线，促进土地资源的可持续利用。

（二）水资源开发利用方向

水资源利用不足之处：一是水资源开发利用程度低，水利工程尤其是中型以上骨干水利工程少。全省农业灌溉的水利工程，以小型工程和山塘、堰为主，蓄水保水能力差，灌溉、供水保证率低。二是水资源调配能力弱。城镇居民的生活用水缺乏充分的供水工程保障，全省部分城镇存在不同程度的工程性缺水问题。三是小型病险水库多，安全隐患突出。四是中小型灌区不配套，灌溉效率低下。

水资源开发利用方向：①加快水利基础设施规划建设，进一步推动病险水库除险加固工程，加强城市备用水源建设，提高水利工程供水能力，解决工程性缺水问题，优化区域水资源配置格局。②不断完善水源输配网络，推进河湖水系连通、引提水、农村供水管网、灌溉渠道等工程建设，打通水资源输配"最后一公里"。③加强水资源尤其是水资源质量的保护，强化重要水源涵养区、江河源头区等的生态保护工作，推进流域综合治理、农村生活废水处理和生态脆弱河流、草海的生态修复，加大生态补偿、河长制等实施力度，创新水环境保护措施，提高水源质量，确保水源地特别是城镇供水水源地水质全面达标。④提高水资源节约集约利用水平，不断降低万元地区生产总值、万元工业增加值用水量，提高农田灌溉水有效利用系数。⑤推进水利基础设施数字化建设，构建水利信息化服务体系，具备防汛抗旱减灾、河湖管理、水利工程建设与管理、农村水利综合管理等智能决策调度功能。

（三）矿产资源开发利用方向

贵州省矿产资源优势突出，也存在共生和伴生矿产较多、选冶难度大等问题，具体表现如下：

缺乏统筹规划及布局，矿业结构不尽合理。矿产开发多以初级产品为主，产业链短、效益低；大中型矿山企业少，小矿多，总量低，产值少，规模经济效益较低，制约了矿业的发展，资源优势尚未充分转化为经济优势。

资金积累机制欠缺，先进技术研发不足。缺乏有效的资金积累和技术进步促进机制，矿产资源的科技开发、深度开发、规模开发力度较小，先进技术研发不足，部分难选冶、难利用的矿产资源未能开发利用，尾矿综合利用水平较低。

开发利用方式粗放，资源深加工不够，附加值低。由于矿山企业生产水平低，不能满足规模化、集约化开采的需要；较多矿产采选冶回收率尚未达到国家标准，共伴生矿产综合利用不足；存在采富弃贫、采易弃难现象，资源浪费问题严重。主要金属矿产及煤矿、磷矿等多以原矿产品或初级产品为主，尚未形成完整的产业链，矿产资源潜在价值有待充分挖掘。

无序开采矿产资源，存在矿山生态环境破坏现象。部分矿产如砂石，矿山多、效益好，但缺乏统筹规划，基本处于无序开采状态。采矿引起的植被破坏、水土流失、河床淤塞、水系破坏等现象增多，引发的地质灾害频繁，脆弱的生态环境遭到破坏。

矿产资源开发利用方向：

加大矿产勘查投入，提高资源保障能力。贵州属中国西部地区 16 个重点金属成矿区带的川滇黔相邻区，成矿条件好，矿产资源潜力大。加大勘查投入，查明煤炭等资源的新地，增加资源类别，提高矿产资源保障能力。贵州省的共生、伴生矿产较多，要重视勘查及开发效益的综合评价，提高勘查成本的成果效应，如钡盐生产过程中附加的硫脲价格高、需求多；铝土矿伴生的镓、锂，综合开发利用后，可增加矿产品附加值。

加强开发利用技术研究，大力发展循环经济，提高资源综合利用率。提高共生、伴生矿产资源利用率，如煤矿开采中煤层气资源的利用、铝土矿中镓的回收、磷矿石中碘的提取、汞尾矿中硒的提取、煤炭中锗和硫的回收利用、重晶石矿炼金属钡时硫资源的回收利用等。贫矿、富矿兼用，限量开采富矿或优质矿石，大力推进矿业循环经济的发展，促进贵州矿业的可持续发展。

积极推进矿产资源整合，优化矿产资源开发布局。按照一矿区一主体、有序统一、规模开采的原则，以矿业权为纽带，以股份制为主要形式，鼓励具有资金、技术和管理优势以及安全业绩好的开采和深加工企业为主体参与资源整合，培育大型优强企业，淘汰经济规模小、技术含量低、资源浪费大的产能，逐步形成以大型企业为主体、大中小型企业协调发展的矿业经济新格局。

（四）能源资源开发利用方向

1. 煤炭资源

贵州省煤炭工业存在的主要问题（王晓东等，2019；郑功勋，2020）：

（1）开采条件差，以中小型煤矿为主。贵州煤炭赋存的地质构造条件十分复杂，瓦斯含量高、断层多、水灾严重。煤层以薄层及中厚煤层为主，煤层倾角大，大型采掘设备应用困难。多数地区不适合建设比较大型的煤矿，矿井规模小，以中小型煤矿为主，中小型煤矿在总产能中的比重大等现状，造成煤矿监管成本高、监管困难、淘汰落后产能的效果较差等问题，严重影响了贵州煤炭工业的规模化和集约化发展。

（2）煤炭开采技术总体较为落后，从业人员技术水平较低。目前小型煤矿开采技术较为落后，50%采用壁式开采，机械化程度不高。大中型矿井采煤技术虽然有较大进步，但与国内外同行业相比，在机电一体化、智能化、自动化控制技术、产品可靠性技术、数字集成技术与计算机辅助设计技术上，仍然存在较大差距。

由于煤矿大多距离县城较远，生活环境差，再加上工作强度大、井下生产条件等影响因素，企业招工、用工的成本高，人员流动性极大，尤其是技术性人才流失严重，中小型煤矿企业普遍存在职工年龄断层、教育水平偏低问题，加大了企业技术升级改造的难度。

（3）中小型煤矿资金短缺，企业转型升级难。贵州煤矿多以中小型的民营企业为主，融资困难；贵州推进的煤矿机械化、智能化转型升级，涉及的煤炭企业众多且机械化、智能化水平普遍较低，转型升级一次性资金投入很大，影响煤矿企业的转型升级。

（4）煤矿安全问题突出。贵州是我国煤矿事故高发地区。安全装备技术水平较低，井下自救系统、避灾系统及个人防护装备水平很低，对瓦斯等重大灾害预测预报的仪器、仪表和对安全事故的防治技术及装备不够，有效防治灾害和最大限度减轻灾害损害能力有待提高。

（5）煤炭资源综合利用程度低。贵州省煤炭中存在大量的硫资源，特别是六枝特区，煤矿中含硫达到2%～3%，局部地区甚至达到5%。硫可制造硫酸，不仅可以提高资源利用率，还可以减少燃煤过程中产生的二氧化硫排放到大气中造成环境污染。煤炭尾矿、煤矸石、粉煤灰等开发利用程度不高，如何充分利用煤炭尾矿、煤矸石、粉煤灰也是贵州煤炭工业需要解决的问题。

煤炭资源的开发利用方向：

第一，确定全面、协调、可持续、科学的煤炭技术发展观。推进煤矿资本结构的多元化，培育大型煤炭企业集团，鼓励兼并、收购、租赁等多种形式的联合。从安全保障、资源环境保障方面，重点解决技术进步和装备，提高安全生产水平和抗灾防灾能力。积极探索特殊地质环境条件下开采煤炭以及与煤层气开发结合的采煤方法。

第二，推进开采技术革新，提高煤矿开采效益。根据矿山地质条件，进行煤矿机械化改造，鼓励有条件的矿区，在安全保障、技术和经济可行的情况下，推行无人工作面技术，在六盘水、织纳煤田等适合装备刨煤机的煤矿推行机械采煤；不适合机械化掘进的矿井，采用机械装载如连续传送带式输送机等设备，提高煤巷和半煤岩巷道的开采效率。推广大功率综采技术，大中型矿井中除硬度较大的织纳、大方、黔西、金沙的一些煤层外，其余均有条件实施。对倾角较大的薄煤层，如黔北煤田，可装备螺旋钻机采煤。对面积小、煤层倾角较缓的井田可推广高档普采技术。

第三，促进煤炭生产工艺改革，延长煤炭工业产业链，减轻环境污染。综合利用煤矸石、劣质煤、煤层气资源，提高清洁生产水平。推动煤炭工业产业链延伸，逐步实现开采、洗选、发电与深加工、副产品综合利用、生态治理恢复的闭环链式管理，践行绿色开采、科学开采理念。

第四，进一步加强煤炭资源勘查。加大煤炭普查投入力度；合理利用矿产资源补偿费、资源税、矿业权使用费及价款等尽快建立省级地质勘查周转金，用于煤炭资源勘查。鼓励社会资金开展煤炭资源详查勘探工作。

2. 水能资源

加大中小水电的开发利用：

（1）进一步强化流域整体规划工作。贵州大中河流上建设水电较多，中小水电开发迟缓，中小河流水电规划、勘测、设计工作深度不够；有的河段进行了部分河段的规划，未从全流域视角合理配置水资源。今后，应加强流域整体规划，为中小水电开发提供科学依据。

（2）加强水资源综合利用。全省城镇、工业供水日益紧张，水能资源的开发利用必须考虑水资源支撑当地社会经济的可持续发展。中小河流开发，应科学预测经济发展对水资源的综合需求，处理好水电开发与其他行业协调发展的关系。

（3）实施河流梯级开发。遵循有序开发原则，开展中小水电建设，对于工作基础较好、发电为主、无制约性环境因素、经济指标较优越的河流，应加大梯级连续滚动开发力度。

（4）与生态环境协调发展。贵州中小水电开发必须服从生态环境建设目标，采取有效措施保护生态环境，促进经济、社会和环境效益的协调发展。

（5）加大对地方小水电的政策扶持力度。恢复小水电建设专项贷款，通过开放市场，吸纳社会投资、外资和私营企业等投资，多渠道、多方位筹措小水电建设资金；建立健全水电资源有偿出让制度和水电开发补偿制度，确保水电开发健康有序发展。

3. 煤层气资源

贵州省煤层气资源在我国南方地区最为丰富，加强煤层气资源的勘探和开发意义重大。为促进煤层气资源的合理开发利用，提出以下建议：

（1）加强地质条件研究。贵州煤层群煤层气开发地质条件的特殊性决定了煤层气开发工艺技术选择的复杂性。贵州中、薄煤层群发育，成藏效应宏观上受控于沉积、构造、地热场、水文条件等地质因素，微观上与煤层的物质组成、物质结构和物理性质密切相关。加强煤层气开发地质条件研究，对比不同区域、不同尺度影响煤层气开发条件间的协同作用，奠定煤层气开发地质基础。

（2）重视技术研究。贵州煤层群煤层气地质特征的特殊性决定了煤层气开发技术的选择性，煤储层变化显著因而煤层气开发方式多样，需要依据地质和储层条件，优选与地质环境条件匹配的技术。在六盘水、黔西、织纳等煤田选择有利于煤层气开发的区块或矿井，查清煤层气地质条件和煤炭生产要求，进一步开展不同煤层气开发模式的示范工程建设，探索煤层气勘探开发的新技术、新模式，积极推动煤层气资源的稳步开发。

（3）提高政策保障力度。煤层气的规模开发具有良好的经济、社会与环境效益，但在煤层气开发早期，面临风险高、资金投入大、投资回收期长等问题。贵州省虽然对煤矿瓦斯的利用较早，但煤矿企业多从安全生产角度出发，优先开发煤炭资源，而煤层气的开采因容易发生权属纠纷而滞后。应制定并健全高瓦斯煤矿必须先采气后采煤的基本建设程序，统筹煤炭采矿权与采气权，加大资金扶持力度并出台奖惩约束机制，鼓励煤矿企业开发和利用煤层气，从而在政策上给予煤层气开发强有力的保障。

（五）旅游资源开发利用方向

贵州省"十一五"以来旅游业发展迅速，但在资源开发利用中也存在不少问题。

首先，自然与人文资源开发并重，但景点间联动较差。依托国家级风景名胜区、国家自然保护区、国家森林公园以及全国重点文物保护单位、国家级历史名城、国家级历史名村名镇、国家级传统村落等进行旅游开发，开发较早的黄果树、织金洞、龙宫等景区，以及入选世界遗产名录的铜仁梵净山、荔波樟江—茂兰和遵义赤水景区，已经成为全国知名度较高的旅游风景区；人文观光景区以少数民族村寨的开发最具特色，如雷山县西江苗寨、黎平县肇兴侗寨、兴义市万峰林纳灰村、贞丰县者相村和纳孔村等，形成了自然、人文资源开发并重的模式。但是多数景点分布分散，游客在景点间周转花费时间较长；部分区域景点间的联动性较差，景点"小、散、低、乱"的问题突出。

其次，区域竞争加剧，旅游产品特色不够鲜明。贵州省与周边云南省、四川省、广西壮族自治区等省市旅游业的一体化发展，可实现优势互补，如贵州省与云南省合作可突出山水休闲度假优势，与广西壮族自治区合作可以吸引东盟游客，与湖南省合作实现旅游产品和市场的互补。但是，区域旅游协同发展带来机遇的同时，也对贵州旅游产业提出了更高要求。贵州景点与周边省份景点同质化严重，红色旅游、民族文化和历史名胜旅游产品的文化内涵挖掘不够，山地旅游与民族风情、人文特色结合不足；旅游资源开发较为粗放，高品质的精品旅游产品较少，有的旅游产品盲目模仿其他区域的成功案例，未能结合当地资源特色进行开发，还存在游客旅游体验度不高、参与性较差等问题。

再次，旅游产品单一，季节性明显。旅游资源仍然以单一线路、单一景区开发为主，尚未形成如云南丽江、湖南张家界这样知名度较高的旅游目的地，缺少像北京南锣鼓巷、成都宽窄巷子、重庆解放碑等文化特色鲜明的旅游休闲街区。黄果树大瀑布、梵净山、小七孔等知名核心景区，未能有效带动周边景点形成旅游休闲度假圈，如安顺市西秀区距离黄果树大瀑布45千米，车程不到1小时，西秀区屯堡文化资源丰富，拥有旧州镇、鲍屯村等历史文化村镇，1985年就被国务院批准为全国甲类旅游开放城市，但并未与黄果树大瀑布、龙宫形成旅游街区。

贵州夏季凉爽的气候，吸引了大量游客来避暑，但避暑旅游仍然以观光为主，休闲度假、娱乐保健等服务功能较弱，业态单一，游憩、游住发展不足。旅游季节性明显，冬季往往为旅游淡季。贵州88个县级行政单元中72个有温泉，共计264处，尤其息烽、石阡、剑河等温泉品质优良，具有发展冬季旅游的优势。但现有温泉康养基地设施较差，服务的专业化水平较低，缺乏五星级温泉企业，而重庆有2家、云南有4家五星级温泉企业。

最后，旅游交通大幅改善，进出景区仍不通畅。可进入性、便捷性是游客选择旅游目的地的关键因素。贵州高铁、航空港和省内高速公路的建设，大大缩短了景区与客源市场之间的通行时间，省外游客人数不断增加。但是，进入景区通行能力不足，表现在：从机场、高铁站、汽车站直接到景区的公共交通班次少，散客出行不便；进入景区的交通干道可进入性较差，有的景区道路较窄，大型旅游车辆通行困难，多数景区进出只有一条路，旅游旺季堵车现象较为严重；景区与景区之间缺乏旅游公共交通网络，游客需要返回再出行；景区停车位不足，难以满足自驾游乘客需求。

针对旅游资源开发存在的问题，贵州旅游资源开发利用可以从以下四个方面着手。

第一，彰显民族文化，打造特色旅游产品。贵州省民族众多，少数民族数量排全国第二，仅次于云南，古老的民族文化保存较为完整，旅游资源以古朴浓郁的民族风情为主要特色，被称为"天然民族博物馆"。喀斯特山水风光，表现出来的形态是多样化的，这是贵州一大特色旅游资源。应当把突出特色作为旅游资源开发的重点，努力发掘旅游景点的文化内涵，采取"旅游+""生态+"等模式，推进旅游与农林牧业、教育、文化、康养等产业的深度融合，丰富乡村旅游业态和产品，打造人文与自然相结合的生态旅游、文化休闲度假基地，形成不同主题的旅游目的地和精品线路。

第二，整合旅游资源开发，提高旅游产品竞争力。整合资源，发展以民族和山地为特色的文化旅游业，提升"山地公园省·多彩贵州风"旅游品牌影响力。集中人力物力财力，重点突破，转变粗放的旅游资源开发方式，对旅游资源富集县市，如榕江县、从江县、镇宁布依族苗族自治县、雷山县、黎平县、威宁彝族回族苗族自治县等，应在省级或市级层面进行统筹，推动旅游资源由分散开发向整体开发转型，加强县域旅游资源开发的整体性、协同性和系统性。

第三，大力发展精品旅游景区，加强高端旅游产品如特色产品、定制产品等的供给，提高旅游产品竞争力。加快"旅游+"融合发展，推进传统景区如黄果树大瀑布、荔波漳江、赤水丹霞、铜仁梵净山、织金洞世界地质公园、兴义万峰林等的升级改造，建设高水平山地旅游休闲度假区。充分利用贵州作为国家长征文化主题公园建设机遇，加强红色文化资源的集中连片保护和开发，利用数字技术深入挖掘红色文化内涵，丰富旅游体验，建设红色旅游精品景区和线路。

第四，加强世界级旅游带建设，包括茅台—仁怀世界名酒文化旅游带、贵阳—平塘国际天文科普旅游带、乌江国际滨河度假旅游带、都柳江生态文化休闲旅游带等。利用传统村落、少数民族特色村寨数量多的优势，推动非遗、文创、休闲农业、特色乡村、茶园与旅游融合发展模式，建设山地古村古寨型、山地乡村文化景观型、城郊游憩型和山地休闲农业型等旅游度假区。依托山地、温泉地热和森林等康养资源，大力发展"康养+旅游"复合型旅游产品，建设贵阳市、遵义市、安顺市等避暑康养基地，建设环梵净山生态文化休闲度假区，建设黔西南布依族苗族自治州国际户外运动产业基地，建设黔南布依族苗族自治州和黔东南苗族侗族自治州民族文化特色的康养旅游目的地，建设石阡、印江、赤水、罗甸、兴仁、凤冈等长寿特色康养小镇。

第四章 经济发展概况

1949 年以来贵州经济发展迅速，奠定"三线"建设奠定了基本工业体系，西部大开发以及贵州"工业强省""城镇化带动"等战略的实施，交通、水利等基础设施条件不断改善，极大地推动了经济发展，"十一五"以来经济增长速度位居全国前列，与全国经济发展水平的差距日益缩小。

第一节 1949 年以来经济发展概况

一、经济发展的总体特征

（一）经济增长速度加快

1949 年以来，贵州省地区生产总值持续增长，仍处于全国较低水平。1978 年为 109.67 亿元，2015 年突破万亿元，为 10502.56 亿元，2019 年达到 16769.34 亿元（见图 4-1）。在全国的地位不断提升，地区生产总值排位从 2015 年的 25 位上升到 2019 年的 22 位，人均地区生产总值从 29 位上升到 25 位。

地区生产总值指数能反映一定时期内地区生产总值变动趋势和程度，分为定基指数和地区生产总值指数两种，前者以某一年为基期计算，后者以上一年为基期计算。以 1978 年的地区生产总值为 100，计算贵州省的地区生产总值指数，结果显示，该值不断上升，2019 年达到最大值，为 5062.5（见图 4-2）。

对外经济联系不断加强。1978~2019 年，贵州省出口额自 0.03 亿美元增加到 47.4 亿美元，年均增速 19.68%；进口额从 0.14 亿美元增加到 18.28 亿美元，年均增速 12.62%；1990 年出口额超过进口额。全社会固定资产投资从 10.93 亿元增加到 15441 亿元（见表 4-1）。

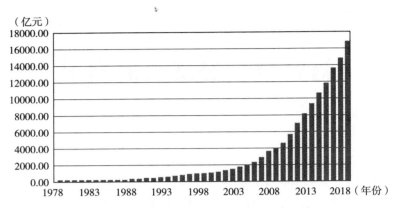

图 4-1　1978~2019 年贵州省地区生产总值

资料来源：历年《贵州统计年鉴》。

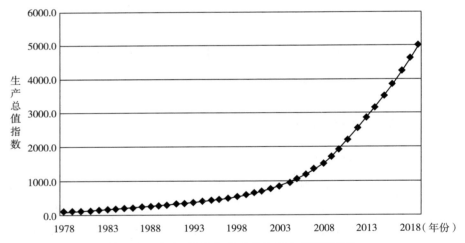

图 4-2　1978~2019 年贵州省地区生产总值指数

资料来源：历年《贵州统计年鉴》。

表 4-1　贵州省进出口及主要投资情况

年份	1978	1980	1985	1990	1995	2000	2010	2015	2019
出口额（亿美元）	0.03	0.16	0.40	1.54	4.30	4.21	19.20	99.49	47.40
进口额（亿美元）	0.14	0.12	0.47	0.64	2.51	2.39	12.27	22.73	18.28

续表

年份	1978	1980	1985	1990	1995	2000	2010	2015	2019
实际利用外资额（亿美元）	—	—	0.03	0.30	0.96	1.95	3.40	26.27	6.79
全社会固定资产投资（亿元）	10.93	13.97	33.14	51.51	173.66	402.50	1018.25	3186.28	15441.00

资料来源：《贵州奋进的四十年：1949–1989》；《贵州省国民经济和社会发展统计公报》（2000，2010，2015，2019）。

（二）经济呈阶段性增长

1949 年以来，贵州经济增长的阶段性特征明显。新中国建立之初增长缓慢，随着"三线"建设、西部大开发战略的实施，以及贵州"工业强省"和"城镇化带动"战略的推动，经济增长速度逐渐加快，经济发展水平与全国的差距逐渐缩小。2000 年以后地区生产总值增长速度接近全国平均水平，"十一五"时期超过全国平均增速，2010 年超过东部江苏省和中部河南省（见图 4-3），连续10 年居全国前三位，"十二五"时期年均增速为 12.5%，全国为 7.8%，"十三五"时期年均增速达到 13.82%，66 个贫困县全部脱贫①。

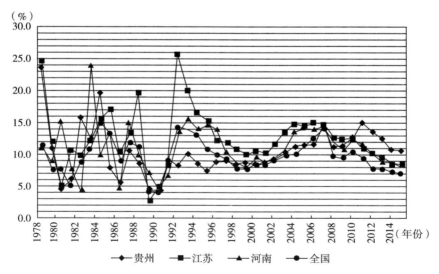

图 4-3　1978 年以来贵州省地区生产总值增长速度与其他地区的比较

资料来源：《中国统计年鉴》《贵州统计年鉴》《江苏统计年鉴》《河南统计年鉴》。

---

① 参见《贵州省国民经济和社会发展第十四个五年规划和二〇三五年远景目标纲要》。

根据贵州经济增长速度，本书将 1949～2019 年划分为缓慢增长期、较快增长期和快速增长期三个阶段。1949～1989 年为缓慢增长期，地区总产值年均增长 7.3%；1990～2005 年为较快增长期，地区生产总值年均增长 9%；2006～2019 年为快速增长期，地区生产总值年均增长率高于 12%。

（1）缓慢增长期（1949～1989 年）。1949～1957 年，新中国成立之初，贵州处于生产恢复和生产资料私有制的社会主义改造时期，社会总产值增速大于 10%，经济以农业为主，农业产值年均增长率（8.4%）高于全国水平（4.5%），人均粮食占有量达到 323 千克，实现了粮食自给。1958～1978 年，受三年困难时期（1959～1961 年）以及"左"倾思想、"文化大革命"等的影响，社会经济快速发展受到阻碍，1958～1965 年，社会总产值年均增长率降低到 2.7%；1966～1969 年，社会总产值年均递减 4.9%，1971～1972 年有所回升；党的十一届三中全会以后社会经济逐步恢复，增长速度加快，10 年间社会总产值年均增长率达 9.2%。在这期间，1964 年开始的"三线"建设，国家重点建设西部的交通和重工业，贵州作为"三线"建设的重要省份之一，经济实力得到迅速提升，社会总产值年均增长 6.6%（贵州统计局，1989）。

（2）较快增长期（1990～2005 年）。"八五"时期国家加大了西部基础设施建设力度，贵州的矿产、能源等优势产业得到发展；"九五"时期贵州实施"开发带动、科教兴黔和可持续发展"三大战略，重点培养"两烟一酒"、电力、汽车、煤及煤化工、磷及磷化工、旅游等支柱产业；"十五"时期，随着 2000 年国家西部大开发战略的实施，重点建设交通和水利设施，贵州省公路通车里程由 4.7 万千米增加到 15 万千米，其中，高速公路由 577 千米增加到 1507 千米，5 个市（州）所在地全部通高速公路，88 个县（市、区、特区）中的 37 个通高速公路；贵阳与昆明、长沙、重庆的高速公路建成通车，贵广高速公路（贵州段）基本建成；铁路通车里程 1983 千米，内河航运里程由 3322 千米增至 3563 千米。水利基础设施建设力度加大，农村人均有效灌溉面积达到 0.64 亩，解决了 1060 万农村人口饮水安全问题。西电东送促进了能源工业发展，成为贵州第一支柱产业（陈政和陈曦，2012）。

（3）快速增长期（2006～2019 年）。2005 年以来，贵州经济增长速度超过全国平均水平，"十一五"时期地区生产总值年平均增长 12.6%（全国为 11.6%），2010～2020 年地区生产总值增速居全国前 3 位。但经济发展中，依然面临诸多问题。贵州矿产资源丰富，经济发展对资源的依赖严重。2019 年，规模以上工业增加值中，传统资源产业比重占 65.3%，其中采矿业占 16.9%，电力、热力生产和供应业占 11.2%，烟草制品业占 8.4%，酒、饮料和精制茶制造业占 28.8%。资源富集区常出现"资源依赖陷阱"，矿产资源开采必然对生态环境造成破坏，出现严重的生态问题；受资金、技术等的限制，矿产品以附加值低的初级产品为主，矿产资源的大量开采并未带来区域经济快速发展，资源优势没有转化为经济优势；不仅如此，过度依赖初级矿产品，资源枯竭必然导致区域社会经济走向崩溃，经济大幅衰退、失业人口激增、生态恶化（张晓阳，2016）。如何破解资源依赖陷阱是贵州发展中面临的重要问题。

（三）人民生活水平持续提高

（1）人均地区生产总值不断提升。1949 年人均国民生产总值为 44 元，1978 年增长到 175 元，1988 年增长到 683 元，2019 年增长到 46433 元。但是，贵州人均地区生产总值与全国平均水平差距较大，1999 年国家实施西部大开发战略后，贵州经济增长速度加快，与全国平均水平的差距逐渐缩小，1999 年人均地区生产总值仅为全国的 35.55%，2009 年提升到 41.94%，2019 年上升至65.49%（见表 4-2）。

表 4-2　1952~2019 年贵州省人均地区生产总值与全国的比较

年份	全国平均 （A）（元）	贵州省 （B）（元）	A-B（元）	年份	全国平均 （A）（元）	贵州省 （B）（元）	A-B（元）
1952	119	58	61	1964	208	114	94
1953	142	66	76	1965	240	136	104
1954	144	72	72	1966	255	134	121
1955	150	74	76	1967	236	125	111
1956	166	91	75	1968	223	108	115
1957	168	99	69	1969	244	102	142
1958	200	120	80	1970	276	132	144
1959	216	136	80	1971	290	145	145
1960	218	135	83	1972	294	129	165
1961	185	110	75	1973	310	119	191
1962	173	100	73	1974	311	101	210
1963	181	100	81	1975	329	124	205

续表

年份	全国平均 (A)(元)	贵州省 (B)(元)	A-B(元)	年份	全国平均 (A)(元)	贵州省 (B)(元)	A-B(元)
1976	318	110	208	1998	6796	2364	4432
1977	341	144	197	1999	7159	2545	4614
1978	381	175	206	2000	7858	2759	5099
1979	419	204	215	2001	8622	3000	5622
1980	463	219	244	2002	9398	3257	6141
1981	492	242	250	2003	10542	3701	6841
1982	528	278	250	2004	12336	4317	8019
1983	583	302	281	2005	14053	5052	9001
1984	695	371	324	2006	16165	5759	10406
1985	858	420	438	2007	19524	6915	12609
1986	963	467	496	2008	22698	8824	13874
1987	1112	546	566	2009	26180	10971	15209
1988	1366	683	683	2010	30808	13119	17689
1989	1519	750	769	2011	36302	16413	19889
1990	1644	810	834	2012	39874	19786	20088
1991	1893	896	997	2013	43684	23233	20451
1992	2311	1034	1277	2014	47173	26513	20660
1993	2998	1234	1764	2015	50237	29953	20284
1994	4044	1527	2517	2016	54139	33246	20893
1995	5046	1826	3220	2017	60014	37956	22058
1996	5846	2048	3798	2018	66006	41244	24762
1997	6420	2250	4170	2019	70892	46433	24459

资料来源：1952~2008年数据来源于《新中国六十年统计资料汇编》，2009~2019年数据来源于《中国统计年鉴》《贵州统计年鉴》。

（2）人民生活水平逐步提高。从人均可支配收入看，1965~2019年，城镇人均可支配收入从222.16元增加到34404元，农村人均可支配收入从110.4元增加到10756元（见表4-3）。恩格尔系数是食品支出总额占个人消费支出总额的比重，可用于衡量一个家庭或国家的富裕程度。根据联合国粮食及农业组织标准，恩格尔系数在59%以上为贫困，50%~59%为温饱，40%~50%为小康，30%~40%为富裕。对比贵州和全国的恩格尔系数，1996年，全国农村居民家庭的恩格尔系数为 56.3%，城镇居民家庭的为 48.6%，按照联合国粮食及农业组织标准，农村居民家庭处于温饱状态，城镇居民家庭属于小康。同年贵州农村居民家庭恩格尔系数为 72.5%，城镇为 53.4%，分别属于贫困和温饱状态。2019 年全国及贵州省居民家庭的恩格尔系数都下降到 40% 以下，达到富裕标准。贵州家庭消费水平与全国的差距不断缩小，恩格尔系数接近全国平均水平（见表 4-4）。

表 4-3　贵州城乡人均可支配收入

年份	人均可支配收入（元）		人均消费性支出（元）		人均食品支出（元）	
	城镇	农村	城镇	农村	城镇	农村
1965	222.16	110.40	203.76	98.80	118.32	74.20
1966	230.40	107.80	211.20	97.10	123.12	68.90
1967	—	107.00	—	96.60	—	68.70
1968	—	105.90	—	94.80	—	67.80
1969	—	106.20	—	95.70	—	66.40
1970	—	102.70	235.00	93.10	136.63	66.80
1971	—	103.80	—	96.30	—	68.00
1972	—	98.80	—	88.80	—	62.40
1973	—	99.50	—	93.60	—	66.10
1974	—	97.30	—	89.50	—	63.50
1975	—	89.80	—	85.20	—	61.90
1976	—	95.10	—	88.20	—	63.60
1977	—	105.60	—	97.30	—	69.10
1978	270.36	109.30	209.16	104.30	150.15	72.20
1979	343.20	131.00	273.60	116.20	176.64	82.40
1980	379.32	161.50	334.32	139.24	202.32	96.45
1981	424.08	208.80	393.24	162.20	237.60	105.20
1982	447.84	223.40	403.92	187.00	243.96	121.70
1983	485.64	224.80	426.36	185.20	258.72	126.00
1984	557.04	262.80	480.36	203.90	279.48	144.00
1985	687.12	302.10	617.52	254.58	323.76	177.83
1986	873.84	303.60	722.28	264.10	383.84	190.60
1987	925.83	341.80	788.76	292.10	432.28	212.90
1988	1109.88	397.70	1050.24	344.20	554.52	254.30

续表

年份	人均可支配收入（元）		人均消费性支出（元）		人均食品支出（元）	
	城镇	农村	城镇	农村	城镇	农村
1990	1399.36	435.14	1163.25	403.28	658.19	281.92
1991	1593.54	465.53	1338.90	420.44	750.81	286.60
1992	1899.63	506.13	1564.34	454.47	884.45	309.77
1994	3220.49	786.84	2531.78	684.27	1350.03	484.41
1995	3931.46	1086.62	3250.55	930.59	1748.58	661.85
1996	4221.24	1276.67	3572.78	1068.09	1918.76	774.62
1997	4441.91	1298.54	3555.69	1065.70	1815.74	742.16
1998	4565.39	1334.46	3799.38	1094.38	1829.85	757.55
1999	4935.47	1363.07	3964.35	1069.81	1683.38	722.16
2000	5121.22	1374.16	4278.28	1096.59	1847.63	687.32
2001	5451.91	1411.73	4492.25	1098.39	1832.26	659.37
2002	5944.02	1489.91	4598.30	1137.56	1788.61	661.35
2003	6568.91	1564.66	4947.62	1185.17	1967.67	674.71
2004	7322.04	1721.55	5494.43	1296.34	2260.46	754.39
2005	8147.13	1876.96	6156.27	1552.39	2457.09	819.87
2006	9116.61	1984.62	6848.39	1627.07	2649.02	838.42
2007	10678.40	2373.99	7758.69	1913.50	3122.46	998.39
2008	11758.76	2796.93	8349.21	2165.70	3597.94	1119.64
2009	12862.53	3005.41	9048.29	2421.95	3755.61	1093.94
2010	14142.74	3471.93	10058.29	2852.48	4013.67	1319.43
2011	16495.01	4145.35	11352.88	3455.76	4565.85	1646.51
2012	18700.51	4753.00	12585.70	3901.71	4992.85	1740.58
2013	20667.07	5434.00	13702.87	4740.18	4915.02	2036.22
2014	22548.21	6671.22	15254.64	5970.25	5319.60	2488.50
2015	24579.64	7386.87	16914.20	6644.93	5757.29	2644.56
2016	26743.00	8090.00	19202.00	7533.29	6383.00	2915.00
2017	29080.00	8869.00	20348.00	8296.29	6723.00	3154.00
2018	31592.00	9716.00	20788.00	9170.24	6744.00	3384.00
2019	34404.00	10756.00	21402.00	10222.00	6894.00	3755.00

资料来源：1988 年及以前数据来源于《贵州奋进的四十年》，其余年份数据来源于历年《贵州统计年鉴》。

表4-4　1996~2019年贵州省和全国的恩格尔系数

年份	全国居民家庭		贵州居民家庭	
	农村（%）	城镇（%）	农村（%）	城镇（%）
1996	56.30	48.60	72.50	53.40
1997	55.10	46.40	69.50	51.10
1998	53.40	44.50	69.20	48.20
1999	52.60	41.90	67.50	42.20
2000	49.10	39.20	62.70	43.00
2001	47.70	37.90	60.00	41.00
2002	46.20	37.70	58.10	38.90
2003	45.60	37.10	56.90	39.80
2004	47.20	37.70	58.20	41.10
2005	45.50	36.70	52.80	39.90
2006	43.00	35.80	51.50	38.70
2007	43.10	36.30	52.20	40.20
2008	43.70	37.90	51.70	43.10
2009	41.00	36.50	45.20	41.50
2010	41.10	35.70	46.30	39.90
2011	40.40	36.30	47.70	40.20
2012	39.30	36.20	44.60	39.70
2013	37.70	35.00	43.00	35.90
2014	37.80	34.20	41.70	34.90
2015	37.10	34.80	39.80	34.00
2016	32.20	29.30	38.70	33.24
2017	31.20	28.60	38.00	33.04
2018	30.10	27.70	36.90	32.40
2019	31.00	27.60	36.70	32.20

资料来源：历年《中国统计年鉴》《贵州统计年鉴》。

二、产业结构不断优化

（一）三次产业比重变化

1949年以来，贵州省产业结构逐步优化，第一产业比重不断下降，二三产业比重持续上升。1992 年，第二产业比重超过第一产业，2006 年第三产业比重超过第二产业。产业结构发生了 4 次较大变化，1949~1991 年产业结构为"一二三"型，1992~1997 年为"二一三"型，1998~2005 年为"二三一"型，2006 年至今为"三二一"型（见图 4-4）。

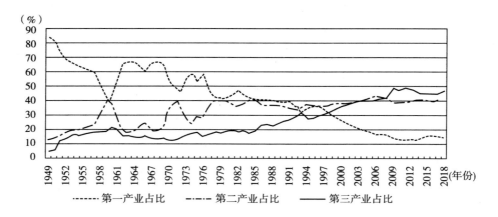

图 4-4　贵州省 1949~2019 年三次产业比重

资料来源：历年《贵州统计年鉴》。

（二）工业结构持续优化

1949 年贵州省第二产业比重仅占 12.5%，工业门类单一、技术落后，以轻工业为主，轻工业占工业总产值的 75.9%，重工业占 24.1%。"一五"时期，在国家"优先发展重工业"和"建立独立完善的工业体系"思想指导下，贵州省的冶金、电力、煤炭和建材产业得以发展，"二五"时期，兴建、扩建了贵阳钢厂、遵义铁合金厂、贵州铝厂、开阳磷矿、遵义碱厂等企业，第二产业比重提升到 23.1%，但以农业为主的经济结构未发生改变，1965 年农、轻、重产值比例为 63.4∶21.8∶14.8。

1964~1978 年的"三线"建设，奠定了贵州工业发展基础，现代工业体系基本建成。"三线"建设是我国产业的重大转移，经济发展动力主要来源于中央，大力发展国防科技工业，在贵州形成了航天、航空、电子三大军工基地。依托丰富的煤炭资源，煤炭采掘和电力工业成为建设重点，建成了六盘水煤炭工业基地。同时新建了水城电厂、桐梓电厂、清镇电厂以及乌江渡水电站、猫跳河梯级水电站以及100多个500千瓦以上的小水电，扩建贵阳电厂等，冶金、机械、化工、建材等工业得到发展，形成一大批骨干企业。1978年，工业总产值占工农业总产值的比重达到59.1%（祝德桂，1995），农、轻、重的产值比例为40：19.6：40.4，重工业产值超过轻工业和农业（敖以深，2015），工业呈现重型化和资源密集型特征。工业过度集中在省会贵阳市的格局得到改善，安顺、六盘水、遵义、都匀、凯里等城市形成各具特色的工业基地。1965年到1978年，贵州省工业占社会总产值的比重从27.8%增加到46.9%，如图4-5所示。

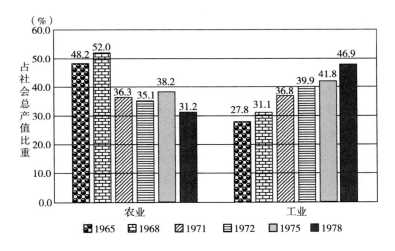

图4-5　1965年、1968年、1971年、1972年、1975年、1978年
贵州省农业和工业占社会总产值的比重

资料来源：历年《贵州统计年鉴》。

改革开放以后，针对重化工业比重偏大的问题，贵州实施了轻重工业协调发展战略。大力发展食品加工、饮料制造等消费品工业，但重型化的工业结构并未改变，重工业对工业产值的贡献率从62%上升到70%左右。1985～1991年，调整了"三线"建设时期工业布局思想，沿交通干线布局新兴工业城市。西部大开发战略实施以来，结合各地工业基础及资源条件，建成了以贵阳为中心的黔中经济圈、六盘水煤炭基地、凯里及都匀电子工业基地、黔北白酒业、福泉及开阳等地的磷化工业等工业经济区（张勇，2004）。轻工业未得到充分发展，重工业以采掘业、原材料、能源和粗加工为代表，工业产品以初级产品和能源、

原材料工业等基础工业产品为主,机械、电子类产品少。工业发展对城镇化和区域经济的带动能力弱。贵州工业化水平仍然滞后,处于工业化初期起步向中期起飞过渡阶段,具有工业投资规模扩张速度快、资源型产业产值占比较大的特点(吴中伦,2018)。

"十一五"以来贵州大力发展循环经济。2002年5月,贵阳市被国家环境保护总局批准为全国第一个循环经济试点城市;2004年,联合国环境规划署确定贵阳市为世界唯一的发展循环经济试点城市,开阳建立了全国磷煤化工生态工业示范基地,磷化工、煤化工、氯碱化工、建材生产、热力发电等共生耦合,提高资源利用率,降低废弃物排放;贵州赤天化(集团)有限责任公司、中国贵州茅台酒厂(集团)有限责任公司等企业分别列入国家发展循环经济试点企业。桐梓、大龙、安龙、罗甸、独山、绥阳、普安、三穗、天柱、剑河、赤水等城镇被列为循环经济工业建设基地,遵义国家级新材料产业化坪桥基地初见规模,六盘水市、毕节市等实施了煤气化、冶金渣综合利用、煤化工循环等项目。2010年全省共有国家循环经济试点企业5个,福泉市、仁怀市为国家新型工业化产业示范基地城市,启动18个循环经济生态工业示范基地建设。

贵州省"十二五"规划提出"加快建设国家重要能源、资源深加工、装备制造业、特色轻工业和战略性新兴产业五大基地","电力、煤炭、冶金、有色、化工、装备制造、烟酒、民族医药和特色食品及旅游商品为主的特色产业产值分别超过1000亿元";"十三五"规划要求进一步深化工业强省战略,推动装备制造业高端化、智能化发展,积极提升产业加工深度,延长产业链,增加产品附加值,大力发展精细化工、电子信息设备、机械装备制造等。2010~2019年,制造业增加值占工业增加值的比重从58.78%上升到71.9%。规模以上工业中,采矿业规模有所扩大,但对工业增加值的贡献率不断下降,2010年采矿业增加值297.43亿元,占全省工业增加值的24.20%,2019年采矿业增加值上升到1215.75亿元,比重下降到16.90%(见表4-5)。大力发展烟、酒、茶食品等特色轻工业,轻工业比重从2015年的38.8%上升到2019年的47.2%,酒、饮料、精制茶和烟草制品业规模不断扩大,占工业总产值比重2015年为20.2%,2019年增加到1284.73亿元,比重提升到28.8%。

表 4-5　2010~2019 年贵州省规模以上工业增加值构成

年份	2010	2011	2012	2013	2014	2015	2016	2017	2018	2019
全省工业增加值（亿元）	1516.87	1846.96	2237.13	2707.29	3165.32	3342.99	3715.64	4260.48	4165.48	4545.97
采矿业占全省比重（%）	24.20	27.23	25.48	25.35	25.31	23.00	20.80	20.90	17.40	16.90
制造业占全省比重（%）	58.78	58.11	59.85	61.77	63.42	66.40	68.20	67.50	70.60	71.90

资料来源：《贵州统计年鉴》（2020）。

（三）第三产业迅速发展

"十二五"以来，贵州持续推动第三产业发展。2014 年 6 月全省服务业发展大会提出"把现代服务业打造成贵州发展新引擎"，同年贵州省人民政府印发《关于加快现代服务业发展的意见》，提出大力发展重点生产性服务业和生活性服务业。第三产业增加值由 2015 年的 4872.31 亿元增加到 2020 年的 9075.07 亿元[①]。大旅游、大数据、大健康等现代服务业快速发展，2020 年旅游及相关产业增加值达 900 亿元，居全国第 6 位，成为国民经济战略性支柱产业；贵州作为国家首个大数据综合试验区，建成了贵州·中国南方数据中心示范基地，近 5 年，数字经济增速居全国第一，电子商务、会展服务等初具规模。

第三产业增加值占地区生产总值的比重不断提高，2001 年第三产业比重为 36%，比全国高 2.38%（陈厚义，2005）；2006 年达到 42.3%，超过第二产业（41.4%），且高于全国平均水平（41.34%）；2020 年比重达到 50.9%，全国为 54.5%[②]。

第三产业结构层次较低，由于工业化、城镇化低于全国水平，服务业发展的内生动力不足。传统服务业比重较高，交通运输、仓储、批发零售、餐饮等比重高于全国水平，2005 年全国为 33.13%，贵州为 41.55%，2018 年全国传统服务业比重为 29.77%，贵州为 36.07%。现代服务业中的金融、房地产业比重低于全国水平，2018 年全国现代服务业比重为 27.62%，贵州为 17.53%（见图 4-6）。

---

① 参见《贵州省"十四五"现代服务业发展规划》。
② 参见《贵州省 2020 年国民经济和社会发展统计公报》。

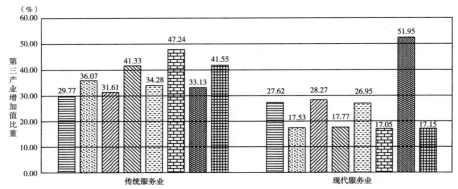

图 4-6　贵州省与全国第三产业结构对比

资料来源：历年《中国统计年鉴》《贵州统计年鉴》。

第二节　区域经济差异

2012 年《国务院关于进一步促进贵州经济社会又好又快发展的若干意见》发布，根据资源禀赋和发展现状，将贵州划分为"四大经济区"，即黔中经济区、黔北经济协作区、毕水兴能源资源富集区、"三州"（黔东南苗族侗族自治州、黔南布依族苗族自治州、黔西南布依族苗族自治州）等民族地区。本部分以此为基础阐述贵州分区经济地理特征。

1. 黔中经济区①

（1）区域经济发展条件。黔中经济区位于贵州中部，地处长江通道横轴和包昆通道纵轴交汇地带、西部的交通枢纽，手工业时代贵阳已经成长为贵州经济中心，经济发展基础条件较好。黔中经济区以贵阳—安顺为核心，面积 53802 平方千米，占全省总面积的 30.54%。矿产资源分布相对集中，磷矿资源尤其丰富，工业基础较好，是贵州省高质量发展的火车头。

（2）区域经济发展特点。经济地位不断上升，2011~2018 年，年末常住人

---

①　黔中经济区包括 33 个县（市、区），具体为贵阳市 10 个区（县、市）、安顺市 4 个（西秀区、平坝县、普定县、镇宁布依族苗族自治县）、遵义市 5 个（红花岗区、仁怀市、播州区、汇川区、绥阳县）、毕节市 5 个（七星关区、大方县、金沙县、黔西县、织金县）、黔东南苗族侗族自治州 2 个（凯里市、麻江县）、黔南布依族苗族自治州 7 个（都匀市、福泉市、长顺县、龙里县、贵定县、惠水县、瓮安县）。

口占全省总人口的比重从 45.00% 增加到 46.07%，地区生产总值占全省的比重从 58.95% 增长到 80.50%，经济密度从 504 万元/平方千米提高到 2215 万元/平方千米，分别为全省经济密度的 1.6 倍和 2.6 倍（见表 4-6）。黔中经济区分为核心圈、带动圈和辐射圈三个部分，贵阳环城高速公路以内为核心圈，距贵阳环城高速公路 50 千米以内为带动圈，距贵阳环城高速 100 千米为辐射圈。

表 4-6　黔中经济区基本情况

指标	全省		黔中经济区		占全省的比重（%）	
	2011 年	2018 年	2011 年	2018 年	2011 年	2018 年
土地面积（万平方千米）	17.62		5.38		30.54	
年末常住人口（万人）	3469.00	3600.00	1568.00	1658.00	45.00	46.07
地区生产总值（亿元）	3912.00	14806.50	2306.00	11919.59	58.95	80.50
经济密度（万元/平方千米）	323.66	596.17	504	2215	160	260

资料来源：《贵州统计年鉴》（2012，2019）。

（3）未来经济发展方向。黔中经济区为国家 18 个重点开发区域之一，"十四五"期间将作为经济率先崛起的核心区，成长西部新的经济增长极。进一步推进贵阳—贵安融合发展，城区建成常住人口 500 万以上的特大城市，都市圈常住人口突破 1000 万，区域重点发展先进装备制造、现代化工、基础材料以及生态特色食品、大数据电子信息、健康医药等产业。依托区位、气候等优势，积极推进清镇物流园区、黔中（安顺）物流园区等国家级物流园区建设，依托生态文明贵阳国际论坛、中国国际大数据产业博览会等会议品牌，大力发展物流、会展等现代服务业。依托息烽—开阳—瓮安—福泉的优质磷矿资源，推动磷化工产业精细化发展，建成黔南磷化工基地。

2. 黔北经济协作区

（1）区域经济发展条件。区位条件较为优越，地处川、黔、湘、渝交界处，遵义市、铜仁市为节点城市，遵义市为贵州与重庆、四川联系的重要经济通道，铜仁市为贵州向东开放的桥头堡。旅游资源丰富，拥有世界自然遗产地梵净山、世界文化遗产海龙屯、遵义会议会址等，汞矿、锰矿、地热等矿产资源丰富。

（2）区域经济特点及未来发展方向。区域二、三产业地位重要，仁怀市为全国酱香白酒著名产地，"国酒茅台"久负盛名。未来充分利用"好生态酿好酒"资源优势，积极发展白酒产业，加强酿酒原料基地建设，以龙头企业——贵州茅台集团为引领，建设以赤水河流域为核心的世界级酱香型白酒产业基地。湄潭县为贵州省茶叶种植面积、产量最大的县，进一步推进茶产业发展，延伸产业链条，推进茶食品、茶保健品、茶日化品等开发。未来将加强构建连接成渝经济区和黔中的经济走廊，重点发展优质烟酒、基础材料、先进装备制造、现代化工以及大数据电子信息等产业。

3. 毕水兴能源资源富集区

（1）区域经济发展条件。该区位于川滇黔桂交界处，北连四川工业基地攀枝花市，南邻广西壮族自治区，西接云南，杭瑞、厦蓉、沪昆、汕昆等高速公路和成贵、成昆等快速铁路贯通全境，是西南地区重要的出海通道。该区是贵州矿产资源最为丰富的区域。能源资源丰富，煤炭查明储量444.7亿吨，占全省的88.5%，水能资源丰富。黄金查明储量324.7吨，占全省的83.7%，是"黔桂滇黄金三角区"的重要组成部分；磷矿储量14.3亿吨，占全省的50%以上；铁矿资源保有储量5.8亿吨，占全省的52.7%。

（2）经济发展特点和未来发展方向。依托丰富的矿产资源，区域形成以煤炭、电力、冶金、建材为支柱的能源原材料工业体系，也是国家西电东送、黄金生产和磷产业基地。未来应充分发挥能源、矿产资源优势，以毕节、六盘水、兴义为节点城市，建设成为中国南方重要的能源和资源深加工基地，加强火力发电和煤炭开采业、煤化工的发展，重点发展基础能源、清洁高效电力以及基础材料、先进装备制造、现代化工等产业，促进资源优势向产业、经济优势转化。围绕西电东送电源点的建设，推动煤矿瓦斯等煤炭伴生资源利用，建设煤层气产业基地，加大六盘水市全国产业转型升级示范区建设力度。同时，本区地势起伏大，地处长江和珠江上游重要的生态保护区，加大水土流失防治和石漠化综合治理力度，建成长江、珠江上游重要的生态屏障。

4. "三州"等民族地区

（1）区域经济发展条件。"三州"等民族地区是贵州南下、东出的经济通道，西南地区连接华南、珠三角的重要节点。生态环境良好，2020年森林覆盖率达60%以上，黔东南苗族侗族自治州是我国南方重点集体林区，有"杉乡""林海"之称。少数民族众多，有布依族、苗族、侗族、水族等少数民族分布，黔南布依族苗族自治州少数民族人口占总人口的60.1%，黔东南苗族侗族自治州占81.7%，黔东南苗族侗族自治州也是贵州省中国传统村落（409个）和非物质文化遗产数量最多的地区，全国23个国家级文化生态保护区之一，拥有世界自然遗产地施秉云台山，以及荔波、中国天眼、雷公山国家级自然保护区等旅游资源。

（2）经济发展特点和未来发展方向。本区工业发展水平较低，农业、旅游业在地方经济中地位重要。未来应立足区域民族风情浓郁、生态环境良好的优势，依托"民族原生态·锦绣黔东南"、都匀毛尖等旅游、农特产品牌，重点发展民族文化旅游、生态特色食品、民族医药、民族特色轻工业和农林产品加工业等产业，建设成为全国重要的绿色食品工业基地。创建国家全域旅游示范区、国家中医药健康旅游示范区，打造具有国际影响力的原生态民族文化旅游区。

第三节　重大建设工程

一、生态建设工程

（一）天然林资源保护工程（代兴波，2015）

1998年，长江流域和东北地区发生了特大洪灾，中共中央、国务院发布了《关于灾后重建、整治江湖、兴修水利的若干意见》（中发〔1998〕15号），要求"全面停止长江、黄河流域上中游的天然林采伐，森工企业转向营林管护"。随后，国家林业局编制了《长江上游、黄河上中游地区天然林资源保护工程实施方案》《东北、内蒙古等重点国有林区天然林资源保护工程实施方案》，经过两年试点，2000年10月国家正式启动了天然林资源保护工程，简称"天保工程"。

贵州省的天保工程，1998年开展试点，2000年全面实施，实施范围包括长江流域的8个市（州）共70个县（市、区），面积13.3万平方千米，占全省总面积的75.5%。根据国家林业局批复的《天然林资源保护工程贵州省实施方案》，贵州省森林管护面积为7197万亩，截至2010年底，实际管护森林面积8469万亩。1998~2010年天保工程公益林建设完成1371.7万亩，其中人工造林130.8万亩、封山育林1097.5万亩、飞播造林143.4万亩。

2011~2017年累计完成公益林建设10万公顷，完成中幼林抚育7.51万公顷。2018年，人工造林面积34.67万公顷，封山育林面积8.43万公顷。到2020年，森林面积达到1083.63万公顷，森林覆盖率达到61.51%①。

拥有国家级自然保护区11个，国家级森林公园30个，省级森林公园45个，市级森林公园1个；国家级湿地公园45个，省级湿地公园4个，湿地类自然保护区1个。

（二）"长治"工程

为治理长江上游的水土流失问题，确保三峡水库安全运行，1988年，国务院批准将长江上游列为全国水土保持重点防治区，在金沙江下游及毕节地区（今毕节市）、嘉陵江中下游、陇南陕南地区和三峡库区"四大片"实施水土保持重点防治工程（简称"长治"工程）。

1989年，贵州省4个县被批准为第一批"长治"工程重点治理县，分别为毕节市的威宁、赫章、毕节、大方，后扩大到15个县（市、区），包括毕节市的8个县（市）、遵义市5个县（市）、六盘水市2个县（区）。

"长治"工程以小流域为单元进行综合治理。2000年，治理水土流失面积7576.4平方千米，治理小流域248条，其中12条被水利部、财政部命名为"全国水土保持生态环境建设示范小流域"；15个重点防治县（市、区），治理区内的植被覆盖率平均上升15%。通过长治工程的实施，改善了小流域生态环境，增强了蓄水保土能力，减少了塘、库及河道的泥沙淤积，生态效益显著。小流域经济得到发展，粮食增产、农民增收。据统计，重点治理的15个县（市、区）粮食总产量1997年达343万吨，比1989年的242万吨增加了101万吨，农民人均纯收入由380元增加到850元。

（三）退耕还林工程

中国实施的退耕还林工程是世界上投资最大、涉及面最广、群众参与度最高的生态工程。贵州省林业局统计数据显示，2000年启动退耕还林工程以来，累计完成退耕还林3080万亩，获得中央补助资金164亿元，分别占全国退耕还林面积的19.5%和中央补助资金的29%，是全国退耕还林面积以及补助资金最多的省份。2015年启动的新一轮退耕还林工程，贵州省规模最大，退耕还林面积1067万亩，包括84个县（市、区）、226万退耕还林农户，退耕范围包括大

---

① 参见贵州省林业局网站。

于 25°的坡耕地、石漠化严重的耕地、重要水源地 15°~25°的坡耕地、陡坡梯田和污染严重的耕地。

第一轮退耕还林的生态效益显著，国家对贵州省 10 个县退耕还林地进行持续定位监测，结果表明，2010 年，植被平均盖度从退耕前的 12.4%增加到 92%，年均土壤侵蚀模数由 3325 吨/平方千米减少到 931 吨/平方千米，下降了 70%以上。

新一轮退耕还林工程表现出以下特点：第一，退耕补助让农户直接受益。退耕地每亩补助种苗费 400 元，现金 1200 元。第二，实施生态护林员制度。2016 年建立该制度以来聘用了 6 万人为生态护林员，2020 年增加到近 10 万人，人均增收约 2300 元。第三，调整农业种植结构。减少玉米种植面积，因地制宜地培育特色优势经果林，积极发展刺梨、核桃、板栗、猕猴桃等，推动了农村经济发展。第四，采取林草结合模式。2017 年，贵州省人民政府办公厅印发《贵州省新一轮退耕还林还草工程林草结合模式工作方案》的通知（黔府办发〔2016〕3 号），对 25 度以上坡耕地和重要水源地（含三峡库区）15 度~25 度坡耕地，如果退耕还林或还草综合效益低于林草结合的，采取退耕还林还草工程林草结合模式，重点建设开阳县、乌当区等 39 个县（市、区、特区），实施林草结合退耕面积 660 万亩，新增草地面积 330 万亩，新增载畜量 330 万个羊单位。林草结合模式除了补助退耕农户现金 1200 元外，还补助造林种草工程费 300 元。

（四）石漠化治理工程

石漠化是指在热带、亚热带湿润、半湿润气候条件和岩溶极其发育的自然背景下，受人为活动干扰，破坏地表植被导致土壤严重流失，基岩大面积裸露或砾石堆积的土地退化现象。贵州省岩溶地貌发育，岩溶裸露面积占全省总面积的 61.92%，是全国石漠化面积最大、类型最多、程度最深、危害最重的省份（熊康宁，2002）。石漠化治理始于 20 世纪 80 年代，2008 年，国家启动了《岩溶地区石漠化综合治理规划大纲（2006—2015 年）》《岩溶地区石漠化综合治理工程"十三五"建设规划》的编制工作，加大了石漠化治理力度，石漠化扩展态势得到明显遏制。据《中国石漠化状况公报》，截至 2016 年底，我国岩溶地区石漠化土地总面积为 1007 万公顷，占岩溶地区土地面积的 22.3%，比 2011 年减少了 193.2 万公顷。范围涉及湖北省、湖南省、广东省、广西壮族自治区、重庆市、四川省、贵州省和云南省 8 个省（区、市）、457 个县，贵州省面积最大，为247万公顷。

贵州省88个县（市、区、特区）均有石漠化分布。全国首批石漠化综合治理工程（2008—2010年）100个试点县中，55个在贵州。石漠化治理效果显著，2011年，贵州石漠化面积为320.4万公顷，占全国石漠化土地总面积的25.2%，比2005年减少了29.23万公顷，石漠化面积比例降低了8.82%。潜在石漠化面积325.6万公顷，居全国首位。

石漠化治理是一项复杂的系统工程，贵州根据各地自然及社会经济条件，实行"山、水、田、林、路"综合治理，探索出林草植被保护与恢复、草食畜牧业发展、水土资源综合利用、生态移民等治理模式，成效显著（见表4-7）。

表4-7 贵州省石漠化治理的主要模式

序号	模式	治理措施	案例
1	森林植被恢复模式	在石漠化较为敏感地区，采取合理措施发挥自然植被的生长潜能，促进石漠化土地的自然恢复	贵州修文石漠化荒山荒地生态林建设
2	草地植被恢复与合理利用模式	按照岩溶生态系统的自然演替规律，选用耐旱、生长力强的草类以及人工种草，重建已损害或退化的岩溶生态系统	贵州省镇宁布依族苗族自治县簸箩小流域草地改造生态修复
3	经济利用类植被恢复模式	遵循岩溶地质特点，对坡度5～25度、石漠化等级相对较低的坡耕地实施坡改梯工程，降低耕作面坡度，减少水土流失	贵州安龙德卧金银花经济型治理
4	工程防治模式	遵循岩溶地质学特点，对坡度5～25度、石漠化等级相对较低的坡耕地实施坡改梯工程，配套建设作业便道、蓄水池等，减少水土流失	贵州省沿河土家族自治县磨刀溪坡改梯土地整治
5	森林生态旅游发展模式	依托优美的自然风景及民族文化资源，以生态旅游促进生态环境建设，减少经济对石漠化土地的依存度	贵州省织金县裸结河小流域森林生态旅游发展
6	生态经济型治理模式	选择适宜树种，对海拔较低的重度石漠化地区，选取优质经济林品种，加快经济发展	贵州黔西中山、山塝水源涵养林建设
7	生态移民治理模式	以政府主导与群众自发性移民相结合，保证移民能够安居乐业。鼓励劳务输出，减轻岩溶土地人口压力	贵州省荔波县生态移民治理
8	综合治理模式	遵循自然环境的地域分异规律，以生态系统生态位理论、生态修复学为原理，坡度较陡地段，实行封山育林、保护植被等措施，实现水源涵养与水土保持功能；坡度平缓地段栽竹种果、移植中草药等经济作物，实现生态、经济、社会效益统一	贵州省纳雍县上鼠仲河小流域综合治理

资料来源：笔者整理。

二、西电东送工程

(一) 工程概况 (范群, 2005)

西电东送是西部大开发的标志性工程之一, 通过开发贵州省、云南省、广西壮族自治区、四川省、内蒙古自治区、山西省等西部省份的电力资源, 输送到电力紧缺的东部发达地区, 将西部的电力资源优势转化为经济优势。西电东送有北、中、南三条输送线路, 北线由内蒙古自治区、陕西省等地向华北电网输电; 中线由四川省等向华中、华东电网输电; 南线由云南省、贵州省、广西壮族自治区等向华南输电。

贵州具有建设水火并举电力工程的资源优势, 素有"江南煤海"之称, 是全国十大水利基地之一。贵州共建设了 20 项"西电东送"工程, 其中水电工程 8 项, 火电工程 12 项。

贵州电网公司累计投入资金 94 亿元, 建设省内 500 千伏送电网络, 形成 7 条电力外送通道, 包括 5 条交流通道和 2 条直流通道, 最大送电能力达到 1000 万千瓦以上。

2019 年底, 贵州省发电量为 2106.28 亿千瓦时, 调电网发电量 1830 亿千瓦时, 首次超额完成西电东送年度计划。

(二) 电源点工程

贵州"西电东送"的电源点工程分两期建成。

首批建设的电源点简称"四火四水", 2006 年 6 月 5 日, 索风营水电站正式投入运营, 标志着贵州首批西电东送工程全部建成投产, 总装机容量 538 万千瓦, 各电站情况详见表 4-8。

表 4-8 贵州省首批电源点工程概况

序号	名称	电厂性质	工程概况	建设规模
1	洪家渡水电站	水电	位于贵州西北部黔西、织金两县交界处的乌江干流, 是乌江水电基地 11 个梯级电站中唯一一对水量具有调节能力的"龙头"电站, 其大坝工程荣获国家建筑业最高奖"鲁班奖"。2000 年 11 月开工, 2004 年三台发电机组全部并网发电	水库总库容 49.47 亿立方米, 调节库容 33.61 亿立方米, 装机总容量 60 万千瓦

续表

序号	名称	电厂性质	工程概况	建设规模
2	引子渡水电站	水电	位于乌江源平坝县与织金县交界的三岔河上，2000年11月开工，2002年8月建成，国家实施西电东送以来第一个竣工投产的水电项目	水库总库容5.3亿立方米，总装机容量36万千瓦，年发电量9.78亿千瓦时
3	乌江渡水电站扩机工程	水电	位于遵义市，坝址位于乌江中游鸭池河下游108千米处，是我国在石灰岩地区修建的第一座大型水电站。1970年动工兴建，1983年底移交生产	总装机容量1250兆瓦，多年平均发电量40.56亿千瓦时
4	索风营水电站	水电	位于修文县和黔西县交界的乌江中游六广河，乌江流域梯级开发的大型水电站之一，干流规划方案的第二级	工程以发电为主并承担调峰、调频、事故备用等任务
5	纳雍一电厂	火电	位于纳雍县阳长镇，2001年开工，分两个厂址建设，2004年建成	贵州最大发电企业，装机容量180万千瓦
6	安顺电厂二期	火电	位于安顺市普定县太平镇，2001年开工，2004年建成	一期工程60万千瓦，二期工程60万千瓦
7	黔北电厂	火电	位于金沙县，由金沙电厂和黔北电厂组成，金沙电厂1997年开工，2000年建成；黔北电厂2004年底建成	设计总装机容量为170万千瓦，年发电能力为135亿千瓦时
8	贵阳电厂增容改造	火电	位于贵阳市，2012年投运	31.5兆瓦无载调压变压器更换为50兆瓦有载调压变压器

资料来源：萧利声. 贵州省小水电发展的回顾与展望［J］. 贵州水利发电，2001（15）：1-5；贵州省地方志编纂委员会. 贵州省志·水利志［M］. 北京：方志出版社，1997.

第二批开工的电源点简称"四水八火"，总装机容量1684万千瓦，是第一批工程总装机容量的3倍多（见表4-9）。

表4-9　贵州第二批西电东送"四水八火"工程概况

序号	名称	电厂性质	工程概况	建设规模
1	思林水电站	水电	位于思南县内乌江干流河段，是乌江流域水电梯级开发的第6级，2005年11月开始截流，2009年12月全部机组投产发电	水库正常蓄水位440米，总库容12.05亿立方米
2	沙沱水电站	水电	位于沿河土家族自治县乌江上游7千米处，为乌江干流梯级开发第9级（最末一级）电站，被称为乌江"圆梦工程"。2006年动工，2013年正式运行，工程建设多项技术创新处于国内领先水平	水库总库容9.21亿立方米，电站总装机容量112万千瓦，年均发电量45.52亿千瓦时。工程总投资106.64亿元

续表

序号	名称	电厂性质	工程概况	建设规模
3	构皮滩水电站	水电	国家"十五"计划重点工程。总库容64.54亿立方米，调节库容29.02亿立方米，2009年首台机组发电，2011年建成	电站装机容量3000兆瓦，设计多年平均发电量96.82亿千瓦时
4	光照水电站	水电	位于北盘江中游光照小河口上游，关岭布依族苗族自治县和晴隆县界河河段。北盘江流域梯级开发的龙头电站，发电为主兼有航运、灌溉等功能的多年调节型水电工程。2003年动工，2008年首台机组并网发电	水库总库容32.45亿立方米，年均发电量27.54亿千瓦时。总投资69.03亿元
5	纳雍二电厂	火电	位于纳雍县阳长镇海座村，距纳雍县城约30千米，与一电厂相距9千米。2003年开工建设，2005年开始发电，2006年建成	机组装机容量4×300MW
6	鸭溪电厂	火电	位于遵义市遵义县西路片区，是第二批项目建成的首座电厂。首台机组2005年1月移交生产，2006年8月完工	总装机容量120万千瓦，2006年发电71亿千瓦时
7	野马寨电厂	火电	位于六盘水市三岔河畔，典型的坑口电站，老厂（水城发电厂）20世纪70年代中后期投产，新厂由中水能源发展有限公司独资兴建，2005年12月底建成	总装机容量70.5万千瓦。老厂两台10.5万千瓦高温高压机组；新厂3台20万千瓦超高压机组
8	黔西电厂	火电	位于黔西县甘棠乡，贵州第七座百万千瓦级现代化大型火力发电厂，黔西北的骨干大型坑口火力发电厂。由贵州黔西中水发电有限公司投资兴建，首台机组2005年10月投产，2006年底4台机组全部建成	装机容量为180万千瓦，一期工程装机容量120万千瓦
9	盘南电厂	火电	位于盘县（2017年更名为盘州市），"西电东送"最前端电源点，也是贵州最接近坑口、最具备资源和区位优势的大型火力发电厂。2002年开工，2006年并网发电，2009年全部建成	总装机容量为360万千瓦，2012年发电128.09亿千瓦时，连续4年贵州火力发电厂第一
10	发耳电厂	火电	位于六盘水市水城县发耳镇，属典型的坑口火力发电厂。2007年投产发电，一次性建成，1号机组2008年6月并网发电，2009年11月4套机组全部试运成功	总装机容量为2400兆瓦机组
11	大方电厂	火电	位于大方县，2006年7月正式并网发电	装机容量240万千瓦

续表

序号	名称	电厂性质	工程概况	建设规模
12	大龙电厂技改工程	火电	位于铜仁地区大龙经济开发区大龙镇大屯村	装机容量为 2.7 万千瓦，2001 年发电量为 1.87 亿千瓦时，发电标准准煤耗率为 548 克/千瓦时

资料来源：萧利声．贵州省小水电发展的回顾与展望 [J]．贵州水利发电，2001（15）：1—5；贵州省地方志编纂委员会．贵州省志·水利志 [M]．北京：方志出版社，1997；范群．贵州省"西电东送"战略实施的分析及研究 [D]．华北电力大学硕士论文，2005.

专栏 4-1

<h2 style="text-align:center">乌江梯级电站</h2>

乌江为贵州省第一大河，长江上游南岸支流，先秦贵州属牂牁古国，称牂牁江，唐时朝廷设立黔中道，故唐宋又称黔江，元代始称乌江。

乌江发源于威宁彝族回族苗族自治县盐仓镇西南，河源称三岔河，与六冲河汇合后称鸭池河，息烽县乌江渡以下始称乌江。流经沿河土家族自治县后进入重庆市，在涪陵区注入长江。乌江干流全长 1018 千米（贵州省内 889 千米），流域总面积 11.57 万平方千米（贵州省内 6.68 万平方千米，占 76.0%），主要支流有六冲河、猫跳河、清水河、洪渡河、三岔河等。

乌江为典型的山区河流，河谷深切，干流天然落差 2124 米，水力资源丰富，理论蕴藏量达 1042 万千瓦，可供建设水电站的位置 266 处，为全国十大水电基地之一，在长江各大支流中居第三位。国家对乌江实施水电梯级开发，自河流上游起，分河段进行开发，水利工程呈阶梯状分布。贵州省内开发了 9 级水电站，分别是普定、引子渡、洪家渡、东风、索风营、乌江渡、构皮滩、思林和沙沱。乌江梯级水电站是贵州最重要的水电基地，在西电东送中占有重要地位。

三、交通建设工程

（一）高速公路建设

贵州省是西部首个、全国第九个县县通高速的省份。

2011 年，贵州高速公路通车里程 2023 千米，落后于周边省份。

2012 年，高速公路通车里程 2600 千米，60 个县实现高速公路通车，与周边省份的高速公路基本实现贯通。

2013 年底，新建高速公路里程 651 千米，新增 8 个县通高速，有 9 个高速公路出省通道。高速公路通车里程首次突破 3000 千米。

2014 年底，高速公路通车里程突破 4000 千米。

2015 年底，高速公路通车里程达 5128 千米，建成 15 个高速公路出省通道，形成通江达海的高速公路网络。

2016 年，通车里程增加到 5433 千米，编制了《贵州省高速公路网规划》，提出力争在"十三五"末或者"十四五"初，高速公路通车里程突破 1 万千米。

2017 年，建成 9 个高速公路项目，里程 400 千米，总通车里程达 5833 千米，居全国第 9 位，高速公路综合密度居全国第 3 位。

2018 年，高速公路通车里程达到 6450 千米，出省通道达到 18 个，通车里程上升至全国第 7 位，高速公路综合密度居全国第 1 位。

2019 年，高速公路通车里程突破 7000 千米。

专栏 4-2

北盘江大桥

北盘江大桥跨越北盘江峡谷，是杭瑞高速贵州省毕节至都格镇（黔滇界）公路的三座大桥之一，大桥横跨贵州省水城县都格镇和云南省宣威市普立乡，由云南、贵州两省共同出资建设，贵州负责管理。2013 年 3 月开工，2016 年 12 月 29 日建成通车。

北盘江大桥总长 1341.4 米，主跨 720 米，位居世界同类型桥梁第二位。桥面距离江面垂直高度 565 米，是世界最高的跨江大桥。

北盘江大桥位于喀斯特地区，地质条件复杂，大桥建设者大胆创新，首次提出了"中纵梁+大次横梁"支撑体系、纵拼悬移施工技术以及基于风险关注点的新型巡检模式。

大桥通车后，水城到云南宣威的车程由 5 个小时缩短到约 1 个小时，黔、川、滇三省交汇地区融入全国高速公路网，推动了沿线经济社会发展。

大桥建成后成为一道亮丽的风景，为北盘江峡谷风光旅游新增一个景点。

（二）贵广高速铁路

贵广高速铁路是国家中长期铁路网规划的重点项目，是我国"八横八纵"铁路网中兰广高铁的重要组成部分，铁路跨黔、桂、粤三省份，是西部地区最便捷的铁路出海大通道。2008 年 10 月 13 日开工，2014 年 12 月 26 日全线通车运行。贵广高速铁路通车后，贵阳至广州的列车运行时间由 20 小时减少到 4~5 小时，大大缩短了西南地区与珠江三角洲的时空距离。贵广高铁线路全长约 857 千米，广东省内 207.5 千米、广西壮族自治区内 348.5 千米、贵州省内 301 千米。贵广高铁设计行车时速 300 千米/时，运营时速 250 千米/时，属于典型的高原山区高速铁路，全线共有桥梁 504 座、隧道 238 座，桥隧比达 81%，其中贵州省内高达 92.1%。

第五章 主导产业与特色产业发展

贵州省针对产业结构不合理、产业层次低等问题，将经济结构调整作为实现跨越式发展的重要内容，通过主导产业和特色产业培育、高新技术产业发展等措施，有效推动经济高质量发展。

第一节 主导产业的发展与布局

贵州省的主导产业为：①以烟酒茶为代表的轻工业；②以先进设备为代表的装备制造业；③以大数据为代表的电子信息产业；④以煤炭、电力为代表的能源产业和电力产业；⑤以煤磷化工、基础材料为代表的化工产业和材料产业；⑥以民族医药为代表的医药产业。

一、主导产业的发展

（一）主导产业发展概况

纵观历年经济结构，贵州省主导产业的工业总产值占全省工业总产值的4/5以上。2019年轻工业、装备制造业、电子信息产业、能源电力产业、化工材料产业、医药产业六大类主导产业工业增加值占全省规模以上工业增加值的87.40%。从主导产业增长速度来看，传统主导产业增速逐渐变缓，新兴主导产业增长较快。能源电力产业中的煤炭开采和洗选业增速达14.1%，轻工业中的烟酒、饮料和精制茶制造业增速达28.8%。与此同时，在大数据技术的推动下，严格控制能源消耗总量和强度，单位地区生产总值能耗下降幅度位居全国第一，体现了对生态底线的坚守（见表5-1）。

表5-1　2019年贵州省主导产业发展情况

主导产业类型	规模以上工业增加值		规模以上工业企业单位数（个）
	产值（亿元）	比重（%）	
全省产业合计	10445.19	100.00	4686
烟酒茶等轻工业（烟酒、饮料和精制茶制造业）	1949.98	38.4	670
装备制造业	1687.39	10.5	1226
电子信息产业	632.76	1.8	175
能源电力产业	2396.61	24.3	574
化工材料产业	1801.19	9.3	557
医药产业	361.08	3.10	144
主导产业小计	8829.01	87.4	3346

资料来源：根据《贵州统计年鉴》（2020）工业分行业数据计算而得。

（二）各主导产业发展状况

1. 烟酒茶产业

贵州独特的自然地理环境和气候条件，造就了多种多样的产品。国家认可的轻工业共分为农副食品加工业，食品制造业，酒、饮料和精制茶制造业，造纸和纸制品业等共18个大类行业。贵州食品类轻工业发展较早，轻工业的主导产业以酒、饮料和精制茶制造业、烟草制造业为主，形成了一定的产业集群和特有品牌。

烟酒茶是贵州的传统产业。伴随农业供给侧结构性调整，烟酒茶产业在保留原经济优势的同时，不断创新、壮大，形成了许多标志性产品，如白酒产业的贵州茅台酒、鸭溪窖酒、金沙回沙酒、习酒等，卷烟行业的贵烟、遵义、黄果树，茶产业的湄潭翠芽、都匀毛尖、梵净山翠峰、雷山银球茶、凤冈锌硒茶、石阡苔茶等。

烟草制造业主要集中在黔中地区，初步形成以贵阳为龙头，包括毕节、遵义、铜仁、贵定等卷烟加工及烟叶复烤在内的卷烟工业体系，形成了"贵烟"等知名品牌，2020年卷烟产出232.01万箱。未来将不断提升"贵烟"品牌在行业重点品牌的地位，积极支持中烟贵州公司的提质改造工程，从生产制造、工艺质量、节能降耗、科技研发等方面全面提升。

白酒产业是贵州特色优势产业，在全国白酒产业中占有重要地位。2020 年贵州规模以上白酒企业 152 家，白酒产量 26.62 万吨，完成产值 1251.74 亿元，实现利润总额 1029.97 亿元。白酒制造业主要集中在黔北、黔西地区，在遵义市仁怀市尤其集中，2018 年，贵州新增白酒类名牌产品 73 个，其中遵义市有 50 个。仁怀市是中国酱香型白酒的发源地和主产地，赤水河流域的地理条件、原料及微生物环境，形成了独特的酿造技术和工艺流程。仁怀市茅台镇的茅台酒有着"国酒"的美称，2019 年贵州茅台集团营业收入首次超过 1000 亿元，成为国内第 1 个千亿级白酒企业集团。但白酒产业企业梯度差距过大，中间位次的企业断层严重，位居首位的贵州茅台酒股份有限公司 2019 年实现营收 854 亿元，位居第二的贵州习酒有限责任公司营业收入约 80 亿元。

"十四五"期间，为推进烟酒传统产业升级，巩固优质烟酒产业的支柱地位，抓好品牌、品质、品种建设。依托"酱酒核心·赤水河谷"地域品牌优势，发展酱香为主的白酒产业，以茅台品牌建设为引领，打造"贵州白酒"品牌梯队体系，将习酒、国台酒、金沙回沙酒、珍酒、董酒等作为第二梯队品牌，糊涂仙、人民小酒等贵州十大名酒和贵州名牌产品为第三梯队品牌（郭旭和徐志昆，2020）。将茅台集团建设成为省内首家世界 500 强企业，习酒培育为 200 亿元级企业，国台、金沙、珍酒培育为 100 亿元级企业，董酒、钓鱼台培育为 50 亿元级企业①。

贵州山地丘陵多，多云雾，黄壤分布广泛，具有得天独厚的种植茶叶的自然优势，茶叶生产历史悠久。汉代有了茶叶生产记载，明朝达到鼎盛，贵定云雾茶、湄潭眉尖成为贡茶。《贵州通志》记载："石阡茶、湄潭眉尖茶皆为贡品"；产自都匀的卷曲显毫型毛尖茶，明崇祯皇帝赐名"鱼钩茶"，1915 年获巴拿马博览会金奖。政府高度重视茶产业发展，2018 年发布了《关于建设茶业强省的实施意见》《贵州省茶产业发展条例》等，打造以"干净茶、生态茶"为亮点的茶产业，塑造世界最干净茶品牌形象，努力建设成为世界高品质绿茶中心。2020 年，贵州茶园总面积达到 476.42 千公顷，居全国第一位，茶叶产量 21.1 万吨，国家级重点龙头企业 10 家，居全国第二位。茶制造业主要集中于黔北、黔西南布依族苗族自治州、黔东南苗族侗族自治州，遵义市湄潭县位居中

---

① 参见"2021 贵州白酒企业发展圆桌会议"。

国茶业百强县第一名，凤冈、石阡、都匀等县进入中国茶业百强县（陈政，2021）。根据《贵州省"十四五"茶产业发展规划（2021—2025年）》，"十四五"期间，将建设黔中名优绿茶产业带、黔东优质绿茶抹茶出口加工产业带、黔北绿茶红茶出口产业带、黔西北高山有机绿茶产业带、黔西南古树茶早茶产业带。

2. 装备制造业

贵州省装备制造业在新中国成立后得到发展，尤其在实施"工业强省"战略以后，装备制造业因其高市场需求、高产业关联度、高就业、高附加值等特点迅速成为主导产业，是贵州省工业转型升级和提升经济竞争力的重要手段。

贵州依托国防科技工业发展先由装备制造业，充分发挥国防军工产业人才、技术的优势，逐步形成了涵盖航空、航天、汽车、电力装备及器材、工程机械及能矿装备、数控机床及智能装备、农业机械等门类的产业体系。先进装备制造业规模稳步扩大，2019年先进装备制造业规模以上工业总产值增速超过20%，占贵州省规模以上工业总产值的10%左右。"航空、航天、汽车"三大主要产业产值占先进装备制造业的比重达到30%。代表企业有贵州中航电梯有限责任公司、中航贵州飞机有限责任公司、贵州轮胎股份有限公司、贵州群建精密机械有限公司等。

该产业主要分布在贵阳、遵义、安顺等地。在贵阳经济技术开发区、贵阳高新技术产业开发区、贵安新区高端装备产业园、安顺民用航空产业基地、遵义高新技术产业开发区等国家级产业园区，已基本形成以航空航天、汽车等为主导的装备制造聚集区。其中，贵阳经济技术开发区重点发展航天、航空、工程机械、电子元器件、新能源汽车及零部件等产业；贵阳高新技术产业开发区重点发展航空、智能装备、电子元器件等；贵安新区高端装备产业园重点发展新能源汽车及零部件、智能装备、节能环保装备等产业；遵义高新技术产业开发区重点发展航天、智能装备、汽车及新能源汽车等产业。

3. 电子信息产业

贵州省电子信息产业以大数据为引领。2015年国内首个大数据交易所在贵阳挂牌成立，2016年贵州提出强力推进"大数据"战略行动。在"大数据"产业发展过程中，吸引了苹果、微软、英特尔、惠普、戴尔、阿里巴巴、华为、腾讯、百度、京东等企业落户贵州，集聚了大数据发展的基础，贵州电子信息产业连续多年实现快速发展，以智能终端制造、云计算、人工智能、新型显示产业、集成电路产业等为代表。

全国具有代表性的三个大数据实验区中，京津冀大数据实验区依托北京市大数据人才储备和互联网科技公司，大数据技术处于全国领先地位；珠江三角洲大数据实验区地处沿海，便于引进国外先进技术；贵州大数据实验区依靠气候、电力、制度等优势，成为国家大数据储存基地。对全国各省份的评价结果显示，2013~2018年，贵州大数据发展水平提升迅速，从25位提升到14位（李成刚，2020）。贵州已经形成了贵阳市南明区电子信息产业园、贵州贵安国家级新区FAST数据中心、贵安新区高端装备制造产业园、贵阳服务外包及呼叫中心、遵义市汇川区亿易通智慧城市体验园大数据应用创新示范中心、中国特色物联网产业（遵义）基地、苹果iCloud贵安数据中心、腾讯数据中心、华为数据中心等电子信息产业高地，其中贵安新区高端装备制造产业园形成了以手机为重点的六大产业集群，包括高端显示屏产业集群、新能源汽车产业集群、集成电路产业集群、数据中心集群、数字经济产业集群六大产业集群。

"十四五"期间，贵州省将重点推进电子信息制造业发展，大力发展智能手机、平板电脑、智能电视、智能可穿戴设备等配套产业，新型传感器件、片式微波元件、导电聚合物电容器等新型电子元器件，重点建设贵安新区电子信息产业园、振华集成电路产业园和新天工业园、钜成未来信息技术（贵州）产业园，在安顺市西秀区、遵义市、毕节市、黔东南苗族侗族自治州、黔西南布依族苗族自治州建设产业园区。积极推动软件和信息技术服务业发展，培育信息安全产业。

4. 能源电力产业

贵州省煤炭资源丰富，其中六盘水、织纳、黔北三大煤田，占全省探明储量的2/3以上，是南方最大的煤炭资源基地；贵州省地形起伏大，水系众多，水力资源丰富且主要集中在乌江、南北盘江、清水江等流域，为水电发展提供了基础。基础能源产业是贵州省经济发展的重要支撑，是保证电力、冶金、化工、建材等相关耗煤产业健康发展的关键，"十二五"以来，贵州省能源工业取得重大发展，成为带动经济发展的又一主导产业。2020年一次能源生产量为11171.06万吨标准煤，其中原煤生产量8066.67万吨标准煤，占一次能源生产量的72.2%，水电生产量2965.81万吨标准煤，占26.5%。能源生产以煤炭为主，煤炭产业主要集中在毕节市、六盘水市、黔西南布依族苗族自治州、遵义市、安顺市。丰富的煤炭、水能资源为电力产业发展创造了良好条件，贵州电力形成水火并举的态势，2020年，火电发电机装机容量为3504万千瓦，水电发电装机容量为1996万千瓦。发电能力不断增强，2020年发电机装机容量比2015年增加了2299万千瓦，太阳能发电装机容量提升最为迅速，增加了1054万千瓦。

积极发展新能源。在毕节市、黔南布依族苗族自治州、六盘水市等地架设了风力发电装置，在日照资源相对较好的毕节市、六盘水市、黔西南布依族苗族自治州等地，发展新型光伏发电，新能源生产能力逐渐提高，与2015年相比，2020年风电比例增加了1.44%，太阳能发电增加了14.75%，水电和火电比例下降，能源结构不断优化（见表5-2）。伴随新能源的开发，清洁能源使用率进一步提高，单位地区生产总值能耗不断下降。此外，贵州省还拥有充足的煤层气资源，可进一步利用煤层气资源发展能源产业。

表5-2 2015年和2020年贵州省发电机装机容量构成

能源品种	2015年		2020年		变化值	
	装机容量（万千瓦）	比例（%）	装机容量（万千瓦）	比例（%）	装机容量（万千瓦）	比例（%）
火电	2684.00	55.48	3504.00	49.10	820.00	-6.38
水电	1828.00	37.78	1996.00	27.97	168.00	-9.81
风电	323.00	6.68	580.00	8.12	257.00	1.44
太阳能发电	3.00	0.06	1057.00	14.81	1054.00	14.75
合计	4838.00	100.00	7137.00	100.00	2299.00	——

资料来源：笔者根据《贵州统计年鉴》（2016，2021）整理计算而得。

"十四五"期间，贵州将继续深化淘汰煤炭产业落后产能，加快毕节市、六盘水市、黔西南布依族苗族自治州等地煤矿开采技术升级改造，促进煤矿机器人的使用，提高煤矿智能化、机械化水平，并根据煤矿资源状况，有序发展露天煤矿。电力产业发展方面，首选对现有的煤电机组进行节能及排放改造，不断降低煤电机组煤耗水平。规划建设大容量、高参数、超低排放的煤电基地，推进威赫电厂、织金新型能源化工基地热电联产动力站、盘江新光电厂等项目建设。水电建设方面，建成甲茶水电站、甲江水电站、小井水电站等中小型水电站，平寨航电、旁海航电等航电枢纽和贵阳石厂坝、黔南黄丝等地抽水蓄能电站。推进煤层气、页岩气资源的勘探利用，加快毕节、六盘水等煤层气产业化基地建设，煤矿瓦斯地下抽采规模化矿区建设，重点推进正安、习水等页岩气的开发利用项目，将页岩气建设成为全省天然气供应的重要组成部分。同时推进风电、光伏发电、生物质热电联产等新能源发展，推广应用低风速风机和智能风机，推广应用高效、双面及双玻光伏组件，发展分布式光伏发电，积极建设毕节市、六盘水市、安顺市、黔西南布依族苗族自治州、黔南布依族苗族自治州五个百万级光伏基地。推进花溪二期、遵义东部、三穗和六枝等地的城市生活垃圾发电项目建设。

5. 化工材料产业

化工产业是贵州省十大工业产业之一，也是国民经济支柱产业。依托丰富的磷、煤、重晶石、锰矿、汞等矿产资源，经过多年的发展，形成以磷化工、煤化工、特色化工为主体的现代化工产业。目前，贵州省化工产业规模以上企业达300多家，磷化工、煤化工企业占总数的60%以上。近年来，贵州省化工产业规模和效益不断提升，开阳—息烽、瓮安—福泉两大集聚区已成为全国规模最大的磷化工产品生产和出口基地。经过多年培育，形成贵州磷化（集团）有限责任公司、贵州轮胎股份有限公司、贵州盘江电投天能焦化有限公司、贵州川恒化工股份有限公司、贵州金正大化肥有限公司、贵州芭田生态工程有限公司、贵州西洋实业有限公司、贵州赤天化桐梓化工有限公司、贵州红星发展股份有限公司、贵州宏泰钡业有限公司、贵州安达科技能源股份有限公司、贵州威顿晶磷电子材料股份有限公司等现代化工优强企业。与突尼斯、埃及等地区开展磷化工技术服务业务，在"一带一路"倡议下，参与全球合作，为国内磷化工企业探索出新的国际道路。

基础材料产业是国民经济的基础和支柱产业，是实现产业结构优化升级的保障。国内制造业正处于转型时期，对铝型材、特殊钢材、功能性新材料等产品的需求呈快速增长趋势。近年来贵州省基础材料产业快速发展，工业增加值居于全省前列，2019年电解金属锰、铁合金等产能规模位居全国前列，代表企业有遵义铝业股份有限公司、贵州华仁新材料有限公司、兴仁县登高铝业有限公司、贵州省六盘水双元铝业有限责任公司、首钢水城钢铁（集团）有限责任公司、首钢贵阳特殊钢有限责任公司和贵州钢绳（集团）有限责任公司等。

6. 医药产业

贵州省作为我国中药材四大主产区之一，具备发展医药产业的资源优势。经过多年发展已形成中成药、中药饮片、化学原料药及制剂、生物制品、医疗器械、药用包装材料和卫生材料、中药种养殖业七大类别的医药产业。

近年来，贵州省充分发挥生态资源优势，挖掘医药产业的发展潜力，健康医药产业已成为重要支柱产业。截至 2019 年，规模以上医药制药企业数达到 144 家，工业增加值比重 3.1%，其中中成药产量达 7.55 万吨，中药民族药产值占比超过 70%。培育形成贵州百灵企业集团制药股份有限公司、贵阳新天药业股份有限公司、贵州立知健生物科技有限公司等一批重点企业，建立了益佰、百灵、信邦、汉方、神奇、同济堂等知名品牌，形成了乌当区智汇云锦大健康医药产业孵化基地、修正药业产业园、贵州百灵镇宁大寨中药材（民族药材）良种繁育及规范化种植基地的产业集聚，建设了大方县、七星关区为重点的黔西北天麻产业带，赫章县为重点的乌蒙山区半夏产业带，施秉、黄平县为重点的黔东南太子参产业带，荔波县、独山县为重点的黔南铁皮石斛、生态化近野生石斛产业带等中药材种植培育地。伴随大数据产业的兴起，贵州省通过推动"医疗+养老""健康+旅游""健康+体育""健康+森林康养""健康+互联网"等方面的深度融合，推动医药产业的提级改造。未来，将以中药、民族药为主导产业，以高附加值、功能性的保健食品、营养品等药食两用产品以及医用耗材等医疗器械产业为发展方向。

二、主导产业分布及发展建议

（一）空间分布

根据主导产业的地理空间分布及历史发展基础，可将贵州省 9 个市（州）划分为黔中主导产业区（贵阳市、安顺市）、黔北主导产业区（遵义市、铜仁市）、黔西主导产业区（毕节市、六盘水市、黔西南布依族苗族自治州）、两州主导产业区（黔东南苗族侗族自治州、黔南布依族苗族自治州）四部分。

1. 黔中主导产业区

黔中地区主要包括贵阳市和安顺市，面积约 17000 平方千米，2019 年人口达到 700 万以上。

黔中地区地处贵州中部，交通、资源等优势明显，发育的主导产业有装备制造业、化工材料产业、轻工业、电子信息产业、医药产业、能源电力产业。贵阳市是西南地区重要的中心城市，贵州省政治、经济、文化及交通中心，是国家大数据产业集聚区。在依托资源优势发展磷煤化工的基础上，借助龙洞堡机场、大数据产业平台、医药研发等带来的机遇，进一步发展了航空制造、电子信息、医药制造以及发电等产业，以化工为代表的材料工业，以航空设备为代表的装备制造业，以大数据为代表的电子信息产业，以老干妈等特色食品为代表的轻工业，以电力生产供应为代表的能源电力业均实现较快增长。目前，逐步形成贵阳医药、贵阳市乌当区高新技术、开阳息烽磷煤化工、小河经济技术开发区、贵州双龙航空港经济区等产业集群。安顺市距离贵阳市90千米，延长贵阳市产业链，同时稳步提升能源、制药、信息等产业发展（见表5-3）。

表5-3　2019年黔中地区主导产业发展情况

地区	地区生产总值（亿元）	主导产业	工业增加值（亿元）	主导产业增速（较2018年）
贵阳市	4039.60	轻工业、装备制造、电子信息、化工材料、医药、能源电力产业	1496.67	装备制造业增加值增长31.6%，电力生产及供应业增加值增长10.0%，橡胶及塑料制品业增长7.5%，特色食品业增加值增长1.8%，医药产业增加值增长1.4%
安顺市	923.94	电子信息、能源电力、医药产业	292.40	计算机、通信和其他电子设备制造业增加值增长13.1%，电力、热力的生产和供应业增加值增长5.9%，医药产业增加值增长2.0%

资料来源：贵阳市、安顺市《2019年国民经济和社会发展统计公报》及《贵州统计年鉴》（2020）。

2. 黔北主导产业区

　　黔北地区主要包括遵义市和铜仁市，面积约48000平方千米，2019年人口达到900万以上。

　　黔北地区地处贵州北部，与重庆市、四川省、湖南省相邻，主导产业包括轻工业、装备制造业、电子信息产业和能源电力产业。遵义市的煤炭开采和洗选业，电力、热力生产和供应业，烟草制品业，酒、饮料和精制茶制造业增加值占全市规模以上工业增加值比重的80%以上，其中，酒、饮料和精制茶制造业最为突出，工业增加值占比约为 70%。依托茅台、习酒等酒品牌，湄潭翠芽等优质茶叶品牌，以及遵义香烟、习水鸭溪发电厂等，遵义市发展了以烟酒茶为代表的轻工业以及能源电力产业为主导产业，形成了茅台酿酒工业等产业集群。伴随遵义茅台机场、新舟机场、遵义高新技术产业开发区的建成，遵义市亦将高新技术和装备制造纳入了主要发展方向，增加了电子信息产业和装备制造为主导产业。铜仁市降水丰富，河网密布，生态环境良好，培育了以石阡苔茶、梵净山翠峰茶、德江天麻等为主的食品轻工业（见表 5-4）。

表 5-4　2019 年黔北地区主导产业发展情况

地区	地区生产总值（亿元）	主导产业	工业增加值（亿元）	主导产业增速（较 2018 年）
遵义市	3483.32	轻工业、装备制造、电子信息、能源电力产业	1593.12	煤炭开采和洗选业，电力、热力生产和供应业，烟草制品业，酒、饮料和精制茶制造业等四大传统行业占规模以上工业增加值的比重为 82.9%。其中，酒、饮料和精制茶制造业增加值占比为 71.9%；烟草制品业增加值占比为 4.2%；电力、热力生产和供应业增加值占比为 4.1%。新兴产业中，计算机、通信和其他电子设备制造业，汽车制造业，医药产业增加值占规模以上工业增加值的比重分别为 1.0%、0.2% 和 0.2%
铜仁市	1249.00	轻工业	326.00	轻工业增加值同比下降 10.4%，其中，饮料酒同比下降 47.1%；包装饮用水同比增长 16.1%

资料来源：遵义市、铜仁市《2019 年国民经济和社会发展统计公报》及《贵州统计年鉴》（2020）。

3. 黔西主导产业区

黔西地区主要包括毕节市、六盘水市和黔西南布依族苗族自治州，面积约 29400 平方千米，2019 年人口达到 1100 万以上。

黔西地区地处贵州省西部，与四川省、云南省相邻，主导产业包括轻工业、电子信息产业、能源电力产业、化工材料产业和医药产业。其中，毕节市既是我国"西电东送"的重要能源基地，亦是国家新型能源化工基地、国家生物医药产业基地，以大数据为核心的服务外包和呼叫中心。毕节市主导产业除煤炭、煤电为主的传统能源电力产业外，还包括计算机电子信息产业、医药产业，以及特色山地农业畜牧业相关的轻工业。六盘水市矿产资源十分丰富，素有"西南煤海"之称，是西南乃至华南地区重要的能源原材料工业基地。煤炭开采和洗选业以及电力、热力生产和供应业占据了工业增加值的绝大部分，钢铁冶金、建材是其另外两个重要经济来源。黔西南布依族苗族自治州位于云南省、广西壮族自治区、贵州省交汇处。煤金电建材化工烟曾是其主导产业，伴随产业结构调整，目前也将酿酒产业、农副产品深加工等纳入未来发展方向（见表5-5）。

表5-5　2019年黔西地区主导产业发展情况

地区	地区生产总值（亿元）	主导产业	工业增加值（亿元）	主导产业增速（较2018年）
毕节市	1901.36	轻工业、电子信息产业、能源电力产业、医药产业	520.67	规模以上采矿业增加值同比增长20.2%，规模以上制造业增加值同比下降10.6%，规模以上电力、热力、燃气及水的生产和供应业增加值同比增长17.2%
六盘水市	1265.97	能源电力产业、化工材料产业	582.43	煤炭开采和洗选业增加值比上年增长17.6%，黑色金属冶炼和压延加工业增长6.6%，非金属矿物制品业下降14.4%，四大传统行业占规模以上工业增加值的比重为84.3%
黔西南布依族苗族自治州	1272.80	轻工业、能源电力产业、化工材料产业	444.77	电气机械和器材制造业比上年增长31.7%，有色金属冶炼和压延加工业比上年增长24.4%，黑色金属冶炼和压延加工业比上年增长22.3%，煤炭开采和洗选业比上年增长17.2%，电力、热力生产和供应业增长8.3%

资料来源：毕节市、六盘水市和黔西南布依族苗族自治州《2019年国民经济和社会发展统计公报》及《贵州统计年鉴》（2020）。

4. 两州主导产业区

两州地区主要包括黔南布依族苗族自治州和黔东南苗族侗族自治州，面积约56000平方千米，2019年人口达到680万以上。

两州地区地处贵州省南部，与广西壮族自治区、湖南省相邻，主导产业包括轻工业、装备制造业、能源电力产业、化工材料产业、电子信息产业和医药产业。其中，黔南布依族苗族自治州食品制造业，酒、饮料和精制茶制造业，化学原料和化学制品制造业增长较快，龙里县、贵定县距离贵阳较近，受贵阳辐射带动明显。该地区的主导产业仍包括煤能源电力产业、轻工业、化工材料产业及部分电子信息产业和医药产业，发展了福泉、瓮安、荔波的（煤层气）煤矿，中广核贵州贵定风力发电有限公司、贵州都匀匀酒酒业有限责任公司、都匀毛尖茶业有限责任公司、贵定海螺盘江水泥有限责任公司、贵州省瓮安县瓮福黄磷有限公司、贵州神农本草中药饮片有限公司等代表企业。黔东南苗族侗族自治州传统主导产业则包括能源电力产业、装备制造业，少数民族众多，良好的自然环境适合草药生长，民族医药产业基础较好，医药产业成为新的主导产业，已建设贵州凯里经济开发区、台江经济开发区、岑巩经济开发区、黔东经济开发区、三穗经济开发区、黎平经济开发区、丹寨金钟经济开发区（见表5-6）。

表 5-6　2019 年两州地区主导产业发展情况

地区	地区生产总值（亿元）	主导产业	工业增加值（亿元）	主导产业增速（较 2018 年）
黔南布依族苗族自治州	1518.04	轻工业、能源电力产业、化工材料产业、电子信息产业和医药产业	554.89	造纸和纸制品业，食品制造业，酒、饮料和精制茶制造业，橡胶和塑料制品业，金属制品业，化学原料和化学制品制造业增长较快，分别比上年增长 128.6%、39.9%、21.1%、20.5%、19.7%、17.0%
黔东南苗族侗族自治州	1123.04	能源电力产业、装备制造业、医药产业	253.85	电力、热力生产和供应业增加值增长 11.6%；非金属矿采选业增加值增长 46.5%；化学原料和化学制品制造业增加值增长 39.8%

资料来源：黔南布依族苗族自治州、黔东南苗族侗族自治州《2019 年国民经济和社会发展统计公报》及《贵州统计年鉴》（2020）。

（二）对策建议

贵州省主导产业发展，应充分挖掘潜在优势，依靠市场机制，坚持多元发展思路，确保主导产业资源优化配置，增强主导产业与其他产业凝聚力，突出节能、降耗、减排目标，加大科技研发投入，以助推传统产业优化升级和新兴产业快速发展为目标，坚持招商引资、引技、引智并重，引内资与外资并举，以产业合作、基础设施互联互通、产城融合为重点，推动区域协调开放发展。

加强与成渝、滇中等周边地区的经济合作，加大在技术改造、节能减排、市场拓展、品牌建设、人才培训、知识产权保护等方面的交流，积极融入长江经济带，进一步提高整体竞争力。

第二节 县域经济与特色产业

贵州省受地理环境、资源禀赋、交通条件等影响，形成了各具特色的县域经济，县域经济在改革开放和西部大开发以来发展较快。

一、县域经济发展概况

贵州省县域众多，县域经济占据重要地位，县域经济的良好健康发展是贵州省经济发展的关键。

（一）地区生产总值

2019年，贵州省县域年末常住人口达3205.99万人，占全省年末常住人口的88.49%，地区生产总值达10428.41亿元，占全省地区生产总值的62.19%。不同县域地区生产总值增速差距较大，增速区间为-1.60%~15.30%。县域一般公共预算收入达540.53亿元，占全省一般公共预算收入（1767.36亿元）的30.58%，详见表5-7。县域地区生产总值超200亿元的有仁怀市、盘州市、播州区、水城县、威宁彝族回族苗族自治县、清镇市、金沙县、开阳县、大方县、黔西县、织金县、龙里县共12个，这12个县域常住人口达833.55万，占全省年末常住人口的23.01%。从地区生产总值增速来看，排名前五的县域依次是习水县（15.30%）、剑河县（13.80%）、贞丰县（13.30%）、龙里县（12.60%）、黄平县（11.90%），其次是开阳县、道真仡佬族苗族自治县、赤水市、万山区、普安县、望谟县、长顺县、三都水族自治县的增速，超过11.00%。地区生产总值增速超11.00%的县域，年末常住人口占全省年末常住人口的12.00%左右。地区生产总值较大且增速较快的区域，同时也集中了较多人口，说明人口与县域经济存在着紧密联系。

表 5-7　2019 年贵州省县域经济发展状况

县域	地区生产总值（亿元）	地区生产总值增速（%）	一般公共预算收入（亿元）	县域	地区生产总值（亿元）	地区生产总值增速（%）	一般公共预算收入（亿元）
开阳县	218.24	11.70	8.78	德江县	137.40	7.70	5.00
息烽县	136.79	1.60	4.85	沿河土家族自治县	123.45	7.10	4.14
修文县	173.07	9.30	7.80	松桃苗族自治县	157.37	8.30	5.91
清镇市	260.07	4.60	17.81	兴仁市	182.42	8.60	15.17
六枝特区	124.58	5.90	5.04	普安县	93.74	11.60	5.67
水城县	309.98	7.70	12.76	晴隆县	82.26	10.70	5.69
盘州市	535.20	10.30	45.73	贞丰县	143.05	13.30	9.43
播州区	328.89	9.60	14.64	望谟县	93.20	11.10	3.86
桐梓县	148.82	9.20	6.83	册亨县	74.22	10.40	3.72
绥阳县	99.48	9.20	4.89	安龙县	138.53	9.30	11.51
正安县	113.56	9.60	6.87	黄平县	65.05	11.90	2.72
道真仡佬族苗族自治县	73.13	11.80	3.00	施秉县	33.50	-1.90	1.27
务川仡佬族苗族自治县	77.44	8.80	5.87	三穗县	47.06	5.00	1.86
凤冈县	76.64	9.90	3.26	镇远县	58.59	1.70	2.68
湄潭县	110.05	9.10	4.72	岑巩县	55.54	7.00	2.34
余庆县	76.87	10.70	3.56	天柱县	76.89	7.60	3.13
习水县	186.75	15.30	12.56	锦屏县	56.59	10.50	2.08
赤水市	100.55	11.50	6.22	剑河县	54.82	13.80	2.08
仁怀市	1297.04	10.10	72.22	台江县	42.56	5.30	1.82
平坝区	136.48	8.10	10.26	黎平县	92.47	6.50	2.78
普定县	132.72	8.20	5.96	榕江县	79.13	11.00	3.24
镇宁布依族苗族自治县	109.62	7.50	4.09	从江县	68.46	7.80	2.22
关岭布依族苗族自治县	98.29	8.10	4.18	雷山县	40.37	10.30	1.62
紫云苗族布依族自治县	73.54	7.10	3.19	麻江县	40.94	7.30	1.13
大方县	214.81	8.40	6.50	丹寨县	39.14	5.30	1.26
黔西县	210.84	8.30	10.53	福泉市	183.29	9.60	10.53
金沙县	226.13	8.60	16.78	荔波县	70.23	3.30	3.51
织金县	206.81	8.60	10.98	贵定县	117.51	7.80	6.66
纳雍县	164.64	7.10	9.58	瓮安县	146.44	5.90	11.01
威宁彝族回族苗族自治县	266.29	7.20	12.95	独山县	125.74	6.30	4.70

续表

县域	地区生产总值（亿元）	地区生产总值增速（%）	一般公共预算收入（亿元）	县域	地区生产总值（亿元）	地区生产总值增速（%）	一般公共预算收入（亿元）
赫章县	142.62	7.30	5.06	平塘县	86.09	7.90	2.93
万山区	71.25	11.10	3.70	罗甸县	75.68	6.30	4.34
江口县	67.13	4.00	1.86	长顺县	79.72	11.30	3.42
玉屏侗族自治县	93.76	6.50	4.22	龙里县	201.28	12.60	14.25
石阡县	108.43	8.80	2.65	惠水县	134.28	7.30	6.82
思南县	163.25	6.60	4.33	三都水族自治县	84.18	11.70	2.74
印江土家族苗族自治县	113.46	7.50	3.06	—	—	—	—

资料来源：《贵州统计年鉴》（2020）。

（二）人民生活水平

近年来，贵州省县域综合实力不断提升，带动了人均收入的提高，2019年，全省农民人均可支配收入为10756元，超过该水平的有清镇市、开阳县、修文县、息烽县、播州区、湄潭县、绥阳县、赤水市、仁怀市、桐梓县、余庆县、玉屏侗族自治县、龙里县、凤冈县、瓮安县、福泉市、惠水县、贵定县、独山县、习水县、罗甸县、金沙县、盘州市、荔波县、平坝区、长顺县、正安县、道真仡佬族苗族自治县、平塘县、三都水族自治县、务川仡佬族苗族自治县共31个。其中，最高的清镇市达到16901元，最低的望谟县仅有8979元，清镇市农民人均可支配收入几乎是望谟县的2倍，可见，县域之间经济差异较大，未来仍需持续加大落后县域的投入，助力居民收入提高（见表5-8）。

表5-8　2019年贵州省县域农民人均可支配收入

县域	年末常住人口（万人）	农民人均可支配收入（元）	县域	年末常住人口（万人）	农民人均可支配收入（元）
开阳县	39.04	16595	德江县	35.79	9850
息烽县	24.78	15904	沿河土家族自治县	43.47	9741
修文县	28.60	15986	松桃苗族自治县	48.17	9847
清镇市	50.29	16901	兴仁市	42.69	10406
六枝特区	50.66	10629	普安县	26.21	9811
水城县	76.05	10351	晴隆县	23.92	9258
盘州市	107.05	11423	贞丰县	31.96	10206

县域	年末常住人口（万人）	农民人均可支配收入（元）	县域	年末常住人口（万人）	农民人均可支配收入（元）
播州区	69.18	15806	望谟县	24.48	8979
桐梓县	53.23	13157	册亨县	18.60	9213
绥阳县	38.66	14050	安龙县	36.83	9981
正安县	39.05	11322	黄平县	26.78	9773
道真仡佬族苗族自治县	24.89	11267	施秉县	13.32	10587
务川仡佬族苗族自治县	32.52	11191	三穗县	15.84	10505
凤冈县	31.56	12396	镇远县	20.75	10351
湄潭县	38.43	14726	岑巩县	16.37	10278
余庆县	24.09	12898	天柱县	26.58	10438
习水县	52.65	11625	锦屏县	15.69	9466
赤水市	24.67	13656	剑河县	18.41	9682
仁怀市	56.57	13617	台江县	11.33	9301
平坝区	32.90	11345	黎平县	39.65	9679
普定县	39.33	10180	榕江县	29.14	9761
镇宁布依族苗族自治县	28.73	9704	从江县	28.58	10219
关岭布依族苗族自治县	27.85	9760	雷山县	11.91	10310
紫云苗族布依族自治县	27.37	9740	麻江县	12.47	9847
大方县	79.77	10491	丹寨县	12.49	10057
黔西县	71.49	10543	福泉市	29.77	12230
金沙县	57.58	11446	荔波县	13.28	11393
织金县	80.53	10402	贵定县	24.35	11953
纳雍县	68.84	9825	瓮安县	39.53	12309
威宁彝族回族苗族自治县	129.72	10359	独山县	27.28	11759
赫章县	66.69	9728	平塘县	24.26	11233
万山区	15.76	10387	罗甸县	26.23	11646
江口县	17.71	10061	长顺县	18.92	11342
玉屏侗族自治县	15.58	12835	龙里县	16.28	12444
石阡县	29.69	10032	惠水县	35.97	11988
思南县	48.44	9883	三都水族自治县	27.19	11214
印江土家族苗族自治县	27.56	9843	—	—	—

资料来源：《贵州统计年鉴》（2020）。

（三）经济发展水平

中国社会科学院发布的《中国县域经济发展报告（2019）》显示，2019 年的百强县中，贵州省只有仁怀市、兴义市 2 个县域为全国百强县。人均地区生产总值水平较低，2019 年贵州省人均地区生产总值为 46433 元，全国为 70892元，最高的仁怀市达到 229850 元，最低的威宁彝族回族苗族自治县只有 20571元。仁怀市和龙里县高于全国平均水平，14 个县高于全省均值；县级财政赤字严重，2019 年各县一般公共预算支出平均为 38.64 亿元，而一般公共预算收入为 7.90 亿元，二者相差 30.74 亿元（见表 5-9）。

表 5-9　2019 年贵州省各县人均地区生产总值及财政收支状况

县域	人均地区生产总值（元）	一般公共预算（亿元）		县域	人均地区生产总值（元）	一般公共预算（亿元）	
		收入	支出			收入	支出
开阳县	56408	8.78	31.41	石阡县	36253	2.65	32.67
息烽县	55708	4.85	24.56	思南县	33198	4.33	53.97
修文县	61060	7.80	27.05	印江土家族苗族自治县	40998	3.06	36.75
清镇市	51848	17.81	42.20	德江县	37887	5.00	44.12
六枝特区	24619	5.04	37.87	沿河土家族自治县	27921	4.14	44.92
水城县	40856	12.76	63.14	松桃苗族自治县	32342	5.91	47.31
盘州市	50122	45.73	112.22	兴义市	55664	33.79	74.85
桐梓县	28040	6.83	49.91	兴仁市	42907	15.17	43.35
绥阳县	25796	4.89	28.25	普安县	35874	5.67	28.04
正安县	29133	6.87	53.36	晴隆县	33734	5.69	38.67
道真仡佬族苗族自治县	29433	3.00	26.62	贞丰县	45190	9.43	43.89
务川仡佬族苗族自治县	23856	5.87	40.44	望谟县	38378	3.86	34.73
凤冈县	24332	3.26	30.20	册亨县	39807	3.72	32.51
湄潭县	28693	4.72	32.03	安龙县	37783	11.51	43.69
余庆县	31968	3.56	22.98	凯里市	49620	15.94	44.73
习水县	35537	12.56	54.65	黄平县	24335	2.72	32.93
赤水市	40858	6.22	34.60	施秉县	25200	1.27	14.84
仁怀市	229850	72.22	83.64	三穗县	29772	1.86	22.36
平坝区	41617	10.26	44.97	镇远县	28282	2.68	17.09

续表

县域	人均地区生产总值（元）	一般公共预算（亿元）		县域	人均地区生产总值（元）	一般公共预算（亿元）	
		收入	支出			收入	支出
普定县	33754	5.96	32.62	岑巩县	33990	2.34	22.89
镇宁布依族苗族自治县	38162	4.09	25.68	天柱县	28988	3.13	33.08
关岭布依族苗族自治县	35300	4.18	30.48	锦屏县	36145	2.08	24.85
紫云苗族布依族自治县	26874	3.19	36.21	剑河县	29837	2.08	29.46
大方县	26986	6.50	62.90	台江县	37646	1.82	17.83
黔西县	29554	10.53	48.54	黎平县	23374	2.78	35.89
金沙县	39354	16.78	57.41	榕江县	27206	3.24	37.89
织金县	25735	10.98	76.53	从江县	23190	2.22	41.92
纳雍县	23967	9.58	65.53	雷山县	33958	1.62	18.53
威宁彝族回族苗族自治县	20571	12.95	95.53	麻江县	32902	1.13	16.52
赫章县	21431	5.06	59.02	丹寨县	31396	1.26	14.88
万山区	49084	3.70	22.80	都匀市	45470	16.91	39.30
江口县	38021	1.86	24.12	福泉市	61653	10.53	30.74
玉屏侗族自治县	64003	4.22	29.50	平塘县	35532	2.93	29.75
荔波县	52960	3.51	21.99	罗甸县	28887	4.34	32.14
贵定县	48277	6.66	24.27	长顺县	42189	3.42	24.11
瓮安县	37093	11.01	34.23	龙里县	123904	14.25	33.23
独山县	46144	4.70	27.68	惠水县	37394	6.82	35.05
—	—	—	—	三都水族自治县	31005	2.74	33.11

资料来源：《贵州统计年鉴》（2020）。

二、特色产业发展

（一）特色产业发展概况

贵州发展特色产业的基础良好。贵州省位于云贵高原东部大斜坡地带，地貌类型复杂，气候温暖湿润，为丰富多样的动植物资源提供了赖以生存发展的生境条件，为特色产业提供了可能。例如，白酒是贵州省传统产业，也是省人民政府重点打造的"五张名片"中的第一张，在赤水河流域的仁怀市分布最为集中，其中最具特色的茅台酒，就是依靠赤水河流域独特的地质、土壤、水以及在此基础上形成的微生物环境，运用传统酿酒工艺酿造而成，"国酒茅台"也成为国内白酒第一品牌。茅台酒只能在赤水河流域的茅台镇酿制，具有产品的独占性和稀缺性，茅台酒的品质也是白酒行业的佼佼者，对市场有较大的影响力、较高的知名度和占有率。

同时，贵州省也是矿产资源大省，矿产资源的数量和种类在全国范围都极具优势，如煤炭资源，2019年保有储量居全国第五位、原煤产量居第五位。贵州独特秀美的山地自然景观、夏季凉爽的气候优势、风采各异的民族风情、积淀厚重的红色文化，为旅游业发展提供了良好基础。

贵州特色产业继承和创新了地方传统技艺。

特色产业一般具有独特的生产技术、工艺、工具、流程和生产组织方式，这些来自传统精良的技艺，或滋生于当地社会文化传统，或源于强大的技术创新力。因此，特色产业发展往往具有深厚的历史文化积淀和特殊的传统生产工艺以及相应的产业文化。贵州白酒主要为酱香型白酒，仁怀酿酒业历史悠久，考古资料显示，仁怀地区出土了先秦时期的酿酒和饮酒文物，西汉墓葬群中出土了专用酒具"铺首衔环酒壶"，在袁家湾还出土了明代各式酒具（郭旭等，2016）。茅台酒酿制始于2000多年前的汉武帝时期，历史上称为"枸酱酒"，明末清初酿造工艺日趋成熟，酱香型白酒酿造工艺复杂，其典型特征为分轮次酿造蒸馏，分等级贮存和"以酒勾酒"的勾调工艺，茅台酒酿造技术具有重要的文化遗产价值，2006年，茅台酒酿制技艺成为国家第一批非物质文化遗产。为引导白酒企业规范化生产，提升酱香酒品质，贵州省积极开展酱香型白酒酿造技术创新，将这些传统工艺和现代技术有机结合，仁怀市建立了完整的酱香型白酒酿造技术标准，补充完善了《贵州酱香型白酒技术标准体系》，制定了《仁怀大曲酱香酒技术标准体系》，该体系包括《仁怀大曲酱香基酒标准》和《生产技术标准》（敖锐等，2016）。

贵州特色产业的发展，深受政策引导与扶持。

特色产业起步之初基本上都是家庭小作坊，为发展壮大特色产业，贵州省人民政府制定了相关扶持政策措施。为促进白酒产业发展，2007年，省人民政府出台了《关于促进贵州白酒产业又好又快发展的指导意见》（黔府发〔2006〕36号）、《贵州省白酒产业振兴计划》、《贵州白酒品牌基地建设方案》

等，2019 年发布了《省人民政府办公厅关于印发贵州省推动白酒行业供给侧结构性改革　促进产业转型升级的实施意见》（黔府办发〔2016〕33 号）等政策措施。

针对山地特色农业发展，2014 年 3 月，贵州省委、省政府提出"遵循山地经济规律，发展现代高效农业"。2015 年，出台了《关于加快推进现代山地特色高效农业发展的意见》，要求坚持"人无我有、人有我优、人有我新"的发展理念，"念好'山字经'，种出'摇钱树'"，大力发展特色食粮、油料产业、特色养殖业、特色渔业和林业特色经济五大类特色产业。为进一步推动茶叶、食用菌、蔬菜、生态畜牧、石斛、林、竹、中药材、刺梨、生态渔、油茶、辣椒 12 个重点特色农业产业发展，2019 年出台了《省委省政府领导领衔推进农村产业革命工作制度》。

（二）特色产业的空间分布

1. 特色农业空间分布

近年来，贵州省立足山地资源环境，发展山地特色高效农业，充分发挥山地资源的优势。

在巩固传统优势农业生产发展的基础上，按照"龙头企业＋合作社＋农户"的组织方式，大力发展茶叶、中药材、特色水果、辣椒、石斛、优质蔬菜、油茶、食用菌、刺梨、生态渔业、生态畜牧业、竹子 12 个特色优势农业产业。依托高速公路、铁路、航空、水运等现代立体交通网络，降低物流成本，向中东部地区提供品质优良、绿色有机的农产品。

特色农产品加工业不断崛起。老干妈辣椒、湄潭翠芽、凤冈锌硒茶、石阡苔茶、兰馨雀舌、"茅贡"米、"牛头"牌牛肉干等获中国驰名商标称号，形成了一批具有影响力的农产品知名品牌，塑造了绿色生态、品质优良、营养健康的贵州农产品品牌形象。山地特色高效农业发展带动了农民增收，推动乡村振兴（杨秋婷，2019）。

空间布局上，初步形成六大现代农业区，包括黔中都市现代农业区、黔北大娄山现代农业区、黔西北和黔西乌蒙山现代农业区、黔东北武陵山现代农业区、黔东南和黔南苗岭生态现代农业区、黔西南喀斯特现代农业区（见表 5-10）。

表 5-10　贵州农业区范围及主要产业

农业区	范围	主要产业
黔北大娄山现代农业区	遵义市 14 个县（市、区）	生态畜牧业、茶、蔬菜、中药材、酒用高粱和特色渔业
黔西北和黔西乌蒙山现代农业区	毕节市和六盘水市的 12 个县（市、区）	生态畜牧业、蔬菜、马铃薯、精品果业、中药材、核桃和特色渔业
黔东北武陵山现代农业区	铜仁市的 10 个县（市、区）	生态畜牧业、蔬菜、茶、特色渔业和油茶
黔东南和黔南苗岭生态现代农业区	黔东南苗族侗族自治州和黔南布依族苗族自治州的 28 个县（市、区）	茶、蔬菜、精品果业、中药材、特色养殖、特色渔业和油茶
黔西南喀斯特现代农业区	黔西南布依族苗族自治州的 8 个县（市、区）	草食畜牧业、中药材、精品果业、蔬菜、茶、特色杂粮和特色渔业
黔中都市现代农业区	贵阳市、贵安新区、安顺市的 16 个县（市、区）	蔬菜、精品果业、茶、中药材、奶牛和特色渔业

资料来源：《贵州省 2022 年特色优势产业巩固提升行动方案》。

2. 特色工业空间分布

贵州省经历数年发展，形成了包括能源工业、有色金属开采冶炼业、先进装备制造业、磷化工业、特色轻工业的特色工业产业。

（1）能源工业。贵州省拥有丰富的煤矿资源，88 个县（市、区）中有 74 个县（市、区）产煤，产煤区达到全省总面积的 40% 以上，依托煤炭资源发展了电力产业。统计资料表明，贵州省的能源消费结构中煤炭和电能的消费量占据较大比重（见图 5-1 和图 5-2），在贵州全域均有分布。

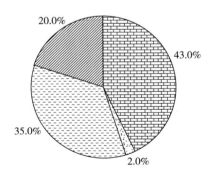

图 5-1　2015 年贵州省能源消费结构

资料来源：《贵州统计年鉴》（2016）。

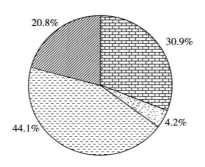

20.8%　30.9%

44.1%　4.2%

□原煤　□天然气　田电力　☒其他

图5-2　2019年贵州省能源消费结构

资料来源：《贵州统计年鉴》（2020）。

（2）有色金属开采冶炼业。贵州省有色金属矿产资源丰富，主要有铝、金、钛、汞、锑、铅、锌、锡、铜、钨、钒、钼、镁、镍等，其中铝土矿资源储量5.13亿吨；黄金地质储量238.55吨；锌矿、锑矿、汞矿储量分别为144.9万吨、26.72万吨、3.04万吨。2019年，有色金属冶炼和压延加工业总产值达528.35亿元，规模以上有色金属矿采选业工业总产值达77.38亿元。形成了贵阳（铝及铝加工）、遵义（铝、钛生产加工）和黔西南布依族苗族自治州（黄金冶炼）三大有色金属产业基地。

（3）先进装备制造业。贵州省装备制造业迅猛发展，2019年，规模以上通用设备制造业总产值达109.19亿元，专用设备制造业总产值达82.44亿元。已经初步形成两大体系（机械工业体系和电子信息工业体系）和五大产业集群（资源优势产业集群、机械基础件产业集群、传统优势产业集群、特色机电一体化产品产业集群、电子信息产品产业集群）；建成5个国家级产业园区，集中分布于黔中贵阳市、安顺市一带（见表5-11）。

表5-11　装备制造业主要园区及主要产品

园区名称	主要产品
贵阳国家高新技术产业开发区	电子元器件、手机、液压件、精密电机
安顺民用航空产业国家高技术产业基地	通用飞机及航空零部件转包、轿车、微型车、客车

续表

园区名称	主要产品
贵阳市国家级经济技术开发区	航空机载设备、特种液压挖掘机、工程车，汽车电动机、散热器、密封条
贵州航天高新技术产业园	微型汽车、大功率液力变速器、汽车电池、继电器
黎阳高新技术工业园区	航空、汽车零部件
小河—孟关装备制造业生态工业园区	特种车辆、工程机械、矿用机械、航空、汽车及其零部件

资料来源：根据贵州省产业园区名录整理。

（4）磷化工业。贵州省蕴藏着丰富的磷矿资源，储量达到 27 亿吨左右，约占据全国储量的 17%。经过多年发展，贵州省已经成为中国重要的磷化工业基地之一。2010 年以来产量逐步上升，2017 年后开始下降，2019 年产量为2504.06 万吨（见图 5-3）。目前，贵州省磷化工业除了初级产品磷矿石、磷矿粉、黄磷外，高浓度磷复合肥和黄磷的生产技术、装置水平、生产能力等方面在国内占有重要地位，形成了瓮福、开阳、织金三大磷矿基地。

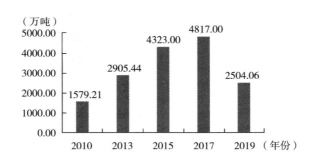

图 5-3　贵州省历年磷矿产量

资料来源：历年《贵州统计年鉴》。

（5）特色轻工业。贵州省特色轻工业体系以白酒、烟草、茶叶、中药和特色食品为主。

白酒产业是贵州省特色轻工业的重要组成部分，也是特色支柱产业。贵州白酒酿造历史悠久，工艺独特，白酒企业集中分布在赤水河沿岸，包括贵州茅台、习酒、国台、钓鱼台、郎酒、金沙酒等大型白酒企业，以及几千家小型白酒企业。贵州省高度重视白酒产业发展,规划在"国酒茅台""贵州白酒"等品牌引领下,形成一批驰名商标和地理标志产品,发挥赤水河流域酱香型白酒原产地和主产区优势,建设全国重要的白酒生产基地。"十四五"规划提出,打造世界酱香型白酒产业集聚区。

贵州茅台酒是大曲酱香型白酒、中国酱香型白酒的鼻祖和典型代表、全国知名民族品牌。茅台酒厂1951年建成,现处于国内白酒行业的龙头地位。贵州茅台酒的特色,表现在酿酒原料、工艺、环境等方面,酿酒原料主要为高粱、小麦和水。高粱为仁怀市种植的糯高粱,冬小麦是制曲原料,赤水河作为茅台酒的生产水源,水质优良。酿造环境独特,酒厂位于海拔约400米的仁怀市茅台镇赤水河谷地带,土壤为微酸性的紫红色土,气候冬暖夏热、高温高湿,夏季最高温度可达到40℃以上,空气中充满了丰富而独特的微生物群落。茅台酒"重阳下沙、伏天踩曲"的独特酿造工艺,生产周期为一年,端午踩曲,重阳投料,经过九次蒸煮、八次发酵、七次取酒,并储放三年以上,最终形成"酱香突出、幽雅细腻、酒体醇厚、回味悠长、空怀留香持久"的特殊风格。白酒产业包括原料、生产、储存、体装、包装和物流六个环节,贵州仁怀市的白酒行业已经形成全产业链的管理模式,上游原料生产,将农户组织起来按照订单农业的方式,遵照茅台酒生产原料的要求,种植有机糯高粱和有机小麦,有机高粱来源于仁怀市及周边的高粱种植基地,有机小麦来源于中国北方小麦主产区;中游负责基酒生产、勾兑等;下游负责酒类包装物、产品设计、销售、交易、物流、金融等(詹瑜,2019)。

烟草业是贵州传统产业,烟草业总产值呈稳步增长态势,2010年为208.65亿元,2019年为405.86亿元,占全省规模以上工业总产值的3.89%(见图5-4)。贵州是中国茶叶种植面积最大的省份,2019年茶叶产量达19.78万吨,约为2010年的3.78倍(见图5-5),实现茶叶产值约340亿元,综合产值约530亿元,茶叶企业超过400家,40多个县份产茶。贵州省是我国中药材主产区之一,2019年中成药产量达6.72万吨,其中太子参和石斛的产量和种植面积位居全国前列。特色食品方面,贵州省形成了以辣椒制品、肉干制品、调味品以及禽肉制品等为主要产品的特色食品产业。

贵州省特色轻工业企业及产品如表5-12所示。

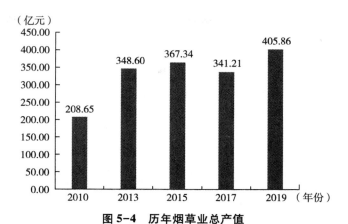

图 5-4　历年烟草业总产值

资料来源：历年《贵州统计年鉴》。

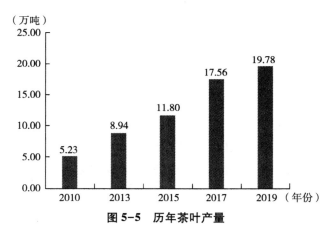

图 5-5　历年茶叶产量

资料来源：历年《贵州统计年鉴》。

表 5-12　贵州省特色轻工业企业及产品

企业名称	品牌	产品名称
黔西南州兴利园食品有限公司	尝不忘	乡巴佬鸡爪
贵州省瓮安县猴场左氏食品有限责任公司	左氏德容	腐竹
贵州五福坊食品（集团）股份有限公司	黔五福	贵州辣子鸡、贵州腊肠
贵阳南明老干妈风味食品有限责任公司	陶华碧老干妈	风味豆豉油制辣椒、红油腐乳、香辣菜
贵州省马大姐食品股份有限公司	灵凤子	油鸡枞
贵阳味莼园食品股份有限公司	味莼园	酿造酱油

资料来源：根据《贵州省专精特新中小企业榜单》整理。

3. 特色旅游业空间分布

贵州省立足资源优势，深入挖掘旅游文化内涵，推动文化产业与旅游产业的融合发展，积极打造具有贵州特色的文化旅游产品，目前已经形成红色文化旅游、原生态民族文化旅游和地质文化旅游三大主要类型的特色旅游业。

红色文化旅游主要是以遵义会议旧址等历史遗迹、革命精神为载体而形成的铭记历史、缅怀革命先烈的旅游活动。

原生态民族文化旅游是以西江千户苗寨、肇兴侗寨、仡佬古镇等原生态民族村寨为依托，由民族村寨观光、民族节日节庆体验及体育活动、购买民族手工艺品和观看民族演艺等旅游产品组合而成。在贵州少数民族集聚区，保存了许多具有重要历史文化价值的村落，有着数百年传统的建筑风格和特有的传统生活习俗，形成了黔东南苗族侗族自治州、黔南布依族苗族自治州、黔西南布依族苗族自治州独具特色的苗族、侗族等原生态民族文化旅游地。

地质文化旅游是依托独特的地质地貌资源，游览观光如织金县织金洞溶洞群、安顺市西秀区的龙宫溶洞群、镇宁布依族苗族自治县的黄果树瀑布群和兴义市的万峰林等精品地质景点，形成了毕节市、安顺市、黔西南布依族苗族自治州等特色旅游景区。

近年来，贵州省特色旅游业不断发展壮大。旅游总收入和游客总量逐年攀升，2019年，接待游客达11.35亿人次，旅游总收入达12318.86亿元（见图5-6和图5-7），全年旅游业增加值占地区生产总值约10%。

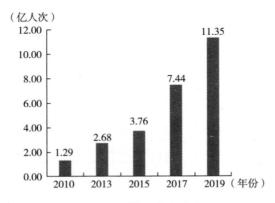

图5-6 历年旅游总人数

资料来源：历年《贵州统计年鉴》。

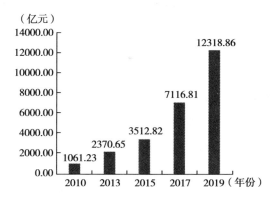

图 5-7　历年旅游总收入

资料来源：历年《贵州统计年鉴》。

梳理贵州省特色产业分布不难看出，九个市（州）产业各具特色，中部的贵阳市有特色农业、能源工业、有色金属、装备制造业、磷化工、轻工业、旅游产业；安顺市有特色农业、能源工业、旅游业；北部的遵义市有特色农业、能源工业、有色金属、轻工业、旅游业；铜仁市有特色农业、能源工业和旅游业；西部的毕节市有特色农业、能源工业、磷化工、轻工业、旅游业；六盘水市有特色农业、能源工业、装备制造业和旅游业。"三州"地区，黔西南布依族苗族自治州有特色农业、能源工业、有色金属和旅游业；黔南布依族苗族自治州有特色农业、能源工业、磷化工、旅游业；黔东南苗族侗族自治州有特色农业、能源工业、旅游业。

（三）　特色产业发展存在问题及对策建议

1.存在问题

特色产业发展是一项长期工程，尤其是对于经济基础薄弱的贵州省而言更是如此。近年来，贵州省发展仍然存在以下问题：一是地理位置偏远、经济基础薄弱、基础设施建设不完善等现实问题，缺乏大型龙头企业带动特色产业发展，龙头企业的带动作用较弱；二是发展起步晚，对于特色产业的发展缺乏配套企业和完整的产业链条，产品附加值低；三是由于县域财政或企业融资存在困难，扶持力度不足，特色产业发展潜力未充分释放，人才稀缺亦成为制约贵州特色产业发展的重要因素之一。

2. 对策建议

一是通过提供财政资金支持、做大做强龙头企业、减免税收等途径扶持小微企业发展，让有条件的小微企业逐步成长为龙头企业；二是加强产业集群建设，强化特色产品深加工，提高产品附加值，提升特色产品市场竞争力；三是构建财政税收金融支撑体系，加强人才队伍建设，鼓励当地优秀大学生返乡创业，从而为特色产业发展提供人才支撑。

第三节　高新技术产业

1992 年，国务院批准成立贵阳国家高新技术产业开发区，是贵州省唯一的国家级高新区，目前，贵州省高新技术产业可划分为医药制造，航空、航天器及设备制造，电子及通信设备制造，计算机及办公设备制造，医疗仪器设备及仪器仪表制造，信息化学品制造六大类。

一、高新技术产业发展概况

"十三五"期间，党中央、国务院做出大数据、网络强国等重大部署，"一带一路"建设、长江经济带建设等为贵州省高新技术产业发展带来新的契机。

2011~2019 年，贵州省高新技术产业稳步发展。规模以上高技术企业数从 157 个增长至 428 个，高新技术产业从业人员年平均人数从 6.82 万人增长至 12.04 万人。高新技术产业工业总产值从 392.87 亿元上升到 1380.87 亿元，增长了近千亿元，高新技术产业主营业务收入和利润总额增长近 3 倍，高新技术产业企业盈利状况逐渐改善（见表5-13）。

表5-13　2011~2019 年贵州省高新技术产业发展状况

指标 年份	规模以上高新技术 企业数（个）	从业人员年平均 人数（万人）	工业总产值 （亿元）	主营业务收入 （亿元）	利税总额 （亿元）	利润总额 （亿元）
2011	157	6.82	392.87	316.59	35.18	22.38
2012	187	7.43	423.57	345.80	45.17	28.07
2013	147	—	518.96	412.53	50.90	30.47

续表

指标 年份	规模以上高新技术 企业数（个）	从业人员年平均 人数（万人）	工业总产值 （亿元）	主营业务收入 （亿元）	利税总额 （亿元）	利润总额 （亿元）
2014	170	7.81	638.31	531.80	69.41	43.92
2015	215	8.74	889.72	734.27	92.97	56.92
2016	300	10.91	1209.54	971.20	88.54	58.83
2017	449	13.31	1603.95	1249.68	98.43	69.28
2018	487	12.29	1365.86	1171.05	113.87	61.91
2019	428	12.04	1380.87	1137.66	92.57	57.85

资料来源：历年《贵州统计年鉴》。

贵州省高新技术不同行业的研发及开发水平不同。2019年贵州新开发项目数位居前三位的分别为计算机、电力和医药制造业，项目数依次为505、421、381；从新产品开发经费支出来看，位居前三位的分别为化学原料及化学制品制造业（6.96亿元）、非金属矿物制品业（6.35亿元）、医药制造业（5.83亿元）；从新产品销售收入来看，位居前三位的分别为化学原料及化学制品制造业（117.29亿元），有色金属冶炼和压延加工业（111.15亿元），酒、饮料和精制茶制造业（67.13亿元）。综合来看，贵州高新技术产业得到一定程度的发展，酒、饮料和精制茶制造业，化学原料及化学制品制造业，医药制造业，非金属矿物制品业，有色金属冶炼和压延加工业，汽车制造业，计算机、通信和其他电子设备制造业等发展较为迅速（见表5-14）。

表5-14 2019年贵州省规模以上工业企业新产品开发及生产情况

类别	新产品开发 项目数（项）	新产品开发经费 支出（亿元）	新产品销售 收入（亿元）
煤炭开采和洗选业	49	2.33	14.50
食品制造业	79	2.72	3.49
酒、饮料和精制茶制造业	186	2.94	67.13
烟草制品业	107	0.79	31.09
石油、煤炭及其他燃料加工业	1	0.03	2.92
化学原料及化学制品制造业	195	6.96	117.29
医药制造业	381	5.83	61.21

续表

类别	新产品开发项目数（项）	新产品开发经费支出（亿元）	新产品销售收入（亿元）
非金属矿物制品业	342	6.35	45.25
黑色金属冶炼和压延加工业	81	4.86	26.13
有色金属冶炼和压延加工业	79	4.19	111.15
金属制品业	203	2.69	19.86
通用设备制造业	209	2.00	20.14
专用设备制造业	121	1.35	3.70
汽车制造业	131	4.30	56.10
计算机、通信和其他电子设备制造业	505	5.41	54.62
电力、热力生产和供应业	421	2.57	3.94

资料来源：《贵州统计年鉴》（2020）。

二、高新技术产业发展存在的问题

（一）研发投入不足

2019 年，贵州省科研经费支出为 144.68 亿元，在湖南省、四川省等五省份位列第四，科研经费支出仅为四川省支出额的 16.61%，反映出贵州省高新技术产业科研投入的严重不足。从科研投入强度来看，2019 年贵州科研投入强度为 0.86%，比全国研发经费投入强度 2.23% 低 1.37 个百分点（见表 5-15）。贵州有研发活动的企业数在西部省份排第 8 位，有研发机构的企业数排第 7 位，高新技术企业减免税排第 6 位，具有自主知识产权的产品较少，多数产品处于产业链中低端。

表 5-15　2019 年贵州省科研经费支出与邻省、全国比较

地区	科研经费支出（亿元）	科研投入强度（%）
贵州省	144.68	0.86
云南省	129.77	0.56
四川省	871.00	1.87
广西壮族自治区	167.10	0.79

续表

地区	科研经费支出（亿元）	科研投入强度（%）
湖南省	787.20	1.98
全国	22143.60	2.23

资料来源：《贵州统计年鉴》（2020）。

（二）产业规模偏小

2019年，贵州省统计的高新技术产业企业数为646家，比2018年增长40%。从技术领域分布看，电子信息、高新技术服务、先进制造与自动化领域分别占前三位；从地域分布看，高新技术企业主要集中在贵阳，其次是遵义和黔南布依族苗族自治州。但贵州省在多个指标上（研究与实验发展人员、营业收入、工业总产值）均落后于周边省份，高新技术产业规模较小。

（三）区域发展不均衡

由贵州省各地区高新技术产业发展基本情况可知，2019年，全省R&D经费为144.68亿元，其中贵阳市为71.21亿元，占全省经费的49.22%，其余市（州）占比均在10%以下，高新技术产业发展不均衡。贵阳市作为省会城市，集聚了大部分具有研发机构的高新技术企业，相比之下，其他市（州）高新技术产业发展不足，黔东南苗族侗族自治州经费最低，仅投入3.48亿元，占比仅为2.41%，其投入强度也居贵州各市（州）末尾（0.31%），高新技术产业分布呈明显的单核心模式（见表5-16）。

表5-16　2019年贵州省和各市（州）高新技术产业发展情况

地区	R&D经费（亿元）	投入强度（%）	经费占比（%）
全省	144.68	0.86	100.00
贵阳市	71.21	1.76	49.22
六盘水市	11.15	0.88	7.71
遵义市	12.72	0.37	8.79
安顺市	7.36	0.80	5.09
毕节市	6.37	0.34	4.40
铜仁市	7.06	0.56	4.88
黔西南布依族苗族自治州	11.60	0.91	8.02

续表

地区	R&D 经费（亿元）	投入强度（%）	经费占比（%）
黔东南苗族侗族自治州	3.48	0.31	2.41
黔南布依族苗族自治州	8.23	0.54	5.69

资料来源：《贵州省 2019 年研究与试验发展（R&D）经费投入统计公报》。

（四）区域创新能力不足

《中国区域科技创新评价报告 2018》显示，贵州省综合科技创新水平指数在全国排名在 29 位，区域创新能力亟待提高。2019 年贵州省除专利申请数略高于广西壮族自治区外，其余各项指标均居于各省份末尾。贵州省的各项指标远低于云南省，与四川省、重庆市相比差距则更为悬殊。高新技术产业创新能力低，必然制约贵州高新技术产业发展（见表 5-17）。

表 5-17　2019 年贵州省高新技术产业创新能力与全国及其他省份对比

地区	专利申请量（件）	发明数（件）	新产品开发项目数（项）
全国	3151828	139710989	598072
上海市	80694	5906504	13636
江苏省	508375	22061581	96240
广西壮族自治区	22102	1044742	3937
重庆市	62424	3358918	14001
四川省	78289	3878572	17461
贵州省	23164	910206	3850
云南省	29440	1297741	6286

资料来源：《中国统计年鉴》（2020）及各地统计年鉴。

（五）创新投入水平较低

2019 年，贵州省 R&D 经费占地区生产总值的比重提升到 0.86%，低于全国平均水平的 2.23%。全国科研与实验人员的人均 R&D 经费为 46.1 万元，贵州为 40.30 万元。在创新产出方面，2019 年，贵州省新产品开发项目数占全国的比重稍高，为 0.63%，销售收入占比最低，为 0.39%，开发经费支出占比居中，为 0.50%。

从时间来看，2010~2019 年，与全国相比，贵州规模以上工业新产品发展速度低于全国平均水平。新开发项目数占全国的比重降低 0.21%，经费支出占比降低 0.10%，销售收入占比下降 0.04%（见表 5-18）。

表 5-18　贵州规模以上工业企业新产品开发项目数、经费支出、销售收入占全国的比重

年份	新开发项目数占比（%）	经费支出占比（%）	销售收入占比（%）
2010	0.84	0.60	0.43
2011	0.66	0.53	0.44
2012	0.61	0.50	0.35
2013	0.53	0.44	0.29
2014	0.48	0.38	0.29
2015	0.50	0.41	0.26
2016	0.57	0.47	0.33
2017	0.53	0.43	0.32
2018	0.56	0.49	0.38
2019	0.63	0.50	0.39

资料来源：《中国统计年鉴》（2020）和《贵州省 2019 年研究与试验发展（R&D）经费投入统计公报》。

加快科技创新是提升区域自主创新能力，实现经济增长方式转变的必然要求。我国经济由高速增长迈向高质量发展，创新是高质量发展的第一驱动力，而贵州创新投入不足，对经济发展的支撑作用不够，在未来可能会使经济发展面临更大困难。因此，需要加大科技投入并不断优化科技投入结构。

三、高新技术产业发展对策建议

（一）统筹产业布局，明晰高新技术产业发展重点

集中力量发展新一代信息技术产业、生物医药产业、高端装备制造业、新材料产业、节能环保产业、新能源产业等战略性新兴产业，引导形成一批链条完整、特色突出、布局合理的高新技术产业集群，突出高新区、经开区、工业园区、产业化基地的功能区优势和特色，推动各市（州）高新技术产业向功能区集聚发展。

通过差异化服务，引导资本、人才、技术等创新资源向高新技术企业集聚，支持其不断提升核心竞争力，壮大发展规模。

（二）建设产业载体，强化高新技术产业发展支撑

全力推进高新技术产业平台、开发区（园区）、研究基地与创新试验区建设，大力提升高新区建设及优化服务，把高新区作为培育战略性新兴产业的核心载体，调动地方政府资源，夯实试验区科技、人才、金融和安全支撑，吸引社会力量持续投入，共同推动战略性新兴产业与特色优势产业在高新区集聚。

（三）推进创新创业，增强高新技术产业发展动力

围绕产业发展的方向和需求，按照产学研相结合的原则，加快培育发展新型研发机构。重点依托龙头骨干企业、科研院所、高校等建设一批专业化众创空间，围绕高端创新人才来黔创业、在校大学生创业就业、黔籍在外人才回乡创业等主题，加强省级公共技术服务和创新创业政策信息发布等公共服务平台建设，打造一批科技创业者网上互助交流社区，推动大众创业万众创新。

（四）优化发展环境，夯实高新技术产业发展基础

加强推进高新技术产业快速发展的政策研究，制定相关配套政策措施，完善政策体系。以"高层次创新型人才遴选培养计划""黔归人才计划"等人才计划项目为抓手，探索人才培养新模式，培养创新型人才队伍，造就高水平的创新团队。加快建设内陆开放型经济试验区，深化国内合作。加强与长三角及沿海地区的高新技术产业要素对接，跨地区开展技术合作，吸引发达地区研究院所或大型企业到贵州省设立研发基地和成果转化基地。

第六章　乡村经济发展

发展乡村经济，是破解"三农"问题，促进农业发展、农民增收，推动乡村繁荣、实现乡村振兴的根本之策。本章首先分析了贵州省乡村经济发展的主要特征，在此基础上，总结乡村经济发展取得的成效及存在问题，并提出乡村经济发展建议。

第一节　乡村经济发展概述

一、乡村及乡村经济概念

乡村，亦称为"农村"。我们知道，中华人民共和国成立初期，农业是中国主要的经济部门，随着经济发展及社会体制改革，越来越多的农民离开土地，走向务工、经商之路。20世纪80年代中期，中国的乡镇企业异军突起，农村非农化进程加快，农村不仅能提供农产品，还能供应工业产品、生态产品、文化产品等，农村职能向多样化方向发展。传统的"农村"这一称谓也就被内涵更为丰富的"乡村"代替。

乡村是与城市相对而言。乡村是一个与城市有着较大差异的地区，两者之间并不存在明显的界线。张小林（1998）指出城乡是一个连续体，城市消失的地方就是乡村的开始点。乡村是一个复杂的人地关系地域系统，具有动态性、开放性和地域性，乡村经济是我国国民经济的重要基础和组成部分（胡晓亮等，2020）。

乡村包括集镇和农村，是城镇以外的其他区域。其中集镇是指经县级人民政府确认由集市发展而成的乡、民族乡人民政府所在地，拥有小范围的经济、文化和生活服务中心。

乡村经济包含在县域经济中，与县域经济不同的是，乡村经济是发生在乡村地域的各种经济活动。中国的乡村经济，在国家城镇化战略、精准扶贫、乡村振兴等一系列政策支持下，得到了极大的提升。乡村经济研究，可通过分析乡村的人口结构、产业结构、企业收益等情况，掌握乡村经济发展规律及制约因素，进一步提高乡村经济发展能力。

二、农业发展的基础条件

（一）平坝地地位重要

贵州属于亚热带湿润气候区，山地丘陵面积大，平地面积少，是全国唯一一个没有平原的省份，喀斯特地貌发育，生态环境脆弱。山地丘陵面积约占97%，适合耕种的坝地面积仅占3%。山地丘陵中，相对高度大于200米的面积约占全省总面积的87%，小于200米的约占10%。复杂多样的生境条件，形成了类型多样的土地资源，限制了传统农业的发展，但农林牧渔业综合发展的潜力巨大。

坝子是指面积较大、宽阔、形状较规则的山间连片平地。坝子地表平整、水热条件好、土壤肥沃，是贵州高质量耕地的集中分布地，也是全省重要的商品粮基地，最适宜开展集约经营和发展机械化耕作。贵州省面积在500亩以上的坝子1725个，合计488.6万亩，占全省耕地面积的7.2%。其中，1000亩以下的坝子面积占坝子总面积的57.43%，1000～10000亩的占33.96%，10000亩以上的坝子62个，占坝子总面积的8.57%。500亩以上的坝子空间分布分散，黔南布依族苗族自治州最多有359个，其次为毕节市231个，铜仁市居第三位有229个。万亩以上大坝，除了在黔中地区分布较为密集外，其他区域基本呈均匀分布状态（杨广斌等，2003）。

坝区是贵州农业产业发展的重点区域，坝区经营状况直接影响农产品供应及乡村经济发展。为合理利用坝区土地资源，充分挖掘坝区土地生产潜力，贵州省成立了坝区工作领导小组，2019年印发了《贵州省500亩以上坝区种植土地保护办法》《贵州省500亩以上坝区农业产业结构调整奖补资金和项目管理办法》等文件，通过创建示范坝区，为坝区产业发展提供样板，第一批认定了105

个样板坝区、505 个达标坝区。2020 年，坝区以占全省 7.2%的耕地面积，实现农业总产值 346.8 亿元，种植业产值占全省种植业产值的 15%，每亩产值为全省平均值的 2.1 倍；种植经济作物 503 万亩，有县级以上龙头企业 1896 家、农村合作社 4555 家。

坝区是全省农业 12 个优势特色产业的主要分布地。贵州省各市（州）自然及社会经济条件差异明显，贵阳市交通便利、城市人口分布集中，农产品需求量大，坝区主要种植蔬菜、水果等经济作物；安顺市紫云苗族布依族自治县的红薯、镇宁布依族苗族自治县的樱桃、生姜等种植历史悠久，坝区主要发展红薯、刺梨、樱桃、韭黄、辣椒、生姜、药材等作物；黔北遵义市是贵州白酒主要产地，种植高粱等为白酒生产提供原料，湄潭县茶叶种植历史悠久，坝区还发展了茶叶、蔬菜和水稻；黔西南布依族苗族自治州热量充足，主要种植烟草、食用菌、中药材等；六盘水市地处贵州西部，光照条件好，发展猕猴桃、火龙果、刺梨等水果；毕节市地势较高，其中威宁彝族回族苗族自治县为优质烤烟生产基地，主要种植土豆、玉米、荞麦、烟草；铜仁市则选择蔬菜、辣椒、花椒、水稻为主要作物；黔东南苗族侗族自治州和黔南布依族苗族自治州，降雨量相对较多，主要种植茶叶、桑树、沃柑、蔬菜、水稻等（张满姣，2021）。

（二）农业品种资源丰富（黄威廉等，1988）

生物资源是农业发展的基础。贵州省复杂的生态环境，孕育了丰富的生物资源，成为中国重要的基因库之一，为农林牧渔综合发展提供了有利条件。贵州省有野生植物资源 248 科 1534 属 5593 种，仅次于云南省、四川省和广东省，居于全国前列。野生植物资源中，有食用野生植物板栗类、青冈子类 80 余种，蔷薇科植物如刺梨、野山楂等 60 余种，高等真菌 2000 余种，其中可食用蘑菇 200 余种，如香菇、木耳、竹笋、鸡枞菌、牛肝菌等，食用油脂植物以油茶最为著名，饲料植物 1100 多种。

"夜郎无闲草，黔地多良药"。贵州野生药用植物丰富，有著名药用植物如天麻、党参、杜仲、半夏、石斛、天冬等。据全国中药资源普查数据，贵州集中了全国 90%以上的苗药，33 个县药用植物资源有 5304 种，居全国第 4 位。健康医药产业发展具有良好的资源优势。

贵州是茶的原产地之一，有茶树品种 17 种，其中湄潭县和石阡县的苔茶、贵定县的云雾茶、都匀市的毛尖茶等都是优良的茶树品种。常绿果树品种以柑橘类为主,栽培品种有 110 种;还有枇杷、杨梅等野生品种;落叶果树以梨、苹果、桃李为主,其中苹果品种有 100 多种。

经过长期培育,贵州作物品种丰富,其中农作物品种资源近 6000 种,蔬菜品种 70 多种,粮食作物中的黑糯米、糯高粱、糯小米等为名特优品种。经济作物以油菜、烤烟为优势产品,油菜栽培品种有 244 种,烟草品种 129 种。此外,还有麻类品种 155 种、花生 30 种,芝麻、向日葵、酥麻等小宗油料作物品种19 种。

(三)劳动力资源流失严重

2005 年起,贵州省户籍人口数多于常住人口,成为人口净流出区。统计年鉴数据显示,流出人口数逐年增加,2005 年户籍人口比常住人口多 137.73 万人,2020 年增长到 762.12 万人。流出人口多数为外出务工的农村青壮年劳动力,农业生产劳动力流失严重。

近 10 年来,贵州省总就业人口不断上升,2011~2020 年,从 1792.80 万人增加到 1892.00 万人,第一产业就业人数逐年下降,2011 年为 1194.39 万人,占总就业人口的 66.62%,2020 年降低到 634.00 万人,占总就业人口的33.51%。从城乡人口就业人数看,城镇就业人口呈上升趋势,乡村就业人口大幅下降,从 2011 年的 1238.66 万人下降到 2020 年的 915.00 万人,减少了323.66 万人(见表 6-1)。

表 6-1　2011~2020 年贵州省就业情况

年份	就业人员 (万人)	第一产业 (万人)	第二产业 (万人)	第三产业 (万人)	城镇 (万人)	乡村 (万人)
2011	1792.80	1194.39	215.86	382.55	554.14	1238.66
2012	1825.82	1189.04	238.10	398.68	596.06	1229.76
2013	1864.21	1179.76	264.32	420.13	639.67	1224.54
2014	1909.69	1171.02	291.42	447.25	690.28	1219.41
2015	1946.65	1161.54	315.38	469.73	739.41	1207.24
2016	1859.00	883.03	362.32	613.66	743.29	1115.71
2017	1881.00	828.02	391.81	661.17	794.19	1086.81
2018	1886.00	764.96	417.94	703.10	856.07	1029.93

续表

年份	就业人员 （万人）	第一产业 （万人）	第二产业 （万人）	第三产业 （万人）	城镇 （万人）	乡村 （万人）
2019	1888.00	700.45	443.49	744.06	909.90	978.10
2020	1892.00	634.00	472.00	786.00	977.00	915.00

资料来源：历年《贵州统计年鉴》。

三、农业经济效益偏低

农业是当前贵州乡村经济中最重要的物质生产部门之一。改革开放以来，贵州省第一产业单位就业人员产值不断提高，2011年，单位就业人员第一产业增加值为0.61万元，2020年增加到4.01万元，虽然低于二三产业的产出（2020年第二产业为13.16万元/人，第三产业为11.55万元/人），但增长幅度最大，2020年为2011年的6.6倍，二三产业分别为1.3倍、1.6倍。但农业经济效益与其他省份相比，存在较大差距。主要农作物单产方面，贵州省除了黄红麻单产高于全国平均水平外，其他作物单产都低于全国均值；在西南地区，仅棉花单产高于四川省和云南省，花生、芝麻单产高于云南省，其他作物单产都较低（见表6-2）。

表6-2　2020年贵州主要农作物单产与全国及其他省份的比较

地区	谷物 （千克/公顷）	棉花 （千克/公顷）	花生 （千克/公顷）	油菜籽 （千克/公顷）	芝麻 （千克/公顷）	黄红麻 （千克/公顷）	甘蔗 （千克/公顷）	烤烟 （千克/公顷）
全国	6296	1865	3803	2077	1564	3636	79890	2091
贵州省	4928	1014	2484	1768	1462	6000	59909	1669
四川省	6383	950	2603	2455	1745	1892	39172	2136
云南省	5057	483	1753	2104	936	—	67774	2062
江西省	5915	1511	2969	1426	1244	3800	45078	2041
福建省	6386	953	2962	1686	1415	3360	55002	2112
浙江省	6665	1426	3043	2264	1695	5333	64675	2358

资料来源：《中国统计年鉴》（2021）。

从第一产业劳动力产出来看，统计年鉴数据显示，贵州单位第一产业就业人员的粮食产量为 1.67 吨/人，全国平均为 3.78 吨/人，江苏省为 5.25 吨/人。单位第一产业就业人员的农业增加值，贵州为 3.80 万元/人，全国为 4.15 万元/人，江苏省为 6.81 万元/人。

四、农业现代化水平有待提高

（一）农业机械化条件不断改善

农业机械化就是以物化劳动换取人们的劳动，农业机械对于减轻劳动强度、提高劳动生产率、抵御自然灾害等起到重要作用。

1949 年以来，贵州省的农业机械化发展经历了三个阶段。1949～1956 年为起步阶段，农业机械属于国家所有，代耕农户、农业合作社的土地。1954 年贵州建立了平坝农场、安顺国营京山机械农场，1956 年建立了修文、白云等拖拉机站，初步显现了农业机械的作用。1966～1979 年为快速发展阶段，由国家投资建设农业机械制造企业，扶持农场、社队集体办拖拉机站，全省农业机械动力有较快增长，大中型拖拉机拥有量为 1965 年的 20 倍，手扶拖拉机为 24.3 倍。1980～2010 年为第三阶段，农业机械自主发展。党的十一届三中全会后，农村实行了家庭联产承包责任制，农民获得了购买、使用及经营农机的自主权，涌现出大量的农机专业户（贵州省地方志编纂委员会，2017）。

农业机械化水平不断提高。统计年鉴数据显示，2016～2020 年，贵州省农业机械总动力从 2711.3 万千瓦增长到 3001.00 万千瓦，其中大型拖拉机拥有量从无到有，2020 年达到 0.02 万台，中型拖拉机从零台增长到 1.90 万台，小型拖拉机从 10.30 万台增长到 11.70 万台，农用水泵从 57.92 万台增长到 61.75 万台，联合收割机从 2535 台增长到 3870 台。贵州省农业机械以小型农机为主。

积极推动农业机械化水平提升。与全国和周边省份比较，贵州省农业机械化水平较低。2019 年，全省农作物耕种收综合机械化率为 39.1%，重庆市为 47%，全国平均水平大于 70%。随着城镇化、工业化水平提高，贵州农村劳动力大量流失，劳动力严重缺乏，农业机械化应用是农业生产实现"减人、增产、增效"的有效路径，也是降低优势特色农产品生产成本、提高市场竞争力的重要手段。2018 年，《国务院关于加快推进农业机械化和农机装备产业转型升级的指导意见》发布，2019 年，《贵州省人民政府关于加快推进农业机械化和农机装备产业发展的实施意见》出台，要求到 2025 年，贵州省主要农作物耕种收综合机械化水平提高到 55%。贵州地表破碎，田块面积小、高差大，农业机械田间作业不便，中小型农业机械适用范围最广。2019 年起，贵州开始实施山地农机化工程，推动"改地宜机""改机宜地"以及农机农艺技术的融合。为满足中大型农业机械作业要求，对土地进行平整、缓坡化和梯台化改造，截至 2021 年，已进行土地宜机化改造面积 2000 多公顷（韩忠禄等，2021）。

（二）农业现代化水平总体偏低

农业现代化对于转变农业农村生产方式，提升农村经济发展有重要意义。农业现代化是当前农业发展的主题，农业现代化是指利用现代工业和科技装备农业，转变传统农业为现代农业，形成低耗、优质、高产的农业生产体系，建设合理利用资源、保护生态环境、效率转化较高的农业经济生态系统（何玲和马俊丽，2021）。

参照刘玉洁等（2022）的研究成果，结合贵州实际，从投入、产出和环境可持续发展三个方面构建农业现代化评价指标体系。农业投入水平选取劳均耕地面积、单位耕地面积农机总动力、耕地灌溉面积，产出水平选取谷物单产、土地生产率、劳均粮食产量，环境可持续发展水平采用耕地灌溉率（耕地灌溉面积与耕地面积的比）、单位耕地面积化肥施用量、单位耕地面积农药使用量（见表6-3）。

表 6-3　2020 年贵州省与全国、江苏省农业发展主要指标

指标	单位	贵州省	全国	江苏省
农林牧渔增加值	亿元	2675.59	73576.90	4536.72
农机总动力	万千瓦	2582.4	105622.1	5213.8
化肥施用量（折纯量）	万吨	78.78	5250.7	280.75
农药使用量	吨	8423	1313000	65700
粮食产量	万吨	1057.63	66949.2	3729.06
第一产业就业人员	万人	634	17715	675
耕地面积	万亩	5208.93	191792.97	6148.39
耕地灌溉面积	万亩	1748.25	103741.5	6337.10
劳均耕地面积	亩/人	8.22	10.83	9.11
劳均粮食产量	吨/人	1.67	3.52	5.52
单位耕地面积农药使用量	千克/万亩	1617.03	6845.93	10685.72

指标	单位	贵州省	全国	江苏省
单位耕地面积化肥施用量	吨/亩	15.12	27.38	45.66
谷物单产	千克/公顷	4928	6296	7127
土地生产率	万元/亩	0.51	0.38	0.74
单位耕地面积农机总动力	千瓦/亩	0.50	0.55	0.85
耕地灌溉率	%	33.56	54.09	100.00

资料来源：农药使用量来源于《贵州统计年鉴》（2021）、《江苏统计十年鉴》（2021）、《中国农村统计年鉴》（2021），贵州、江苏耕地面积为第三次国土调查数据，其余数据来源于《中国统计年鉴》（2021）。

运用 2020 年统计年鉴数据，采用极值标准化法进行指标标准化，指标权重相等，计算得到农业现代化指数，全国平均值为 3.0，贵州为 0.39，江苏省为 7.33，说明贵州省农业现代化水平低于全国平均水平，与经济发达省份江苏的差距更大。

第二节　乡村经济结构

改革开放以来，贵州省不断调整农业产业结构，种植业在农林牧渔业总产值中的比重从 1978 年的 79.1% 降低到 2019 年的 65.05%，下降 14.05 个百分点，林业、牧业、渔业比重分别从 3.9%、16.9% 和 0.1% 上升到 7.6%、20.47% 和 1.6%，农业产业结构不断优化。

一、贵州乡村产业结构

（一）三次产业结构不断优化

为促进农村经济发展，2018 年初，贵州省委提出"来一场振兴农村经济的深刻的产业革命"，指出产业选择、技术服务、产销对接、利益联结等农业产业革命"八要素"；同年，贵州省农业农村工作委员会印发了《关于在大规模调减玉米种植中加强农民培训和技术服务的工作方案》。

乡村经济发展过程中，非农产业快速提升。农村非农产业主要指农村的工业、商业、交通运输业以及建筑服务业等。在乡村振兴以及农村产业革命等的推动下，贵州农村非农产业在传统农产品加工业的基础上，发展了农村电子商务、文化产业、体育及养老产业、现代手工业等。2009～2019 年，贵州乡村三次产业增加值呈不断上升趋势，第一产业由 471.62 亿元增长到 1623.45 亿元，第二产业由 800.79 亿元增长到 2194.19 亿元，第三产业由 758.45 亿元增长到 3391.06 亿元，三次产业结构由 23.22∶39.43∶37.35 转化为 22.52∶30.44∶47.04，产业结构类型由"二三一"转变为"三二一"（张梦雨，2018）。

农村居民可支配收入不断提高，工资收入成为农村居民收入的主要来源。农村居民可支配收入 1978 年仅为 109 元，2010 年上升到 3472 元，2020 年为 11642 元。2020 年，贵州农村家庭人均可支配收入中工资性收入 4822 元，占 41.42%；家庭经营收入以第一产业为主，占收入的 16.86%。农村产业革命推进了农产品加工能力提升，2019 年农产品加工企业有 1000 多家，农村人均制造业收入从 2010 年的 9 元增加到 132 元，第二产业收入（含建筑业和制造业）占 3.56%；第三产业收入（含交通业、餐饮业、住宿业等）占 9.17%。第三产业中，乡村旅游综合性强、关联度高，成为拉动农村经济发展的重要动力。贵州乡村旅游经过近 40 年的发展，已初具规模，2018 年底，全省旅游接待 9.69 亿人次，其中乡村旅游接待 4.62 亿人次，占全省旅游接待人数的 47.68%；全省旅游总收入 9471.03 亿元，其中乡村旅游总收入 2148.33 亿元，占全省旅游收入的 22.68%。超过 3500 个自然村寨开展乡村旅游，10 个县、20 个村获全国休闲农业与乡村旅游示范点称号。乡村旅游带动了餐饮、娱乐、住宿等产业发展，拓宽了农村经济收入渠道，人均批发贸易餐饮业收入，从 2010 年的 99 元增长到 2020 年的 649 元，增长了 5.56 倍（见表 6-4）。但是，乡村旅游发展中也存在不少问题，已开展乡村旅游的 3500 多个自然村寨中，仅 267 个评为标准级以上，其中省级甲级村寨仅 66 个；近 10000 家农家乐，三星级以上 769 家，五星级仅 71 家。乡村旅游景区以小规模景区为主，位置分散，景区、客栈（农家乐）等处于较低水平，产业带动性和就业带动力不足（邓小海和肖洪羞，2020）。

我们发现，东西部地区乡村经济的差距主要体现在二三产业上。《贵州统计年鉴》数据显示，2020 年，贵州省农民可支配收入 11642 元，低于四川省的 14670 元，不到东部发达省份江苏省的 50%（24198 元）；从收入来源看，贵州省乡村二三产业的经营收入不到江苏省的一半，农村人均第二产业经营收入，贵州省为 415 元, 江苏省为 843 元; 第三产业经营收入, 贵州省为 1067 元, 江苏省为 2167 元。

长期以来, 贵州省的乡村地区, 第一产业依旧是家庭经营收入的主要来源, 二三产业对农村经济增长的促进作用有待提高。

表 6-4　2010 年、2016 年、2020 年贵州省农村家庭人均可支配收入构成

指标	年份	数量（元）			比重（%）		
		2010	2016	2020	2010	2016	2020
收入合计		3472.00	8090.00	11642.00	100.00	100.00	100.00
工资性收入		1304.00	3211.00	4822.00	37.56	39.69	41.42
家庭经营收入		1706.00	3116.00	3445.00	49.14	38.52	29.59
第一产业		1397.00	2037.00	1962.00	40.24	25.18	16.85
农业收入		1082.00	1231.00	1126.00	31.16	15.22	9.67
林业收入		43.00	50.00	115.00	1.24	0.62	0.99
牧业收入		269.00	751.00	723.00	7.75	9.28	6.21
渔业收入		3.00	5.00	-2.00	0.09	0.06	-0.02
第二产业		50.00	157.00	415.00	1.44	1.94	3.56
制造业收入		9.00	70.00	132.00	0.26	0.87	1.13
建筑业收入		41.00	83.00	280.00	1.18	1.03	2.41
第三产业		260.00	922.00	1067.00	7.49	11.40	9.17
交通运输邮电业收入		74.00	327.00	251.00	2.13	4.04	2.16
批发贸易餐饮业收入		99.00	455.00	649.00	2.85	5.62	5.58
居民服务修理和其他服务业		86.00	102	93	2.48	1.26	0.8
转移性收入		345.00	1696.00	3187.00	9.94	20.96	27.38
财产性收入		117.00	67.00	188.00	3.36	0.83	1.61

资料来源: 历年《贵州统计年鉴》。

（二）农业为主的大农业结构

农林牧渔业比例是传统的农村产业结构。贵州省农林牧渔业总产值不断增加, 2016~2020 年, 从 3097.2 亿元增加到 4358.62 亿元, 第一产业从业人员从 883 万人减少到 634 万人, 说明第一产业劳动效率不断提高; 农林牧渔业增加值从 2010 年的 625.03 亿元增长到 2019 年的 2408.03 亿元, 农业比重逐渐上升,

从 61.69% 上升到 65.06%，畜牧业比重大幅度下降，降低了 8.24 个百分点，为 20.48%，农林牧渔服务业比例上升，从 3.66% 提升到 5.29%（见表 6-5）。

表 6-5　2010 年、2015 年、2019 年贵州省农林牧渔增加值及构成

部门	增加值（亿元）			比重（%）		
	2010 年	2015 年	2019 年	2010 年	2015 年	2019 年
农业	385.61	1125.90	1566.47	61.69	61.76	65.06
林业	28.07	124.25	182.09	4.49	6.82	7.56
畜牧业	179.51	453.29	493.12	28.72	24.87	20.48
渔业	8.98	36.59	38.88	1.44	2.01	1.61
农林牧渔服务业	22.86	82.82	127.47	3.66	4.54	5.29
合计	625.03	1822.85	2408.03	100.00	100.00	100.00

资料来源：历年《贵州统计年鉴》。

（1）林业产业规模不断壮大。贵州地处长江、珠江上游，是"两江"流域重要的生态屏障，对维护国家生态安全具有十分重要的作用。贵州高度重视生态建设，2020 年，森林面积为 1083.62 万公顷，森林覆盖率达到 61.50%，草原综合植被覆盖度达到 88%，村庄绿化覆盖率达到 43.23%。在林业产业方面，大力发展油茶、竹、花椒、皂角等特色林业产业和林下经济，林业产值从 2016 年的 195.00 亿元增加到 2020 年的 293.66 亿元。特色林业种植面积达到 975 万亩，产值 160 亿元，产值同比增长 27.4%；林下经济利用森林面积 2203 万亩、产值 400 亿元，产值同比增长 21.2%，林业经济效益日渐突出（见表 6-6）。

表 6-6　贵州省历年林业产值、森林面积及森林覆盖率

年份	林业产值（亿元）	森林面积（万公顷）	森林覆盖率（%）
2016	195.00	916.09	52.00
2017	228.80	974.20	55.30
2018	253.30	1004.16	57.00
2019	275.44	1056.13	60.00
2020	293.66	1083.62	61.50

资料来源：历年《贵州统计年鉴》。

（2）畜牧业快速增长。贵州具有发展畜牧业的优越自然条件，冬无严寒、夏无酷暑、雨热同期的气候条件，有利于畜禽的生长繁殖；生态环境优越，森林覆盖率达到60%以上，适宜发展绿色畜牧业；饲草资源丰富，天然草地面积超过40000万公顷，可作为饲草的植物高达1000多种。畜牧业是贵州省农村经济的优势产业，自2003年《关于加快畜牧业发展的意见》中作出建设"贵州生态畜牧业大省"的决定以来，畜牧业快速发展（史开志和余波，2020），畜牧业总产值由1978年的4.46亿元增长到2019年的829.58亿元，牛、羊、猪等生态畜牧业协调发展。2010~2019年贵州省畜牧业总产值如图6-1所示。

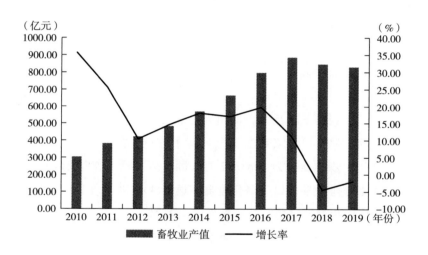

图6-1　2010~2019年贵州省畜牧业总产值

资料来源：历年《贵州统计年鉴》。

（3）渔业产业结构和品种结构不断调整。贵州充分利用清洁的水资源，培育大鲵、鲟鱼、稻鱼等特优鱼种，鼓励农民创办新渔业产业，打造以休闲垂钓、土著鱼类文化保护与开发等多种休闲渔业，适度养殖，合理布局库区，发展生态渔业（杨兴等，2007）。通过推广设施渔业，采用先进技术建设养殖设施，推动渔业生产方式的转变，通过发展生态渔业、特色渔业、网箱养殖等，促进渔业产业的健康发展。2019年全省内陆水产养殖面积52.77万亩，是1978年的3.2倍。渔业总产值由1978年的0.03亿元增长到2019年的57.77亿元。2010~2019年贵州省渔业总产值如图6-2所示。

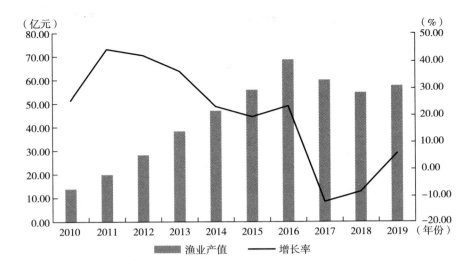

图6-2 2010~2019年贵州省渔业总产值

资料来源:《贵州统计年鉴》(2011~2020)。

(三) 种植业结构不断优化

种植业结构主要是指粮食作物和经济作物以及其他作物的比例关系 (贵州省农村经济区划编写组,1989)。农村经济多元化有利于充分利用自然资源,分散市场、自然等风险,农村特色经济主要是指利用特有的动物和植物等资源,开展种养殖、农业产业服务以及农产品加工业等活动,获取经济利益的一种经济类型。20世纪80年代末至90年代初,贵州按照"绝不放松粮食生产,积极发展多种经营"的思路,不断调整农业种植结构,农业由单一的粮食生产向多种经营转变,农村特色经济开始起步 (吴敏,2008)。2018年,贵州实施农业产业革命,提出充分发挥山区特色和潜力发展农业。经过多年调整,在稳定粮食种植的基础上,发挥资源优势、突出产业特色,全省粮经种植比从1978年的83.6:16.4调整为2019年的33:67。

种植业仍然是农村的支柱产业,但作物品种结构发生了较大变化。2020年,贵州省农林牧渔业总产值中,种植业产值最高,为2781.80亿元,占农林牧渔业总产值的63.82%,其次是畜牧业,产值为1019.01亿元,占23.38%。具有山地特色优势的精品蔬菜、精品水果、食用菌、中药材等产值不断增加,2010~2016年,谷物及其他作物的种植产值比重从34.13%下降到14.24%,蔬菜、水果及中药材等的产值比例上升，其中，蔬菜、园艺作物的种植产值比重上升最快，从 19.51% 增长到 34.05%（见表 6-7）。

表 6-7　2010 年和 2016 年贵州省农业产值及比例

项目	2010 年产值（亿元）	2010 年比例（%）	2016 年产值（亿元）	2016 年比例（%）
农林牧渔业总产值	**997.82**	100.00	**3097.20**	100.00
农业产值合计	**587.31**	58.86	**1888.64**	60.98
谷物及其他作物的种植	340.56	34.13	440.91	14.24
蔬菜、园艺作物的种植	194.69	19.51	1054.62	34.05
水果、坚果、饮料和香料作物的种植	35.64	3.57	240.72	7.77
中药材的种植	16.42	1.65	152.38	4.92
林业产值合计	**41.01**	4.11	**195.00**	6.30
林木的培育和种植	5.49	0.55	122.85	3.97
木材和竹材的采运	11.47	1.15	40.95	1.32
林产品的采集	24.04	2.41	31.20	1.01
畜牧业产值合计	**304.16**	30.48	**797.21**	25.74
牲畜的饲养	56.13	5.63	210.33	6.79
猪的饲养	196.23	19.67	463.74	14.97
家禽的饲养	50.00	5.01	121.01	3.91
狩猎和捕捉动物	0.09	0.01	0.09	0.00
其他畜牧业	1.71	0.17	2.03	0.07
渔业产值	**13.82**	1.39	**68.74**	2.22
农林牧渔服务业产值	**51.52**	5.16	**147.61**	4.77

资料来源：《贵州统计年鉴》（2011，2017）；加粗部分为产值合计。

从产量来看，2010~2019 年，蔬菜及食用菌产量年均增产约 1202.04 万吨，2020 年达到 2990.87 万吨。2006 年以来，贵州省烟叶产量保持在 22 万~42 万吨，2013 年烟叶产量达到历史最高，为 41.75 万吨。2011~2019 年，中草药材产量快速增长，从 62.52 万吨增加到 193.11 万吨。茶产量从 2010 年的 5.23 万吨增加到 2020 年的 21.10 万吨（见表 6-8）。茶叶种植面积扩大、产量增加，茶叶品质逐步提升，品牌影响日益扩大，建立了全国最大的无性系茶树种苗繁育基地，截至 2018 年，贵州有茶叶类地理标志保护产品有 22 个、地理标志商标 15 个、农产品地理标志 8 个（陈永波和李正丽，2018）。

表 6-8　2010~2020 年贵州省特色农业产品总产量

年份	烟叶（万吨）	中草药材（万吨）	蔬菜及食用菌（万吨）	茶产量（万吨）
2010	37.00	—	1202.04	5.23
2011	32.48	62.52	1250.05	5.84
2012	37.28	103.46	1375.63	7.44
2013	41.75	127.27	1500.45	8.94
2014	35.30	155.25	1625.62	10.71
2015	32.89	181.03	1731.88	11.8
2016	27.46	165.79	1878.48	14.13
2017	24.45	115.38	2095.06	17.65
2018	22.77	127.52	2613.40	18.03
2019	21.58	193.11	2735.44	19.78
2020	21.14	—	2990.87	21.10

资料来源：历年《贵州统计年鉴》。

从作物种植面积来看，2010~2020 年，玉米种植面积从 781.14 千公顷降低到 501.46 千公顷，占农作物播种面积的比例从 15.98% 下降到 9.16%。经济效益较好的作物种植面积，蔬菜种植面积从 647.92 千公顷增加到 1511.33 千公顷，占比从 13.25% 上升到 27.6%；药材类种植面积从 28.12 千公顷增加到 168.72 千公顷，增加了 6 倍（见表 6-9）。

表 6-9　2010 年、2016 年、2020 年贵州省农作物种植情况

作物 ＼ 年份	面积（千公顷）			比例（%）		
	2010	2016	2020	2010	2016	2020
总播种面积	4889.30	5596.81	5475.35	100.00	100.00	100.00
粮食作物	3039.50	3122.18	2754.13	62.17	55.79	50.30
稻谷	695.81	714.25	665.12	14.23	12.76	12.15

续表

年份 作物	面积（千公顷）			比例（%）		
	2010	2016	2020	2010	2016	2020
小麦	260.77	169.19	138.05	5.33	3.02	2.52
玉米	781.14	1041.63	501.46	15.98	18.61	9.16
大豆	128.95	209.66	211.77	2.64	3.75	3.87
薯类	894.83	805.25	988.08	18.30	14.39	18.05
马铃薯	645.84	687.84	826.88	13.21	12.29	15.10
油料	529.14	662.52	579.36	10.82	11.84	10.58
油菜籽	479.19	520.01	430.88	9.80	9.29	7.87
花生	40.81	51.28	47.27	0.83	0.92	0.86
糖料	13.74	12.73	10.47	0.28	0.23	0.19
甘蔗	13.70	12.13	10.23	0.28	0.22	0.19
烟叶	195.37	167.95	133.11	4.00	3.00	2.43
烤烟	182.74	155.61	126.63	3.74	2.78	2.31
药材类	28.12	163.62	168.72	0.58	2.92	3.08
蔬菜	647.92	1145.11	1511.33	13.25	20.46	27.60

资料来源：历年《贵州统计年鉴》。

从空间分布来看，逐步形成了黔北、黔东北油料优势生产区；黔西北马铃薯优势生产区；黔北、黔东北、黔南茶产业优势生产区；大娄山区、乌蒙山区和苗岭山区反季节蔬菜优势生产区，黔南、黔西南早熟蔬菜优势生产区；黔北、黔西北、黔东南中药材优势生产区。

二、贵州乡村消费结构

（一）消费水平逐步提高

随着农村收入增加，农村居民生活消费水平逐步提高。2010～2020年，贵州农村家庭人均生活消费支出从2852.48元增加到10818.00元；居民消费结构也发生了相应变化，食品消费在消费支出中的比例不断降低，恩格尔系数由46.26%降低到36.75%，衣着和居住支出占比下降，基本生存消费需求减小，生活品质有所提高（见表6-10）。

表 6-10　2010 年、2015 年、2020 年贵州与全国农村家庭人均生活消费支出情况

单位：元

指标	2010 年消费量		2015 年消费量		2020 年消费量	
	贵州	全国	贵州	全国	贵州	全国
支出合计	2852.48	4381.83	6645.00	9222.70	10818.00	13713.30
食品	1319.43	1800.67	2645.00	3048.00	3976.00	4479.40
衣着	137.49	264.03	355.00	550.50	596.00	712.80
居住	621.80	835.19	1356.00	1926.20	2149.00	2962.40
家庭设备、用品及服务	135.64	234.06	380.00	545.60	604.00	767.50
医疗保健	178.07	461.10	449.00	1163.10	959.00	1840.60
交通和通信	229.66	366.72	784.00	969.30	1318.00	1308.70
文教娱乐用品及服务	186.19	326.04	585.00	846.00	1030.00	1417.50
其他商品和服务	44.21	94.02	91.00	174.00	186.00	224.40

资料来源：历年《中国统计年鉴》《贵州统计年鉴》。

（二）消费层次有待提高

消费有着不同的层次，可以划分为生存型消费、享受型消费和发展型消费。生存型消费，主要包括食品、衣着和居住；发展型消费，主要包括交通和通信、教育文化娱乐服务和医疗保健；享受型消费，主要包括家庭设备、用品及服务和其他商品和服务（田宏，2019）。贵州省发展型消费和享受型消费比例不断增加，其中，发展型消费增长速度最快，增加了约 10.00%，说明随着知识更新周期缩短，农村居民更加重视学习充实、提高适应社会发展的能力（见表 6-11）。享受型消费比重略有上升。

表 6-11　贵州及全国农村居民人均生活消费结构　　　　单位：%

指标		2010 年消费比例		2015 年消费比例		2020 年消费比例	
		贵州	全国	贵州	全国	贵州	全国
生存型消费	小计	72.88	66.18	65.55	59.91	62.12	59.46
	其中：食品	46.26	41.09	39.80	33.05	36.75	32.66
	衣着	4.82	6.03	5.35	5.97	5.51	5.20
	居住	21.80	19.06	20.40	20.89	19.86	21.60

续表

指标		2010 年消费比例		2015 年消费比例		2020 年消费比例	
		贵州	全国	贵州	全国	贵州	全国
发展型消费	小计	20.82	26.33	27.36	32.29	30.57	33.30
	其中：医疗保健	6.24	10.52	6.76	12.61	8.87	13.42
	交通和通信	8.05	8.37	11.80	10.51	12.18	9.54
	教育文化娱乐服务	6.53	7.44	8.80	9.17	9.52	10.34
享受型消费	小计	6.31	7.49	7.09	7.81	7.30	7.24
	其中：家庭设备、用品及服务	4.76	5.34	5.72	5.92	5.58	5.60
	其他商品和服务	1.55	2.15	1.37	1.89	1.72	1.64

资料来源：历年《中国统计年鉴》《贵州统计年鉴》。

与全国相比，贵州省农村居民消费水平较低，差距不断增大。从消费支出来看，2010 年比全国少 1529.35 元，2020 年比全国少 2895.30 元；从消费结构来看，生活消费品质较低，生存型消费比例高于全国平均水平，发展型消费比例低于全国平均水平。

较低的收入影响了农村消费水平。居民的科技文化素质决定了其创业创新能力，一般来说，创业创新能力与收入呈现出正相关关系。贵州农村教育相对落后，农户的科学种养技术较差，多数外出务工的农村劳动力缺乏技术专长，往往从事简单的体力劳动，因而工资收入、经营性收入都较低。

受传统消费观念影响，贵州农村消费往往重储蓄轻消费，重物质消费轻精神文化消费（胡双发，2021），收入增加后首要的投入就是建房，农村年末人均使用房屋面积不断增加，2010 年、2015 年、2020 年分别为 27 平方米、32 平方米和 49 平方米。

第三节　乡村经济发展成效及方向

一、乡村经济发展成效

（一）山地特色农业独具优势

改革开放以来，贵州主要农产品产量大幅度提高。2018 年，贵州省委、省政府提出"来一场振兴农村经济的深刻的产业革命",把农业供给侧结构性改革、农村经济结构调整、乡村振兴等结合起来,乡村经济快速发展,农业在全国的地位日益上升。

1. 种植业地位日益提升

山地特色农产品地位重要。2019 年,全省粮食作物产量 1081.24 万吨,比1978 年增长 63.64%;油料产量 103.01 万吨,增长 10.42 倍;烟叶产量 21.58万吨,增长 2.66 倍。其中,茶叶(700 万亩)、辣椒(545 万亩)、蓝莓(19.3万亩)、李子(263.5 万亩)、刺梨(200 万亩)种植面积居全国第一位[①],食用菌种植进入全国生产第一梯队省份;猕猴桃、火龙果等产业名列全国前茅;马铃薯种植规模居全国第 2 位;百香果产业快速发展,产业规模进入全国前三;天麻、石斛、白芨、太子参种植面积居全国第 1 位。形成了"黔菌""贵州绿茶""羽出黔山""贵水黔鱼"4 个省级区域公用品牌,其中"贵州绿茶"是全国唯一的省级茶叶区域农产品地理标志产品(冯成等,2021)。

农产品生产、加工、销售相结合,贸工农一体化发展。以辣椒产业发展为例,原产于中南美洲的辣椒于清康熙年间传入贵州,当地少数民族将辣椒作为盐的替代品而食用。贵州气候阴冷潮湿,极易引起瘴气,辣椒具有性热、味辣、温中、散寒除风、发汗去冷之功效,深受当地人民喜爱,全省都有种植(陈李子祚,2020)。贵州省辣椒产业发展始于 20 世纪 80 年代,目前,辣椒产销量均居全国第一,2018 年辣椒产量 587 万吨、产值 188 亿元,分别占蔬菜及食用菌总产量的 20.3%、总产值的 20.7%;辣椒产业布局,在杭瑞高速公路、沪昆高速公路沿线形成夏秋辣椒产业带,南部河谷地带形成冬春辣椒产业带。辣椒产业发展采用"龙头企业+合作社+农户"的方式,有辣椒加工企业 200 多家,包括省级重点龙头企业约 40 家,其中 5 家企业年销售额在 1 亿元以上,"老干妈"居首位,年销售额超过 50 亿元,成为辣椒加工企业的品牌。带动约 700 家合作社的发展,组织农户进行规模种植,50% 的辣椒种植面积为组织化生产,实现了种植计划、种子种苗、农资投入、技术服务、保险融资和产品收购"六统一"。培育了 4 个系列的特色辣椒品种,分别是黔辣、黔椒、遵辣和遵椒,获得"中

① 刺梨、辣椒等种植面积居全国第一! 贵州特色优势产业不断发展壮大 [EB/OL]. [2021-11-01]. http: // nynct. guizhou. gov. cn/ztzl/nccygm/cykx/202111/t 20211102_ 71508406. html.

国特色农产品优势区（辣椒）"和"遵义朝天椒"地理标志产品（牟玉梅等，2020）。

2. 生态畜牧业快速发展

贵州具有发展畜牧业的天然优势。据贵州省农业农村厅数据，2020年，全省有天然牧草地160.13万公顷、人工草地54.67万公顷，饲草资源丰富。2014年，《人民政府关于加快推进山地生态畜牧业发展的意见》发布，提出遵照"稳定发展生猪，突出发展牛羊，积极发展家禽，因地制宜发展特色养殖"的思路，通过产业化、规模化、标准化、集约化以及组织化运行、品牌化营销结合的发展道路，走资源节约、环境友好的发展模式，突出产品"绿色、生态、健康、安全"的特色优势。

推动畜牧业结构调整，增加草食型畜产品比重，由粗放高耗型向节约高效型畜牧业发展。在畜牧业品质优化上，逐步减少能耗高的生猪养殖规模，扩大肉牛、肉羊、生态家禽的养殖比例。2016~2020年，全省畜牧业总产值从797.21亿元增长到1019.01亿元，猪牛羊禽四类肉总产量从199.28万吨增长到207.86万吨，其中，猪肉产量从169.59万吨减少到146.26万吨，牛肉从17.85万吨增长到23.10万吨，禽肉从22.69万吨增长到30.78万吨，羊肉从6.29万吨减少到4.98万吨。积极推动规模养殖场畜禽粪污综合利用，利用率达到75%以上（沈德林等，2020）。

在畜牧业产业布局上，已经形成国家投资建设成片的规模示范草场、农户小面积种草养畜的格局。黔中粮食主产区重点发展生猪、蛋鸡等耗粮型畜牧业，黔西、黔西北等地的荒山草坡，重点发展牛羊等草食型畜牧业，旅游地和少数民族地区发展观光带动型畜牧业，其他地区按照"一乡一品、一村一特"的方针，因地制宜地发展林下经济和特色养殖。总体来说，规模化程度不高，普遍存在养殖主体小、分散的问题。2020年，全省拥有畜禽规模化养殖场3748个，包括生猪养殖场2142个，其中省级龙头企业99家，大部分生猪由年出栏量50头以下的散养农户提供；肉牛养殖场611个、肉羊养殖场200个，但省级以上牛羊养殖龙头企业仅52家；家禽养殖场781个、奶牛养殖场14个，其中省级以上家禽龙头企业68家。

畜牧产品品质优良，成功培育品牌商标279个，包括"盘县火腿""三里良食""关岭皇牛""鳝滋味""红瓦绿蛋""台茶鸡蛋""百灵树鸡""黑山羊""竹香鸡""三穗鸭"等，"黔山屯土鸡"等品牌在长三角、粤港澳大湾区知名度快速提升，"贵州黄牛"产品进驻全国 7 个省会城市、30 余家盒马鲜生超市，品牌价值逐步显现。

多渠道开展畜牧产品销售，推动"黔货出山"。省内机关、学校、医院、国企等与农户建立稳定供货机制，定期开展"农超对接""农校对接""农社对接"，推进畜牧产品进机关、进学校、进超市等消费场所；有影响力的龙头企业到北京、上海、广州、深圳等大城市拓展市场，在对口帮扶城市开设畜禽产品展销中心，引进帮扶城市企业在贵州建立畜禽直供直销基地。积极拓展电子商务等新型销售渠道，与淘宝、京东等电商平台合作，建设线下体验店（王燕等，2021）。

3. 大力发展生态渔业

贵州降水丰沛，河网密度较高，有近千条河流长度大于 10 千米；水库 2379 座，适合渔业养殖的水域面积 74 万亩；冷水资源丰富，每年地下水排泄量约为 259 亿立方米，可以发展鲟鱼、鲑鳟鱼、大鲵等特色渔业。

2018 年，贵州为改善水生态环境，建立了从省到村的五级河长、从省到乡的四级"双总河长"制度，消除网箱，实现"零网箱养殖"。据贵州省生态环境厅发布的《2020 年贵州省生态环境状况公报》，全省 79 条河流 151 个监测断面中，没有 V 类水质断面，水质达到 Ⅲ 类及以上水质类别的有 150 个。主要湖（库）监测垂线 25 条，23 条水质达到 Ⅲ 类及以上类别；15 个出境断面水质全部为 Ⅲ 类及以上类别。9 个中心城市的 23 个集中式饮用水水源地、74 个县城的 133 个集中式饮用水水源地水质 100% 达标。可见，贵州水环境质量良好，具有发展生态渔业的优势。

但是，受水产条件不足、养殖方式较落后等因素制约，贵州渔业发展长期处于小规模、低速增长状态，渔业产值占比不到农业总产值的 2%。20 世纪 80 年代起，为解决库区移民生计问题，大量发展网箱养鱼，养殖面积最大达到 2200 公顷，网箱养鱼单产达到国内先进水平，每平方米产量超过 100 千克。渔业产品不仅满足贵州市场需要，还大量销往云南、重庆等地。网箱养鱼虽然增加了移民收入，但是导致了水质物理性污染、水体富营养化以及底质生态环境破坏等严重的环境问题（冷继茂等，2009）。

针对这一问题，贵州提出了"零网箱·生态鱼"的渔业发展目标，拆除 2236.2 公顷的养殖水面网箱。由于贵州网箱养殖产量占渔业总产量的 27%，

2016~2018年，淡水鱼产量从28.5万吨降低到23.4万吨，降低了约18%，同期，全国淡水鱼类产量降低了9%，贵州产量减幅大大高于全国水平。取缔网箱养殖对2.46万户养殖户的生计以及市民的菜篮子产生了不利影响（郝志斌等，2020）。

生态渔业是根据生态系统内部物质循环和能量转换规律建立起来的渔业生产模式。2019年，农业农村部、生态环境部、林草局三部门联合发布了《关于推进大水面生态渔业发展的指导意见》，要求生态保护与渔业发展充分融合。贵州将生态渔业作为12大农业特色优势产业之一，2019年发布了《关于加快推进水产养殖业绿色发展的意见》，充分利用河湖库水面、池塘、山塘、稻田等发展生态渔业，努力打造"贵水黔鱼"公共品牌，让渔业从单一、分散的个体养殖向多元化、多形式方向转变，按照"公司+农户""企业+合作社+农户"的模式开展养殖（耿晓琴等，2020）。据贵州省统计局数据，2016~2019年，贵州省水产品产量稳定在24万吨左右。2019年，贵州省湖库生态渔业养殖面积27.41万亩，渔业产值63.2亿元，同比增长8.97%，渔民纯收入达12282元/人。

（二）农业科技取得明显进步

改革开放以来，贵州省实施了重点农业技术推广、粮食增产工程、高产创建、测土配方施肥、脱毒马铃薯良种扩繁推广与高产示范、种子工程、植保工程、土壤有机质提升等重大项目，加快了新品种、新技术和关键生产技术的推广应用。截至2020年，全年农机总动力300.1万千瓦，2019年主要农作物耕种收综合机械化率达到41.2%。全省建设省、市、县、乡四级农业园区1039个，其中，省级农业园区464个，获得国家现代农业示范区6个，国家现代农业产业园2个，国家农业可持续发展试验示范区1个，国家特色农产品优势区2个，国家农村产业融合发展示范园4个。贵州朝天椒优势特色产业成为第一批批准建设的50个优势特色产业集群之一，是全国唯一的辣椒产业集群建设项目。关岭布依族苗族自治县、威宁彝族回族苗族自治县等9个县获农业产业强镇建设项目。建立"产业技术研发中心+功能实验室+综合试验站+若干试验示范基地"模式，累计建设试验示范基地840个，开展新品种、新技术、新方法试验示范1074项，技术集成349项（贵州省统计局农村处，2019）。

农业科技促进绿色农业发展。贵州良好的生态环境，为农业产业绿色生态发展提供了基础，是全国农药、化肥使用强度较低的省份之一，2019年化肥使用量居全国倒数第八位。2015年我国开展农药使用量零增长行动，全省农药使用量逐步降低，从2016年的13677吨减少到2020年的8423吨。贵州省2017年开始实施水稻病虫害绿色防控，在绿色防控示范区，年化学农药使用量减少28%；本省专家研究集成了"生物+物理"防治相结合的茶园病虫害绿色防控技术。贵州省50%的耕地为无公害农产品产地，无公害产地超过600个，无公害产品接近3000件；绿色食品逾百件，主要有茶叶、猕猴桃、葡萄、大米等。2019年，15个县获批国家有机产品认证示范创建区，位列全国第一，获1000多份农产品有机产品认证书，有机认证基地面积超过10万公顷（关晓溪等，2020）。

（三）农民生活质量不断提高

"十二五"以来，贵州省坚持统筹城乡发展的方针，把农民增收作为"三农"工作之首。加大农业投入的同时，努力助推农业产业结构调整，实施特色优势种养业、农产品加工、农产品流通、农村服务业、农村合作组织发展、产业技能培训、劳务输出、农业科技普及、城镇化带动、落实强农惠农及助农增收政策，农民收入得以较快增长。1978年以来，贵州农村家庭人均纯收入持续增长，2020年达到11642元，相比于1978年的109.3元增长了106.8倍（见图6-3）。从农民收入的增长率来看，2011年以前呈上升趋势，2011~2016年波状起伏，整体呈现下降趋势，2016~2019年呈上升趋势（见图6-4）。

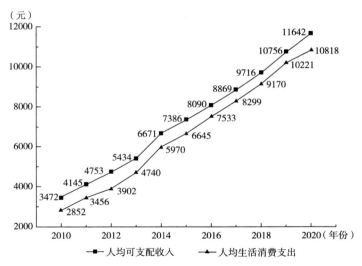

图6-3 2010~2020年贵州省农村家庭人均纯收入和生活消费支出

资料来源：《贵州统计年鉴》（2011~2021）。

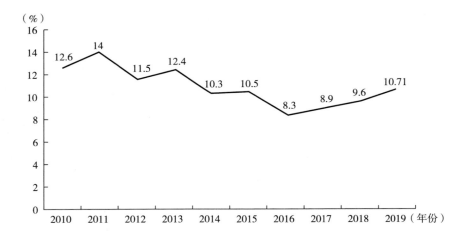

图 6-4　2010~2019 年贵州省农村家庭人均纯收入增长速度

资料来源：《贵州统计年鉴》（2011~2020）。

农民人均消费支出不断增加，2020 年人均消费达到 10818 元，比 1978 年的 104.52 元增长了近百倍。人均消费构成中，用于基本生活保障的消费大幅下降，满足更高生活需求的消费支出逐步上升。2019 年，农民用于衣食方面的消费占生活消费支出的比重为 43%，比 1978 年下降 36.6 个百分点；消费增幅排前三位的依次是交通和通信、文教娱乐用品及服务、居住。曾经作为高级消费品的缝纫机、收音机、手表、单车等成为日常用品，摩托车、洗衣机、电冰箱、彩色电视机、淋浴热水器、移动电话等提高生活质量的消费品逐渐普及。1978 年，农民每百户拥有自行车 4.47 台、缝纫机 5.23 架、收音机 2.03 台、钟表 11.15 只、手表 6.8 只，2019 年拥有彩色电视机 107.84 台、电冰箱 103.19 台、洗衣机 103.48 台、摩托车 24.01 辆、淋浴热水器 96.91 台、家用汽车 43.19 辆、移动电话 287.75 部。农村人均住房面积不断提高，2019 年为 35 平方米，比 1978 年增加 74.9%。

（四）乡村基础设施大幅改善

"十二五"以来，贵州省围绕新农村建设和全面小康建设，加大了乡村公共基础设施建设投入力度，乡村生产生活条件显著改善。

第一，农田水利建设。2010~2020 年，全省水利投入从 102.01 亿元增加到 339.49 亿元，有效灌溉面积从 1793.0 万亩增长到 2409.12 万亩（2018 年），高标准农田建设投入 42.49 亿元，建成 206.62 万亩、高效节水灌溉面积 50.03 万亩，累计完成高标准农田建设 1600 多万亩。防涝面积 188.85 万亩，水土流失治理面积 388.27 万亩。

第二，水、电、路、讯建设。"村村通"工程成效显著。2010 年，全省有 17672 个村委会，自来水受益村 13636 个，通汽车的村 17388 个，通有线广播的村 6332 个，通电话的村 16772 个。2020 年，全省有 13196 个村委会，自来水受益村 13861 个，通有线电视村从 2017 年的 8707 个增加到 13243 个，通宽带村从 2017 年的 11816 个增加到 13653 个，乡村宽带接入户从 2015 年的 72.8 万户增加到 177.2 万户。2019 年，实现农村公路组组通。

第三，乡村人居环境整治。在乡村开展了厕所革命、生活垃圾治理、生活污水治理、村庄清洁"四个专项行动"。2001 年，贵州省余庆县开展了"四在农家·美丽乡村"建设，主要内容是"富在农家、学在农家、乐在农家、美在农家"；2013 年 8 月，贵州省出台了《关于推进"四在农家·美丽乡村"创建活动的实施意见》，从"小康路、小康水、小康电、小康房、小康讯和小康寨"六个方面搞好农村建设。2019 年，全省完成乡村厕所改造 75 万户，新建改造乡村公共厕所 5416 个。实施乡村振兴"十百千"示范工程，在全省打造 10 个示范县、100 个示范乡镇和 1000 个示范村，推动乡村实现外在美、内在美和持续美。2018 年启动农村饮水安全攻坚行动。2018 年，农村饮水安全集中供水率为 91.5%，自来水普及率为 88.3%，规模工程供水保证率为 95.7%，小型工程供水保证率为 92%。2020 年，开工建设了 308 个骨干水源工程，在建 445 座，水利工程年供水能力达到 126 亿立方米，740 余万农村群众饮水安全问题得以全面解决[1]。

二、乡村经济发展存在的问题

依托国家对特色农业产业发展的政策支持、现代化农业科技的推广和普及，贵州省农村经济不断发展，但现代特色农业发展存在一些问题，主要表现在以下四个方面。

（一）农业生产资源稀缺，刚性约束加剧

稀缺的耕地和水资源是农业发展的制约因素。贵州多山的地貌形态，决定

---

① 参见《贵州日报》2020 年 3 月 22 日第六版刊登的《贯彻新发展理念　筑牢水安全保障》。

了适宜耕种的土地面积较小，经济发展和城镇化、工业化的快速推进，建设用地需求上升，不可避免地占用部分耕地，耕地资源的约束性更加明显。贵州省全国土地调查结果显示，第二次土地调查的耕地面积为6844万亩，第三次调查的面积降低到5208.93万亩，5000亩以上的耕地坝区从165块（其中万亩大坝47块）245万亩，降低到129块199.93万亩；2019年全省人均耕地面积1.5亩，比2018年下降1.32%。此外，水土流失、土地石漠化以及土壤污染等，导致耕地质量下降，耕地保护形势严峻。在水资源方面，工程性缺水仍然制约贵州省农业发展。2020年，贵州省有效灌溉率仅为46%，全国有效灌溉率为54%；江苏省有效灌溉率为70%。

（二）农业生产方式较落后，绿色农业发展水平较低

贵州省农业现代化水平滞后，仍然处于由传统农业向现代农业转型升级的起步阶段。多数农村地区存在生产规模小、农业新品种、新技术应用不够、市场意识淡薄、经营分散、农业生产方式落后等问题，难以适应现代农业发展的需要。农业产业龙头企业数量不多、规模较小、辐射带动能力不强，农民合作经济组织发展滞后，农民组织化程度较低，主导产业和特色优势产业还处在发展阶段。

2016年以来，绿色农业发展取得了明显进展，但绿色农业发展水平较低、尚处于初级阶段，以无公害农产品为主，绿色农产品和有机农产品供给不足，绿色农业产业链在城乡之间的双向延伸不够。由于生产绿色农产品，基础设施投资大、生产标准要求严、农产品产量较低、生产成本高，许多小农户仍然使用农药和化肥来增加产量，导致农产品品质达不到绿色农产品要求，农产品售价低又影响了农民的积极性。农副食品加工业的附加值较低，多数绿色农产品初加工和精深加工均不具有市场竞争优势，绿色农产品的生产和加工环节严重脱节。贵州大多数农产品加工等涉农企业不具备科研能力，农业科研单位和高校的科研成果由于未形成有效的产学研协同创新机制，农业科研成果转化为生产力的效率较低，影响了绿色农产品的生产、加工质量（熊肖雷和张慧芳，2021）。

（三）农村空心化严重，劳动力素质有待提高

农村劳动力总体素质有待提高。据统计，2015年贵州省每100个农村住户劳动力人口中，不识字或识字很少的有10.4人，小学文化程度人口有38.1人、初中程度的人口有 43.7 人、高中程度的有 4.3 人、中专程度的有 2.0 人和大专及以上的有 1.5 人，不识字或识字很少所占比重与全国相比平均高 5.3%，平均比西部 12 个省份高 2.4%；小学文化程度所占的比例分别比全国和西部 12 个省份的平均水平高出 12.0% 和 6.1%；高中及以上文化程度的有 7.9 人，分别比全国的 15.6 人和西部 12 个省份的 12.6 人低 7.7 个和 4.7 个百分点。第七次人口普查数据显示，全国 15 岁及以上人口的平均受教育年限为 9.91 年，贵州为 8.75 年；每 10 万人中，大专及以上人口，贵州为 10952 人，全国为 15467 人。从城市和乡村受教育程度来看，乡村受教育程度通常低于城市。

农村劳动力外流严重。近年来，贵州省每年有 600 多万农村劳动力到外省务工，并且有逐年增加趋势。大量有文化、懂技术的青壮年农民外出务工，农业生产要素大量流失，农村人口结构女性化和老龄化、农业边缘化和村庄空心化日益严重，从业人员文化素质更低，难以适应农业结构调整和现代农业发展的需求，极大地制约了农业结构调整和现代农业发展，农业发展缺乏内生动力。

（四）农村经济总量小，农产品市场开拓不足

贵州乡村经济发展水平仍相对滞后，二三产业发展较慢，农村经济的发展主要依靠第一产业，经济总量较小。"十二五"以来，立足气候和资源优势，贵州不断优化调整农业产业结构，种养殖主导产业和特色优势产业不断发展壮大，极大地推动了现代农业的发展。然而，农业初级产品多、精深加工产品少，品牌产品生产能力不足、产量小、发展速度慢，农产品市场体系不完善，农产品市场特别是外销（省外和国外）网络平台和连锁、配送、电子商务和网上交易等农产品新型业态市场建设严重滞后等问题依然严峻。贵州省农产品市场开拓能力亟须加强。

三、乡村经济发展的对策建议

党的十九届五中全会明确了畅通国内大循环部署，为贵州发挥"贵州+东部"模式、进一步推动"黔货出山"等带来新机遇。贵州作为国家生态文明试验区，生态文明建设走在全国前列，国家深入推进生态文明建设和绿色发展，为绿色农业发展带来新的机遇。国家出台一系列的文件、规划和方案，2021 年颁布的《农村公路中长期发展纲要》、国务院 2022 年印发的《关于支持贵州在新时代西部大开发上闯新路的意见》等，为贵州经济社会发展提供强有力的政策支持（冯成等，2021）。贵州乡村发展迎来良好的发展机遇，同时也面临更多的挑战。针对乡村经济发展的问题，在当前发展形势下，提出以下四点发展建议。

（一）加快发展现代山地高效农业

发挥山地特色农业资源优势，立足交通区位条件和产业发展基础，做大做强农村特色优势产业，按照优质、高效、生态、安全的总体要求，继续稳定烤烟、油菜等传统优势产业，加强龙头企业和农业专业合作社的培育，推动农产品生产的规模化、集约化经营，进一步提高茶叶、辣椒、烟草、中药材、薏仁米等优质农产品的附加值。

聚焦国内外高端消费市场，特别是珠三角、长三角和成渝三个市场，继续推进规模化、标准化生产和产业化经营，推动资源要素向优势产业、产区、园区、龙头企业集聚，构建富有优势和特色的现代山地农业产业体系，形成以贵阳、遵义等区域中心城市（群）为重点的都市型农业区以及"两高"沿线布局的特色优质农产品基地和产业带。

大力发展村集体经济和乡镇企业，增加村民就业机会，提升村民收入，吸引外出务工村民返乡。

贵州生态环境优良，具有发展绿色农业的天然优势。2019 年，88 个县（市、区）中有 80 个生态环境质量状况为"良"以上（冯成等，2021），具有发展绿色农业的天然优势。坚持农业产业发展与生态建设相结合，持续推进石漠化治理等生态建设工程，加强农业水土污染防治，鼓励使用生物农药，推广普及低残留农药和高效肥，同时加强病死畜禽无害化处理，开展土壤重金属污染防治，大力发展绿色农业。

大力推进农业产业链建设。按照"全产业链"的发展思路，围绕产加销一体化、贸工农一体化，推进农业上下游产业、前后环节的有效对接，大力发展特色优势农产品加工行业，扶持一批起点较高、规模较大、带动力较强的农产品加工企业，鼓励农产品加工企业引进新的加工设备、采用新的工艺和新的技术，提高农产品精深加工水平。以园区建设为平台，引导优势企业向优势区域集聚，形成一批农产品加工园区。建设农产品市场和物流体系，完善农产品批发市场的功能设施。发挥现代化信息技术的优势，大力发展电子商务、连锁经营、直供配送等新型流通业态，提高流通效率。

（二）加强农业基础设施建设

贵州农业基础设施条件有待提高，缺乏农业生产设施的地区，农业生产多数只能靠天吃饭，不仅不利于农业生产发展，同时还对农产品的运输、信息的传递与沟通等产生了不同程度的影响。

加大投入力度，以提高农业综合生产能力、加快建成人均 0.5 亩高标准基本口粮田，进一步推进农业基础设施建设，重点提升农业防灾抗灾能力。统筹农业综合开发、土地整治、农田水利等项目，加强骨干水利工程、农业排灌设施、防洪设施、机耕道路、灾毁耕地复垦、损毁工程修复等建设，强化山洪灾害防治和病险水库除险加固。采取措施如增施有机肥、农艺修复、农田整治等，结合农业水污染、土壤污染治理，加强中低产田改造，为稳定提高农产品产量奠定基础。

贵州农村经济的持续增长，既是自身累积的结果，又受农业固定资产投资、现代物流投入和政府财政支农支出等的影响，其中物流投入影响最为显著。"互联网+"时代，现代物流投入是拓宽农产品销售渠道、降低农业生产物流成本的重要因素。未来应依靠现代农业技术，充分利用贵州省建成的"云上贵州"国家级数据中心，加快农业生产经营的信息化建设，改造传统农业，推动智慧农业发展。加大农业机械、农田水利灌溉等的投入力度，促进冷链物流和农产品物流网络建设，加快农村道路硬化、通水通电、中小型仓储建设，夯实贵州乡村现代物流业发展基础（侯石安和胡杨木，2019）。

（三）强化科技支撑

围绕优势特色产业发展，组建专家团队，开展重点领域、关键环节科技研发协作攻关，加大岗位科学家、功能实验室和综合试验站建设力度，重点突破新品种、新技术的研发和应用。深化基层农技推广体系的建设与改良，提升基层农技推广人员知识水平，不断提高农业技术推广的能力。充分利用各种教育培训资源，培养一批有文化、有技术、懂经营的新型职业农民队伍。加强贵州农业学科领域建设，为省内外高等院校、科研院所和农业园区共建产业技术创新战略联盟、农科教基地和协同创新中心搭建平台。

（四）深化农业农村改革

推进农村产权制度改革。完成农村土地承包经营权登记和认证工作，开展集体建设用地和"房地一体化"登记认证。建立产权转让交易平台，完善贷款风险补偿机制，有效推动农村闲置土地资源再利用，全面推进小型水利工程产权建设和管理改革。促进农村产权交易转移，释放农村活力，提高农村资源配置效率。

　　大力培育在经营规模、辐射带动、盈利能力、资金来源、市场导向、产品认证、品牌建设、销售渠道等方面具有明显优势，对提高农业生产的专业化、标准化、规模化、集约化经营水平有重要作用的新型农业经营主体，形成"以家庭承包经营为基础，种养大户、家庭农场、农民合作社、农业产业化龙头企业为骨干，其他组织形式为补充"的多元农业经营主体格局，切实解决当前现代农业发展面临的"谁来种地""如何种地"等现实问题。抓住农村宅基地改革契机，吸引有产业、有技术、有知识的"乡贤"定居农村，助力乡村振兴。

第七章　城镇发展与区域空间格局

贵州城镇发展阶段性特征显著，明清是城镇发展的重要时期，"三线"建设促进工业发展的同时也推进了城镇发展进程，原有城镇规模扩大，新建一批新兴工业城镇。"十二五"以来实施"城镇化带动战略"，城镇化率提升速度超过全国平均水平，人口普查数据显示，2010～2020年贵州城镇化率年均提升4.62%，全国年均提升2.55%，2020年贵州城镇化率达到53.15%，全国为63.89%。总体来说，贵州属于全国城镇化水平较低的省份。

第一节　贵州城镇发展历程

一、城镇建制逐步完善

古代城池的修建与政治经济关系密切。历史上的贵州，少数民族众多、地形崎岖、交通闭塞。贵州城镇雏形产生于唐代，如黔中的矩州（今贵阳市内）、黔北的播州（今遵义市内），多为小土城或石堡。明清是贵州城镇兴起与发展的重要时期，明洪武年间朝廷推行卫所制度，在贵州筑城30多座，为第一次筑城高潮；万历年间平播战争、天启崇祯初期平定安邦彦之乱、雍正至乾隆初期的"改土归流"和苗疆再造，筑城较多，天启崇祯、雍乾两朝为第二次和第三次筑城高潮（王东民，1989）。《贵州通志》记载，明初至万历年间，建城43座，其中新建42座，在矩州、贵州城和明代顺元城的基础上扩建贵阳市。

古代城镇发展主要来源于国家推动。卫所城镇的兴起和发展是国家镇守边关的需要，城镇集中分布在湖广—贵州—云南驿道沿线（见表7-1），城镇体系也难以用规范的行政等级来辨别（汤芸等，2009）。从城镇起源角度看，贵州古代城镇可分为治所型、军事型和交通贸易型3种，治所型数量最多；交通贸易型往往为依托便利的交通条件发展起来的集市，如依靠陆上交通发展的黔北白锦堡，依靠赤水河航运发展起来的习水、仁怀等，依托木材运输发展起来的锦屏、黎平等；依托水陆交通要道形成的集市如镇远，地处贵州通往湖广的黄金水道舞阳河航道起点，该水道与省内驿道相通，商业贸易繁荣，成为贵州东部最为重要的城镇（范松，2012）。

表 7-1　贵州典型县集镇数量与交通线距离的关系

指标 ＼ 县名	盘县	威宁彝族回族苗族自治县	紫云苗族布依族自治县	长顺县	雷山县	从江县
与驿道的距离	交通沿线	交通沿线	较远	较远	远离	远离
集镇数量（个）	44	79	25	22	6	9

注：交通线是指在明朝大通道驿道基础上形成的交通干线。

资料来源：张建. 明清贵州城镇的形成及其对当今贵州民族地区发展的启示［J］. 贵州大学学报（社会科学版），2012（4）：68-73.

贵阳是贵州的第一个建制市，1941 年设市。之后，新增遵义市，"大跃进"期间城镇发展力度加大，1958 年增设安顺、都匀、六枝 3 个建制市，城市辖区面积扩大，惠水县、清镇县、修文县和开阳县划归贵阳市，遵义县并入遵义市。国民经济调整时期，国家压缩基础设施建设并调整了城镇建制，1962 年撤销安顺、都匀、六枝 3 个市的建制，1963 年将贵阳市的 4 个县划回原地（州）（汪有盛和李万禄，1991），1964 年建制市仍然为 2 个。1978 年后城镇发展逐步进入正轨，1982 年建制市增加到 5 个，1989 年建制市数量增加到 8 个。

2019 年，基本形成由地级市、其他市州政府所在地城市、县级市、县政府所在镇和镇组成的城镇体系，有地级市 4 个（贵阳市、六盘水市、遵义市、安顺市）、其他市州政府所在地城市 2 个（毕节市、铜仁市）、县级市 9 个、县政府所在镇 52 个（详情请查阅历年《贵州统计年鉴》）（见表 7-2）。

表 7-2　贵州省城镇建制的发展

时间	建制市数量（座）			建制镇个数（个）		
	小计	地级市	县级市	小计	县城镇	区、乡镇、工矿镇
1941 年	1	—	—	160	—	—

续表

时间	建制市数量（座）			建制镇个数（个）		
	小计	地级市	县级市	小计	县城镇	区、乡镇、工矿镇
1949 年	1	—	—	153	—	—
1953 年（第一次人口普查）	2	—	—	164	79	85
1958 年	5	—	—	—	—	—
1964 年（第二次人口普查）	2	—	—	124	75	49
1978 年	5	2	3	—	—	—
1982 年（第三次人口普查）	5	2	3	108	70	38
1984 年（民政厅统计）	6	2	4	386	75	311
1990 年（省人口普查办）	9	2	7	395	72	323
2000 年（第五次人口普查）	13	4	9	—	77	—
2010 年（第六次人口普查）	13	4	9	691	69	622
2019 年	15	6	9	768	52	716

资料来源：2000 年以前数据来源于杨宗贵 1994 年出版的《中国人口迁移与城市化研究：贵州卷》，2000 年、2010 年数据来源于《贵州人口普查公报》，2019 年数据来源于《贵州统计年鉴》（2020）。

二、城镇化水平不断提高

城市化也称为城镇化（Urbanization），是当今人类社会发生的最为显著的现象之一，1867 年由西班牙工程师 Serda 在《城市化基本理论》一书中首次提出。城镇化是经济发展过程中生产要素由农村向城镇（市）聚集的过程，表现为城镇数量和规模不断扩大，城镇人口在总人口中的比重不断上升（杨宗贵，1994）。

地理学认为，城镇化是区域经济要素、人口及二、三产业向城市聚集和乡村用地转变城市用地的过程，其实质是人口及二、三产业向城镇聚集所带来的集聚地空间结构和形态的变化（陈慧琳等，2001）。可采用单一指标或综合指标度量城镇化水平，"城镇人口占总人口比重"和"城镇用地占区域总土地面积比重"是使用较多的单一指标；综合指标可以从区域经济结构、生活方式、土地利用、社会发展等方面构建（梁龙武等，2019）。本部分采用人口指标度量贵州省城镇化水平。

从人口普查数据来看，2010 年以前贵州城镇化水平与全国的差距不断加大

· 159 ·

（1982 年除外），第一次到第六次人口普查，差值从 5.52% 提高到 14.75%。"十二五"以来贵州实施"工业强省"战略，工业经济规模、结构层次不断提升，规模以上工业产值由 2010 年的 4206.37 亿元增加到 2019 年的 10445.19 亿元，初步走出一条具有贵州特色的新型工业化道路（刘悦，2017）。产业发展推动了城镇化水平提升，2020 年贵州城镇化率达到 53.15%，比全国低 10.74%，城镇化水平与全国的差距缩小（见表 7-3）。

表 7-3　贵州省与全国城镇化率的对比

指标	地区	第一次 （1953 年）	第二次 （1964 年）	第三次 （1982 年）	第四次 （1990 年）	第五次 （2000 年）	第六次 （2010 年）	第七次 （2020 年）
城镇人口 （万人）	贵州	109.91	203.55	540.22	623.17	844.51	1174.78	2049.59
	全国	7725.73	13304.49	20658.86	29651.21	45594	66557.53	90199.11
总人口 （万人）	贵州	1503.73	1714.05	2855.29	3239.11	3524.77	3474.65	3856.21
	全国	60193.80	72307.03	103188.25	116001.74	129533.00	137053.69	141177.87
城镇化率 （%）	贵州	7.31	11.88	18.92	19.24	23.96	33.81	53.15
	全国	12.83	18.40	20.02	25.56	35.20	48.56	63.89
	差	5.52	6.52	1.10	6.32	11.24	14.75	10.74

资料来源：历年《全国人口普查公报》和《贵州人口普查公报》。

三、城镇化阶段特征明显

根据城镇发展的社会经济背景以及城镇化水平提升速度，将改革开放后贵州省城镇化发展划分为稳定发展、快速发展和加速发展三个阶段（见图 7-1）。

（一）稳定发展阶段（1979～1999 年）

1978 年改革开放以来，经济发展带动了城镇扩张，1979～1999 年贵州城镇化水平提升了 8.4 个百分点，大致分为两个时期。

（1）恢复发展期（1979～1984 年）：我们看到，随着商品流通机制的改革，取消了农副产品和工业日用品的统购包销，促进了商品经济发展，个体工商业从业人数达到 15.9 万人，比 1976 年增长了 35.7 倍；城乡集贸市场数量比 1976 年增长了 47.1%。城镇化水平从 1978 年的 12.1% 提高到 1984 年的 19.1%。

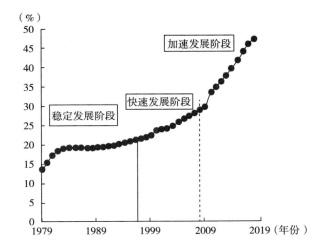

图 7-1　1979~2019 年贵州城镇化水平

资料来源：1979~2000 年数据来源于文献《贵州小城镇改革发展研究》课题组世界银行第 4 期技术援助项目"地方政府改革研究及试点"子课题之"贵州小城镇改革发展研究"。2001~2019 年数据来源于《贵州统计年鉴》。

（2）平稳发展期（1985~1999 年）：这一阶段城镇化水平从 19.2% 提升到 22.2%，1990 年增设了凯里、铜仁、兴义、赤水 4 个县级市。

（二）快速发展阶段（2000~2009 年）

国家实施西部大开发战略，贵州迎来新的发展机遇。"西电东送"工程促进了贵州能源工业迅速发展，2005 年第一批 8 个电源项目建成投产，随后第二批工程项目投产。依托丰富的煤炭、磷矿、铝等矿产资源以及电力资源，发展了煤化工、磷化工、铝及铝加工产业，形成息烽—开阳—瓮福磷化工产业带，贵阳市发展了铝及铝加工业，六盘水、毕节、兴义等大力发展煤化工。地区生产总值从 2000 年的 1030 亿元增加到 2009 年的 3333 亿元，城镇化水平提升了 6 个百分点。

（三）加速发展阶段（2010~2019 年）

2010 年，贵州省提出"十二五"发展的主基调为"加速发展、加快转型、推动跨越"（简称"两加一推"），重点实施"工业强省"和"城镇化带动"战略。2010~2019 年城镇化水平从 33.81% 提升到 49.02%，也是贵州城镇化水平提升速度最快的时期。

纵观贵州城镇发展历程，工业化发挥了重要作用。但是，贵州工业结构以能矿产业为主，加工制造业水平较低，采矿业和电力供应产值占全省地区生产总值的比重达到40%，资源深加工比重只占26%（化工、有色金属、黑色金属、建材）。资源型产业吸纳劳动力的能力较弱，而对城镇发展推动作用较强的农特加工业（烟、饮料加工、中医药、食品加工）和现代制造业（装备制造业和新兴产业），产值比重均只占15%左右。显然，这样的工业结构对就业带动及城镇发展的推动作用有限，贵州属于全国城镇化水平较低地区，第七次人口普查数据显示，2020年全国常住人口城镇化水平为63.89%，贵州仅为53.15%，比全国平均水平低10.76%。

贵州生态环境良好、自然风光优美、少数民族众多、文化类型丰富，适合发展有特色、集约型、多样化的山区绿色城镇化道路。因此，贵州省提出实施"特色山地新型城镇化"方针①，依托世界自然遗产（2项）、世界非物质文化遗产（1项）、国家自然遗产（4项）、国家双遗产（1项）、国家风景名胜区（18项）等优势旅游资源，走"多民族、山地省、民生型"的新型城镇化道路。从城镇发展主要动力看，可划分为矿产资源主导型、农特旅游主导型、民族旅游主导型、传统农业型和综合发展型。矿产资源主导型城镇，主要以煤、铝、磷、锰四大优势矿产资源为基础，以工业发展推动城镇化水平提升；农特旅游主导型城镇，充分利用贵州油菜、烤烟、茶叶、中草药、辣椒、马铃薯等农特产品资源，发挥烟、酒、茶等传统产业优势，以农业特色产品深加工引领地区特色城镇化发展，2012年启动100个示范小城镇建设，实施产业推动城镇发展战略，5年带动29万人就业、城镇化水平提升4%②。2017年建设100个城市综合体，安顺市、都匀市、贵安新区、播州区（原遵义县）、玉屏县、湄潭县等列入国家新型城镇化综合试点。2015年10月，国家发展改革委同意贵州省设立"贵州山地特色新型城镇化示范区"。

---

① 参见《贵州省山地特色新型城镇化规划（2016—2020年）》（黔府发〔2016〕15号）。

② 参见《贵州："百个示范小城镇"五年带动29万人就业》。

第二节　城镇体系发展与布局

一、城镇规模体系

（一）城镇规模分布

贵州城镇发展深受地形地貌影响，形成了特有的喀斯特城镇体系（李亦秋和杨广斌，2007）。运用位序—规模法则，以县级及以上城镇为研究对象，将城镇户籍人口作为城镇人口。研究范围包含 4 个地级市（含城市所设区）：贵阳市辖区（花溪区、乌当区、云岩区、南明区、白云区、观山湖区）、遵义市辖区（红花岗区、汇川区、播州区）、六盘水市辖区（钟山区、六枝特区）、安顺市辖区（西秀区、平坝区）；9 个县级市（县级市政府所在地、县级市所设的区）；毕节市（七星关区）、铜仁市（碧江区、万山区），以及 63 个县共 78 个研究单元。

数据来源于相关地区统计公报、政府工作报告、《2017 中国县域统计年鉴（县市卷）》。按照城镇人口排序得到城镇人口位序表（见表 7-4），城镇人口大于 100 万的有 2 个（贵阳市辖区、遵义市辖区），100 万以上城镇总人口占全省城镇人口的 15.56%；50 万~100 万的城镇有 5 个，占 17.62%；20 万~50 万人的城镇有 24 个，占 37.46%；小于 20 万人的城镇有 47 个，占 29.37%。

城镇人口分布差异较小，城镇规模分布较为均衡。

表 7-4　2017 年贵州省各城镇人口数及位序

城镇	城镇人口（人）	位序	城镇	城镇人口（人）	位序
贵阳市辖区	1844107	1	兴义市	475734	9
遵义市辖区	1091576	2	黔西县	424024	10
毕节市辖区	790560	3	凯里市	399725	11
六盘水市辖区	703417	4	大方县	375936	12
安顺市辖区	649040	5	仁怀市	340693	13
威宁彝族回族苗族自治县	604960	6	水城县	334400	14
盘州市	576600	7	思南县	319065	15
织金县	486218	8	松桃苗族自治县	316071	16

续表

城镇	城镇人口（人）	位序	城镇	城镇人口（人）	位序
铜仁市辖区	288230	17	赫章县	142550	48
沿河土家族自治县	283611	18	余庆县	142378	49
都匀市	264530	19	惠水县	138487	50
清镇市	254800	20	罗甸县	131664	51
瓮安县	252022	21	晴隆县	125578	52
绥阳县	251883	22	龙里县	122422	53
德江县	248424	23	从江县	121984	54
金沙县	242791	24	赤水市	119958	55
纳雍县	242379	25	道真仡佬族苗族自治县	111239	56
桐梓县	229284	26	江口县	111083	57
黎平县	212698	27	普安县	108395	58
安龙县	210500	28	三穗县	101154	59
习水县	208900	29	望谟县	98806	60
紫云苗族布依族自治县	204732	30	剑河县	96530	61
印江土家族苗族自治县	201229	31	镇远县	95350	62
湄潭县	198769	32	息烽县	86214	63
务川仡佬族苗族自治县	193155	33	平塘县	82733	64
普定县	191274	34	岑巩县	81473	65
福泉市	181994	35	天柱县	79992	66
正安县	177853	36	三都水族自治县	79773	67
开阳县	176677	37	榕江县	75600	68
独山县	171712	38	荔波县	73400	69
贞丰县	170814	39	施秉县	67830	70
兴仁县	165337	40	玉屏侗族自治县	64122	71
石阡县	161733	41	长顺县	63693	72
关岭布依族苗族自治县	160400	42	丹寨县	58845	73
修文县	156800	43	锦屏县	57902	74
黄平县	156604	44	册亨县	57682	75
凤冈县	148513	45	雷山县	57153	76
镇宁布依族苗族自治县	145160	46	麻江县	44545	77
贵定县	143749	47	台江县	41877	78

（二）城市首位度

1939 年，马克·杰斐逊（Jefferson）提出的城市首位律，是指国家或地区城市规模分布规律。首位度是最大城市人口数与第二大城市人口数的比值，用于反映区域首位城镇的优势，首位度大的城市规模分布称为首位分布。运用贵州省 2017 年 78 个城镇人口统计数据，计算出首位指数结果为：

$$S_2 = P_1/P_2 = 1.69 \tag{7-1}$$

$$S_4 = P_1/(P_2+P_3+P_4) = 0.71 \tag{7-2}$$

$$S_{11} = 2P_1/(P_2+P_3+\cdots+P_{11}) = 0.59 \tag{7-3}$$

其中：S_2、S_4、S_{11} 分别代表位序为 2、4、11 的首位指数；P_1，P_2，$\cdots$，P_{11} 为各城镇按人口数量由大到小排序相对应的人口规模。根据位序—规模原理，理想状态下 $S_2=2$，S_4 指数和 S_{11} 指数都为 1（陈慧琳等，2001）。

贵州省城镇首位指数 S_2、S_4、S_{11} 均小于理想值，说明首位城市贵阳市优势不明显（陆清平等，2021），中小位序城镇占比大。贵州农村人口比重大，农村发展问题突出，在国家政策推动下，资源配置上更多向农村地区倾斜；遵义市、六盘水市快速发展，弱化了贵阳市在全省经济中心的作用；贵阳市实施生态文明城市建设战略过程中，经济发展转型需要调整产业结构、淘汰落后产能等措施，一定程度也影响了经济发展速度，首位城市凝聚力减弱。

二、城镇空间格局

（一）城镇空间发展格局

经过多年发展，贵州省基本形成了"两圈、九群为城镇主体、五区为城乡统筹发展单元"的城乡空间格局。"两圈"是指贵阳—安顺都市圈和遵义都市圈，"九群"是指九个特色城镇群，"五区"是指五个以城带乡、城乡一体化发展的次区域。两个都市圈及毕节市（含大方县）、都匀市、凯里市（含麻江县）等重要中心城市构成黔中城市群，黔中城市群是未来城市发展的主要区域。

1. "两圈"

（1）贵阳—安顺都市圈：包括贵阳市辖区、清镇市、修文县、平坝区、龙里县、安顺市辖区、息烽县、开阳县、普定县、镇宁布依族苗族自治县、黔西县、织金县、贵定县、惠水县、长顺县、瓮安县、福泉市等区（县、市）。该都市圈以贵阳市辖区和安顺市辖区为核心，推动城镇人口、产业、基础设施等生产要素的集聚，是西南地区具有较强竞争力的经济发展引擎和对外开放的综合功能核心区，全省城镇发展的核心增长极。其形成机制主要以对内对外双向开放为动力，以城市新区开发为重点，以承接区域产业转移、发展本地特色资源型产业为动力，重点发展装备制造、资源深加工、战略性新兴产业和现代服务业；同时以高等级城市为载体建设辐射全省的综合交通枢纽、高端产业服务平台与现代制造业基地。

（2）遵义都市圈：包括遵义市辖区、播州区、绥阳县、金沙县、仁怀市、桐梓县、湄潭县等区（县、市）。都市圈以遵义市区为核心，重点加强与重庆、四川南部重点城镇的产业分工与合作，承接产业转移，发展航天等装备制造、金属冶炼及深加工、化工、特色轻工、旅游等产业，形成带动省域的次级综合交通枢纽、产业服务平台与现代制造业基地。

2."九群"

依靠城镇资源优势，通过促进矿产资源及农特产品加工、优化旅游服务等手段，推动矿产资源主导型、农特旅游主导型、民族旅游主导型、传统农业型和综合发展型特色城镇的发展，形成了九个各具特色的城镇组群。

（1）"毕节—大方—赫章—纳雍"城镇组群：该城镇组群矿产资源丰富，尤其煤矿资源，不仅储量丰富，而且品质优良，以无烟煤为主且50%为发热量高、低灰低硫的优质无烟煤。这一城镇组群的主导功能为矿产资源深加工、农特产品加工与装备制造。以毕节市（含大方县）为中心城市，依托资源型经济基础，加快资源产业转型升级，积极推进资源深加工、装备制造以及上下游生产服务，推动纳雍县、王家寨镇、龙场镇等资源型小城镇的发展。培育并加强职教培训、商贸物流、商务会展、批发零售等现代服务业发展，积极引入农特产品精深加工，带动赫章县、六曲河、可乐、六龙、黄泥塘等农特产品加工与商贸流通型小城镇的发展。

（2）"六盘水—水城—威宁"城镇组群：该城镇组群炼焦煤资源丰富，炼焦煤探明储量占全省的88.7%，依托本地的煤炭资源和攀枝花市的铁矿资源，"三线"建设时期发展成为贵州重要的钢铁生产基地。城镇组群的主导功能为矿产资源深加工、装备制造、农特产品加工、生态旅游和商贸物流。以六盘水市和水城县为中心城市，重点发展矿山机械、汽车等装备制造业，发展冶金、钢材等重工业，加快了资源产业转型升级，提升科技研发、商贸物流、商务会展、批发零售等现代服务业水平，带动了玉舍、大湾等资源型小城镇的发展；同时依托本地农特产品资源和重大交通设施的辐射带动，积极承接产业转移，培育并发展农特产品精深加工业，推动威宁彝族回族苗族自治县以及迤那、东风等农特产品加工与商贸物流型小城镇的发展。

（3）"盘州—普安—晴隆"城镇组群：该城镇组群的主导功能为资源深加工以及资源延伸制造。以盘州市为中心城市，加强生产生活组织功能，培育职教培训、商贸物流、商务会展、批发零售等现代服务业，提升普安县、晴隆县等小城镇的基本公共服务职能；重点发展资源延伸的制造业和商贸物流业，推进"煤钢电""煤电化"等循环经济产业试点，带动柏果、鸡场坪、保田等资源型小城镇的发展。

（4）"兴义—兴仁—安龙—贞丰"城镇组群：该城镇组群的主导功能为旅游服务、矿产资源深加工和农特产品加工。以兴义市为中心城市，重点构建黔滇桂交界地区的旅游服务中心，组织区域旅游服务，带动安龙县、泥凼、万峰湖、白层、巴铃、龙广等旅游型小城镇的发展；推进矿产资源的开发利用，延伸资源型产业的上下游产业链，带动兴仁县、贞丰县、青山、清水河等矿产型小城镇的发展；依托本地农特产品和重大交通设施的辐射带动，积极承接产业转移，培育并发展农特产品精深加工业，带动安龙县、威舍、德卧等商贸物流型城镇的发展。

（5）"都匀—独山—丹寨—三都—平塘"城镇组群：该城镇组群的主导功能为现代制造业、农特产品加工业与生态文化旅游。以都匀市为中心城市，依托区域重大交通设施，重点发展精密仪器、电子产品等制造业，积极承接珠三角产业转移发展轻工制造业，整合组群资源发展农特产品精深加工，培育商务服务和商贸流通，带动独山县、丹寨县、墨冲、兴仁、坝固等一批农特产品加工与商贸物流型小城镇的发展；依托本地民族文化和旅游资源，培育并发展生态文化旅游，带动丹寨县、三都水族自治县、平塘县、洛邦、克渡、拉揽等旅游型小城镇的发展。

（6）"凯里—麻江—黄平—施秉—镇远—雷山—台江—剑河"城镇组群：该城镇组群的主导功能为生态文化旅游、现代服务、商贸流通和轻工制造业。以凯里市为中心城市，推进凯里—麻江一体化，构建依托贵阳市、联系湖南省、承接广西壮族自治区的区域旅游组织中心，带动镇远县、施秉县、黄平县、雷山县、剑河县、旧洲等旅游型小城镇以及郎德、西江等旅游型村寨的发展；依托区域重大交通设施，重点发展精密仪器、电子信息等制造业，积极承接珠三角产业转移发展轻工制造业；整合本地资源，发展农特产品精深加工，培育商务服务和商贸流通，带动发展麻江县、施秉县、剑河县等农特产品加工与商贸物流型城镇的发展；依托本地丰富的煤炭资源，有序推进矿产资源的开发利用，带动麻江县、炉山、蕉溪等矿产型小城镇的发展。

（7）"从江—黎平—锦屏—榕江"城镇组群：该城镇（村）组群的主导功能为文化旅游与旅游服务。以从江县洛贯新城为中心，构筑依托桂林跨越型发展的区域旅游组织中心，培育旅游接待、文化展演、商务会展等旅游服务职能，提升现代服务水平，带动黎平县、榕江县、锦屏县、肇兴、高增、隆里等旅游型小城镇的发展。积极发掘黎平机场和洛贯新城高铁车站的区域集散作用，依托苗侗少数民族村寨旅游目的地和非物质文化遗产展演，构筑多元化旅游线路，促进芭沙、小黄等旅游型村寨的发展。

（8）"铜仁—松桃—江口—玉屏"城镇组群：该城镇组群的主导功能为旅游服务、现代制造和资源深加工。以铜仁市为中心城市，构建对接湘西、梵净山的区域旅游服务中心，培育旅游接待、文化展演、商务会展等旅游服务职能，提升现代服务水平，推动江口县、太平、寨英等环梵净山旅游型小城镇发展；依托本地矿产资源、积极承接东部产业转移，发展新型建材、新材料、节能环保等制造业和资源深加工产业，促进松桃苗族自治县、大兴、大龙等资源型小城镇的发展。

（9）"德江—印江—思南—沿河"城镇组群：该城镇组群的主导功能为农特产品精深加工、商贸物流和旅游服务。以德江县为中心城市，强化生活生产服务与组织作用，加强区域对接，提高商贸物流水平，发展农特产品精深加工，促进思南县、印江土家族苗族自治县、煎茶、塘头等农特产品加工与商贸物流型小城镇的发展。提高旅游服务水平，开拓旅游组织线路，带动沿河县城、印江县城、木黄等旅游型小城镇的发展。

3. "五区"

利用区域高度差异的资源禀赋条件，构建各具特色、差异互补的中部、北部、东北部、东南部和毕水兴五个次区域。

（1）中部次区域：该区域为综合型、规模化城镇发展地区，是全省最重要的城镇人口集聚区，是以城带乡为主要模式的城乡统筹发展地区。中部次区域以贵阳—安顺都市圈为核心，包括贵阳市辖区、安顺市辖区、清镇、平坝、普定、镇宁、关岭、长顺、惠水、龙里、贵定、紫云、罗甸、瓮安、福泉、开阳、息烽、黔西、织金、六枝特区等。次区域应加快都市区、中心城市与外围城镇、乡村地区的交通一体化建设，大力推进城镇密集区的网络化空间联系与产业分工，积极推进城乡融合发展。依托城镇密集地区的消费市场，通过发展都市型农业、休闲观光农业与乡村旅游，推动农业农村现代化，落实乡村基本公共服务均等化。

（2）北部次区域：该区域是综合型、规模化城镇发展区，也是重要的城镇人口集聚区，以城带乡与乡村振兴相结合的城乡统筹发展地区。北部次区域以遵义都市圈为组织核心，包括遵义市辖区、遵义县、绥阳县、赤水市、习水县、仁怀市、金沙县、桐梓县、正安县、道真仡佬族苗族自治县、务川仡佬族苗族自治县、湄潭县、凤冈县、余庆县等。次区域应加快推进城乡交通网络建设，在仁怀、湄潭、赤水等城镇带动下，促进农特与旅游型城镇发展；推动务川、道真、正安矿产资源型城镇发展。依托农特型城镇，发展城乡一体的特色农产品生产、加工与流通体系，扩大就业、繁荣乡村经济；同时依托农特品牌、结合城市消费市场，推进乡村旅游、度假旅游，促进农民增收；矿产资源地区、山区以生态治理、人口转移为重点，加快劳动力进城务工、实现三化同步。

（3）东北部次区域：该区域为全省特色型城镇发展地区，是全省重要的特色多样化扶贫型城乡统筹发展地区，是城镇化与农业现代化互动发展、农村人口就地城镇化的重要地区。东北部次区域以"德江—印江—思南—沿河"城镇组群和"铜仁—松桃—江口—玉屏—岑巩—三穗—天柱"城镇组群为核心，包括铜仁市辖区、德江县、思南县、印江土家族苗族自治县、石阡县、镇远县、岑巩县、江口县、玉屏侗族自治县、三穗县、天柱县、沿河土家族自治县、松桃苗族自治县等。次区域应依托区域交通大通道、梵净山旅游资源与矿产资源条件，形成多类型城镇有序互动的格局。依托旅游城镇、农特产业城镇、工业城镇，重点加快城乡一体的水利、交通设施建设，以农村人口转移与乡村特色农业、山地旅游业发展为主导，通过多元路径推进乡村振兴。

（4）东南部次区域：该区域为全省民族文化旅游型特色城镇发展地区，是镇村产业联动发展、少数民族人口就地城镇化与特色民族村寨和谐发展的示范区。东南部次区域以"凯里—麻江—黄平—施秉—镇远—雷山—台江—剑河"城镇组群、"都匀—独山—丹寨—三都—平塘"城镇组群和"从江—黎平—锦屏—榕江"城镇组群为核心，包括都匀市、凯里市、麻江县、施秉县、黄平县、台江县、剑河县、锦屏县、黎平县、从江县、榕江县、雷山县、丹寨县、三都水族自治县、独山县、荔波县、平塘县等。次区域应依托优质的民族旅游资源，对接周边旅游市场，加强旅游交通线路建设，强化旅游组织中心型城镇，带动旅游服务型城镇及村寨发展；依托都匀市、凯里市等基础好、交通区位条件优越的城镇，承接东部产业转移，发展民族地区特色产品加工业，建设具有民族文化特色的综合型城镇。提升民族旅游型城镇服务功能，带动村寨观光旅游与乡村旅游商品生产。加强落实乡镇基础服务设施建设，推进民族地区和谐发展。

（5）毕水兴次区域：该区域是全省特色型城镇发展地区、重要的城镇人口聚集区、重要的能矿经济发展区，以促进农村人口城镇化、改善农村生活条件为统筹城乡发展的主要模式。毕水兴次区域以"毕节—大方—赫章—纳雍"城镇组群、"六盘水—水城—威宁"城镇组群、"盘州—普安—晴隆"城镇组群和"兴义—兴仁—安龙—贞丰"城镇组群为组织核心，包括毕节市辖区、六盘水市辖区、盘州市、兴义市、大方县、纳雍县、赫章县、威宁县、水城县、普安县、晴隆县、兴仁县、贞丰县、安龙县、册亨县、望谟县等。次区域在生态保护前提下，优化发展资源深加工与衍生产业，推动矿产资源型城镇发展；着力推进资源型大中城市转型发展，发挥综合服务职能，带动区域内旅游、农业特色产品加工型城镇发展，扩大就业容量，吸纳农村劳动力，加速人口城镇化进程。以转移农村人口为主要任务、缓解石漠化地区人地矛盾；同时加强山地生态治理与新农村建设，着力发展地方特色农业与生态旅游，改善山区人居环境、促进农村增收、实现民生和谐发展。

（二）城镇空间发展规划

"十四五"期间，贵州城镇空间发展规划以黔中城市群为主体，贵阳、贵安为龙头，贵阳、贵安、安顺都市圈和遵义都市圈为2个核心增长极，推进贵阳、贵安融合发展，提升省会城市首位度。充分发挥其他市（州）区域中心城市的特色和优势，增强区域中心城市的带动能力。以仁怀—习水—赤水、七星关—威宁、水城—盘州、兴义—兴仁、独山—荔波、黎平—榕江、碧江—松桃等城市带和特色小城镇为支撑，发展城镇空间格局。

三、城镇发展战略[①]

"十三五"以来是贵州省进入全面建成小康社会、城镇化加速发展的关键时期,有序推进山地特色新型城镇化稳步发展。

(一)积极引导就地就近城镇化

坚持以人为本,加快基础设施与公共服务能力建设,有效引导农业转移人口就地就近就业创业,引导约500万人实现就地就近城镇化。

第一,探索山地就地就近城镇化路径。继续推广县城及中心镇带动周边多个村庄联动发展的"1+N"模式,统筹建设城镇和周边农村公共服务设施和基础设施,实现互联互通、共建共享。合理布局现代农业园区及山地高效农业、养老服务业、医药健康产业,加快发展乡村旅游业,以产业带动农民就业,推动农民向产业工人、周边村庄向社区的转变,实现就地就近城镇化。

第二,引导农业转移人口就地就近就业创业。破除农业转移人口就业障碍,完善就业失业登记管理制度和就业信息系统功能。加快创业园区和创业孵化基地建设,建成一批职业技能公共实训基地,开展专项技能及初级、中级、高级技能培训,推进职业技术教育培训服务全覆盖。大力推进"雁归兴贵"计划,引导农业转移人口返乡就业创业,对符合条件的农业转移人口给予创业担保贷款及贴息,免费享有劳动人事争议调解和仲裁服务,符合条件人员享受职业技能鉴定补贴,促进大众创业、万众创新,实现农业转移人口就地就近就业创业。

第三,推进外来入黔人口常住地转化。建立入黔人口服务制度,建立"一站式"服务机制和机构,为入黔人口提供就业创业服务和支持。建立高层次人才引进工作规则,实行限时办结工作机制。加大人才引进工作力度,以人才博览会等大型人才交流活动为载体,加快引进山地特色新型城镇化建设人才。

(二)提高农业转移人口市民化保障

完善农业转移人口市民化协同推进机制和成本挂钩机制,推进城镇常住人口基本公共服务均等化,逐步实现同城同权、同城同酬、同城同保、同城同教,保障城镇常住人口落户与农业劳动力就地就近城镇化顺利实施。

第一,提供基本公共服务。将随迁子女义务教育纳入各地教育发展规划和

---

① 参见《贵州省城镇体系规划(2012—2030年)》。

财政保障，确保符合规定条件的进城务工人员随迁子女零障碍入学，落实随迁子女在流入地参加中考和高考。确保城乡义务教育阶段学生同等享受"两免一补"和生均公用经费基准定额资金随学生流动可携带政策，为家庭困难学生提供生活补助并享受国家助学金。建立完善优质教育资源共享挂钩机制。充分考虑适龄幼儿入园需求，努力解决随迁子女接受学前教育问题。加快建立基本医疗保险异地就医费用结算制度，农民工及其随迁家属纳入社区医疗卫生保障体系，提供健康教育、妇幼保健、免疫规划、传染病防控、职业病防治等服务体系。完善城镇职工基本养老保险制度，允许在农村参加的养老保险和医疗保险规范接入城镇社保体系，逐步实现农业转移人口与城镇居民同等享有社会保险和公共服务。

第二，拓宽住房保障渠道。将进城落户农业转移人口完全纳入城镇住房保障体系，让农业转移人口享有与城镇居民同等的住房保障权利。以农户自愿为前提，开展农村住房置换商品房试点。探索建立进城落户农民住房公积金制度，支持从房地产市场筹集公共租赁房源，盘活存量住房。积极探索共有产权住房，逐步建立共有产权住房市场准入、产权份额确定、上市交易与收益分成等政策体系，拓宽住房保障渠道。

第三，建立成本挂钩机制。加快建立政府主导、多方参与的农业转移人口市民化协同推进机制和成本挂钩机制。政府承担农业转移人口市民化义务教育、劳动就业、基本养老、基本医疗、住房保障以及市政设施等方面的公共成本。农民工要积极参加城镇社会保险。企业要落实农民工与城镇职工同工同酬制度，加大职工技能培训投入，依法为农民工缴纳职工养老、医疗、工伤、失业、生育等社会保险。鼓励农民工主动参加职业教育和技能培训，提高融入城市社会的能力。强化市民化成本测算，制定农业转移人口市民化成本清单，通过政府、企业、个人三方联动，确保转得出、能就业、有保障。

（三）构建多向城镇开放格局

依托"近海近江近边"的区位条件和"1+7"开放创新平台，对接国际国内市场，形成多向开放的城镇化空间格局。

第一，塑造贵州"四廊两带"对外开放新格局。依托长江经济带和珠江—西江经济带，构建"一带一路"倡议通道，塑造"四廊两带"对外开放新格局。建设云南—南亚—西亚—欧洲陆路经济走廊，云南—东南亚—南亚—印度洋陆路经济走廊，成渝—中亚—欧洲陆路经济走廊，珠三角、长三角、北部湾—大洋洲、非洲、欧洲海上经济走廊。依托长江经济带，强化与成渝经济区、长三角、湖南省合作。依托珠江—西江经济带，强化与珠三角、广西壮族自治区、云南省合作，加强与中国香港和澳门建立更加密切的经贸合作关系。

第二，以黔中城市群为主体推动多向开放。向北强化与成渝一体化发展，主动融入成渝城市群。向南强化连接南宁、北海的多通道建设，依托贵广高速公路和贵广高速铁路，扩大与珠三角、北部湾等沿海地区合作。向西借助云南"桥头堡"，面向南亚、东南亚发展外向型经济。向东依托杭瑞、沪昆等国家高速公路，强化与长三角、长江中游城市群合作，并与湘西地区在旅游、生态、民族文化等方面深度合作。

第三，构建高速走廊城镇经济带。加大高速铁路、高速公路沿线城镇发展支持力度，培育节点城镇，着力构建"两高"城市经济带。以贵阳至广州、长沙、昆明、重庆、成都、南宁高速铁路和高速公路为依托，进一步加大区域间产业发展、城镇建设、基础设施和公共服务统筹力度，发展核心骨干城市，壮大区域中心城市，培育战略支点城镇，着力构建高铁城镇产业经济带，推进区域发展一体化。

（四）强化省域发展主核

以贵阳中心城市（含贵安新区）为省域发展主核，强化规模集聚和功能提升。推进贵阳、贵安融合发展，培育对外开放综合服务职能，打造西南地区具有区域竞争力的经济增长极。

第一，增强贵阳中心城市辐射带动能力。充分发挥中心城市和城市群带动作用，支持贵阳市做强实体经济、做大城市规模，发挥辐射作用。发挥贵阳市西部陆海新通道节点优势，推动现代物流枢纽建设，加强与泛珠三角、成渝地区双城经济圈等协作，增加陆海新通道班列开行频次，实现"黔新欧"班列常态化运营，积极融入"一带一路"、长江经济带和粤港澳大湾区建设，更大程度参与国际国内产业分工。促进贵安、安顺与贵阳一体化发展，龙里、惠水等与贵阳同城化发展。加强贵阳中心城市基础设施和公共服务设施建设，提高城市综合承载力和城市容量，提升城市综合服务功能和建设品质，建成全国性综合交通枢纽和全省金融贸易、文化教育、科研信息与旅游服务中心。大力培育以大数据为引领的高新技术产业和现代制造业基地，提高城市经济效益，形成面向区域、带动全省的增长引擎。

第二，推进贵阳贵安协同融合发展。2020 年 2 月 24 日，贵州省委常委会审议通过了《中共贵州省委贵州省人民政府关于支持贵安新区高质量发展的意见》，提出支持贵阳贵安快速通道建设，加快构建城乡规划、基础设施、现代产业、公共服务、要素市场、环境保护"六个体系"，全力推动贵阳贵安协同融合发展。

贵阳市、贵安新区共同编制交通、产业、水资源、生态环境、人口等专项规划，推动两区功能整合和升级。

促进贵阳贵安路网、水网、电网、互联网等基础设施的互联互通，坚持交通先行，加快推进城市干道、轨道交通和有轨电车等 10 条互联互通道路（线路）建设，打造贵阳贵安半小时通勤圈，为两地协同融合发展提供有力支撑。

推动贵阳贵安产业、城市协同发展，推动贵阳贵安共建合作园区，探索"贵阳研发+贵安转化""贵阳总部+贵安基地"等合作模式。加快推动以花溪大学城片区为核心、马场片区为辐射的城市建设。

加强制度建设，打通行政壁垒、体制机制障碍，加速两地资源要素的高效配置。推动户籍制度改革，实现贵阳贵安户籍同城化管理，促进人力资源自由流动。推动土地配置一体化，探索新型产业混合供地用地模式，提高土地利用效率。

第三节 主要城市发展概况

贵州省下辖贵阳市、遵义市、六盘水市、安顺市、毕节市和铜仁市 6 个地级市，黔西南布依族苗族自治州、黔东南苗族侗族自治州、黔南布依族苗族自治州 3 个自治州。近年来，各地级市及自治州充分利用自身的资源和区位优势，在经济发展、产业转型升级和交通建设等方面取得了较大成效。

一、贵阳市

贵阳市是贵州省会城市，也是全省政治、经济、文化、科教和交通中心，地处我国长江与包昆通道交汇地带，是西南地区重要的中心城市之一，成渝经济区南下出海的重要门户。贵阳市位于云贵高原东部、贵州中部，北纬 26°11′~26°55′，东经 106°07′~107°17′，东临黔南布依族苗族自治州，南接安顺市，西邻毕节市，北交遵义市。贵阳市下辖观山湖、云岩、南明、花溪、乌当、白云 6 个区，修文、息烽、开阳 3 个县，代管 1 个清镇市（县级市），全市面积 8034 平方千米，城市建成区面积 2430 平方千米。贵阳市处于全省经济发展的龙头地位，2020 年底，常住人口 598.70 万人，城镇化率 76.13%，是贵州省城镇化水平最高的地区。2019 年末实现地区生产总值 4039.60 亿元，占全省地区生产总值的 24.09%，其中，第一产业增加值 161.34 亿元，第二产业增加值 1496.67 亿元，第三产业增加值 2381.59 亿元，三次产业结构为 4∶37∶59。人均地区生产总值 81995 元，为贵州平均水平（46433 元）的 1.8 倍，高于全国平均水平[①]。

贵阳行政建制始于汉代，唐代置矩州（"矩"与"贵"同音，后称"贵州"），元代在今贵州置八番顺元宣慰司，治所设在今贵阳市并修筑土城，改贵州为顺元城，明洪武四年（公元 1371 年）更名为"贵州城"。明洪武十五年（公元 1382 年），在贵州（今贵阳）设置省级军事指挥机构——都指挥使司，1413 年贵州设立行省，置贵州城，贵州不仅指今贵阳而指全省。1569 年改程番府为贵阳府，贵阳正式作为行政区划名。民国 2 年（公元 1913 年）贵阳确定为贵州省会，1941 年 2 月贵阳建市，成为贵州省第一个省辖市。从城市规模来看，顺元土城规模狭小，据《贵州通志》记载，面积仅 1.25 平方千米，北至钟鼓楼（今勇烈路口），南至今大南门，东至今老东门，西至今大西门。明洪武十五年（公元 1382 年）在顺元城的基础上，向北扩展到今喷水池，并修筑石质城墙，称老城或内城。明末天启六年（公元 1626 年），因人口增长以及防御需要，对贵阳城进行了第二次扩建，在北门外修建外城城墙，外城又称新城，内外城间由北门相通，建成后的城垣面积 2.25 平方千米，即今贵阳市环城路包围部分，主城区轮廓初步形成。1949 年，贵阳市人口 20 万，建成区面积 6.8 平方千米，历时 300 余年仅扩张了 4.55 平方千米，城市扩展速度极其缓慢。"三线建设"期间扩展迅速，1977 年城市建成区面积达到 36 平方千米，南明、云岩两城区人口达到 80 万，人口密度为 2.22 万/平方千米，老城区出现了交通拥挤、污染严重等问题，2000 年启动金阳新区建设，2012 年国务院批准成立

---

① 参见贵阳市人民政府官方网站。

为"观山湖区"。

贵阳市地处黔中山原丘陵中部、长江与珠江分水岭地带，海拔 1100 米左右，地势西南高、东北低，喀斯特地貌发育，剥蚀丘陵与盆地、谷地、洼地相间分布。属于亚热带季风湿润型气候，夏季平均温度为 23.2℃，最冷月（1 月）平均气温 4.6℃，2007 年被中国气象学会授予"中国避暑之都"称号。2007 年贵阳市提出建设生态文明城市，2009 年被国家环保总局列为全国生态文明建设试点城市，同年被评为全国十大低碳城市之一。森林覆盖率逐年提高，2018 年达到 52.16%，荣获"国家森林城市"称号。2018 年贵阳市轨道交通 1 号线全线开通，标志着贵州进入"地铁时代"。

清末至 20 世纪 30 年代，基本确立了贵阳市黔中经济区的中心地位。抗战时期全国政治经济中心的西移，促进了贵阳卷烟、机械、纺织、橡胶业和文教事业的发展，成为全省最大的综合性工业区。经过"三线建设"，贵阳市基本形成航空、航天、电子三大产业体系，奠定了现代工业基础。贵阳标准件一厂可控硅元件车间的建立，标志着贵阳市电子工业的起步，1965 年贵阳钢铁厂成为全国最大的钢铁生产基地，贵州铝厂扩建成为全国三大铝工业基地之一；1970 年第一台涡轮喷气式飞机发动机试制成功，建成了贵州化肥厂、贵州有机化工厂、贵州轮胎厂等化工厂。总体来说，贵阳市以丰富的磷、铝、煤等矿产资源为依托，资源产业占主导地位，支柱产业有电、煤、煤化工、铝及铝加工、磷及磷化工、铁合金，产业发展"高消耗、高污染"特征突出，给资源环境带来巨大压力，20 世纪初成为全国酸雨最为严重的城市之一。为破解生态保护与经济发展双赢的难题，贵阳市积极探索绿色低碳发展路径，2000 年开始走循环经济发展道路，2002 年国家环保总局批准为我国首个循环经济生态建设试点城市，2004 年联合国环境规划署确认为全球唯一的循环经济试点城市，2007 年 12 月 29 日，贵阳市委八届四次会议通过《关于建设生态文明城市的决定》。"十三五"期间，贵阳市淘汰落后产能、化解过剩产能企业 13 家，淘汰落后和过剩产能 196 万吨。大力发展清洁能源，风力发电量 3.35 亿千瓦时（规模以上企业）、水电发电量 80.60 亿千瓦时，焚烧垃圾发电量 1.36 亿千瓦时。98.0% 以上工业固体废弃物进行处置利用，99.0% 以上垃圾进行无害化处理。

积极推进"互联网+"工业行动，优先发展高新技术、战略性新兴产业和循环经济；大力发展生态农业；积极发展旅游、金融、会展等现代服务业，推进金融业、物流业、会展业等生产型服务业的发展，推进"世界旅游名城"建设。

专栏7-1

贵阳市循环经济发展路径

从企业、园区、城市三个层面推进循环经济发展。选择重点行业的骨干企业，进行企业循环经济技术的研发和引进，围绕"煤电磷、煤电铝、煤电钢、煤电化"一体化，促进资源综合利用，提高资源利用率。

铝加工是贵阳市支柱产业之一，中国铝业股份有限公司贵州分公司作为试点企业，研发了一批电解铝新技术、新工艺，2001~2010年，生产每吨氧化铝的综合能耗从1425千克标准煤降低到961千克标准煤，每吨氧化铝新水消耗量从7.09吨下降到1.34吨，实现铝工业废水"零排放"，铝矿资源转化率达到75%。磷煤化工是贵阳市的优势产业之一，按照工业生态学原理，将开阳磷煤化工基地建设成为我国首个磷煤化工（国家）生态工业示范基地，促进资源纵向共生耦合利用，形成磷-煤化工、磷-氯碱化工、煤氯碱化工和"三废"综合利用四大产业循环链，生产磷酸产生的磷石膏固体废弃物，成为建材、装饰、装修、家具材料四大类10多个产品生产的原材料，磷矿资源转化率达到60%。推动低碳城市建设；构建绿色交通体系，进行公共交通油改气、使用甲醇汽车燃料；推动工业废气的资源化利用，研发焦炉煤气汽车新能源关键技术，将焦炉煤气变为汽车燃料。

二、遵义市

遵义市为贵州省第二大城市，1950年建市。位于省域北部，属于长江中上游综合开发和黔中经济区综合开发重要区域，成渝—黔中经济区的主廊道，是西南地区承接南北、连接东西、通江达海的重要交通枢纽，2005年遵义—重庆高速公路通车后，融入重庆一小时经济圈。下辖3个区、7个县、2个民族自治县、2个代管市和1个新区，经济总量仅次于贵阳市，居全省第二。2019年，全市年末常住人口630.2万，人口出生率10.38‰，死亡率12.66‰，自然增长率7.17‰。2019年地区生产总值为3483.32亿元，其中，第一产业增加值为

431.87 亿元, 第二产业增加值为 1593.12 亿元, 第三产业增加值为 1458.33 亿元, 三次产业结构为 12.4∶45.7∶41.9①, 人均地区生产总值 55411 元。遵义市是贵州白酒产业最集中的地区, 尤其以仁怀市茅台镇为甚, 出产全国三大名酒之一"茅台酒", 也是世界酱香白酒产业基地。

播州, 唐贞观十三年 (公元 639 年) 由隋代的郎州改名而来, 管辖贵州北部大部分区域, 历经五代时期、宋朝、元朝, 直到明朝末期, 故常用"播州"代称古代的遵义。唐贞观十六年 (公元 642 年), 播州管辖的罗蒙县更名为"遵义县", 即"遵义"名称最早出现。明万历二十八年 (公元 1600 年)"平播之役"前, 播州为杨氏土司统治,"平播之役"后第二年, 播州分为遵义军民府 (属四川省) 和平越军民府 (属贵州省), 现在遵义市大部分地域属于这两府, 少部分属于石阡府和思南府。清雍正五年 (公元 1727 年), 遵义府划归贵州省管辖。民国 24 年 (公元 1935 年), 贵州省设 11 个行政督察区, 黔北地区为第五行政督察区。1949 年后, 第五行政督察区改为遵义专区, 后称遵义地区。1997 年撤地建市, 原县级遵义市被撤销, 改设红花岗区。2003 年成立遵义市汇川区, 2016 年撤销遵义县, 将原遵义县管辖的新舟、虾子、三渡、永乐、喇叭 5 个镇划归红花岗区, 山盆、芝麻、沙湾、毛石、松林 5 个镇划归汇川区, 调整行政区域后的遵义县设为遵义市播州区 (周毅, 2015)。

遵义市处于云贵高原向湖南丘陵和四川盆地过渡的斜坡地带, 地形起伏大, 海拔一般在 800~1300 米, 平坝及河谷盆地面积占 6.57%, 丘陵占 28.35%, 山地占 65.08%, 市内大娄山山脉自西南向东北延伸。地貌类型多样, 包括溶蚀地貌、溶蚀构造地貌和侵蚀地貌, 赤水丹霞是全国面积最大、发育最壮美的丹霞地貌, 与福建泰宁、湖南崀山、广东丹霞山、江西龙虎山和浙江江郎山组合为"中国丹霞", 2010 年 8 月列入《世界遗产名录》。遵义市历史文化厚重, 是首批国家历史文化名城, 拥有世界文化遗产海龙屯, 1935 年中国共产党在此召开了著名的"遵义会议"。

三、六盘水市

六盘水市位于贵州省西部, 西接云南省曲靖市, 东邻安顺市, 北毗毕节市,

---

① 参见遵义市人民政府官方网站。

南接黔西南布依族苗族自治州。1978 年 12 月建市，是"三线建设"时期建设的新兴工业城市。"六盘水市"的名称，由六枝、盘县和水城三个特区的首字组成。地势西北高、东南低，年平均温度 13℃ ~ 14℃，7 月均温 19.8℃ ~ 22℃，有"中国凉都"之称，也是西电东送的主要城市，西南、华南地区重要的能源、原材料工业基地。

六盘水市下辖钟山区、六枝特区、盘州、水城县 4 个县级行政单元和钟山、红果等 5 个省级经济开发区，87 个乡（镇、街道），钟山区的大湾镇、二塘乡、三合乡位于毕节市西南部。总面积 9965 平方千米，占全省总面积的 5.63%。2019 年末常住总人口 295.05 万，人口出生率 13.14‰，人口自然增长率 5.73‰。2019 年，人均地区生产总值为 1265.97 亿元，第一产业增加值为 154.76 亿元，第二产业增加值为 582.43 亿元，其中工业增加值 512.24 亿元，第三产业增加值为 528.78 亿元，三次产业结构为 12.2：46.0：41.8。

"六盘水"原指安顺地区的六枝县、兴义地区的盘县和毕节地区的水城县。煤炭资源丰富，1964 年国务院决定在六枝成立"西南煤矿建设指挥部"，统一领导开发贵州西部六枝、盘县、水城一线以及四川、云南的煤炭资源，1965 年相继设立六枝、盘县、水城矿区建设指挥部与矿区政府，1966 年 2 月改设为水城特区（由水城县的 8 个公社、威宁县的 2 个公社组成）、盘县特区（由盘县的 10 个公社、云南宣威的 2 个公社组成）、六枝特区（由郎岱县的 4 个公社、普定的 3 个公社、镇宁的 1 个公社组成）。1970 年撤销"西南煤矿建设指挥部"，同年成立六盘水地区革命委员会，将水城特区、盘县特区和六枝特区分别与安顺地区的郎岱县、毕节地区的水城县和兴义地区的盘县合并，组成 3 个县级特区。1987 年 12 月，撤销水城特区，分设水城县、钟山区；1999 年 2 月，撤销盘县特区设盘县，确定了六盘水市的行政区划。

六盘水市矿产资源丰富，已发现有煤、铁、铅锌、铜、石灰石、重晶石等 20 多种矿产，煤炭资源尤其丰富，煤质优良，品种多样，煤炭资源保有储量占全省的 1/3，是全国"14 大煤炭基地"的重要组成部分和长江以南最大的炼焦煤基地。"三线建设"时期与攀枝花市布局钟摆式钢铁基地，形成以煤炭、钢铁、电力、建材为支柱的工业体系①。

四、安顺市

安顺市是贵州省第三大城市。位于省域中西部,东邻贵阳市和黔南布依族苗族自治州,西接六盘水市,南连黔西南布依族苗族自治州,北接毕节市。下辖 2 个区(西秀区、平坝区)、1 个县(普定县)、3 个自治县(镇宁布依族苗族自治县、关岭布依族苗族自治县、紫云苗族布依族自治县),还设立了安顺经济开发区、黄果树风景名胜区(国家级)两个管理区。行政区总面积 9267 平方千米。2019 年末常住人口 236.36 万,地区生产总值 923.94 亿元,其中,第一产业增加值 157.19 亿元,第二产业增加值 292.40 亿元,第三产业增加值 474.35 亿元,三次产业结构为 17.0∶31.7∶51.3,人均地区生产总值 39177 元②。

安顺市区位优越。自古就有"黔之腹、滇之喉、蜀粤之唇齿"的称谓,连接云南、贵州、湖广的东西向古驿道穿过市境。现有沪昆高速公路横贯东西,沪昆高速铁路在市域内设平坝南、安顺西、关岭 3 个站点;贵昆铁路穿越全市,黄果树机场开通了到北京、上海、重庆等地的 10 余条航线。

安顺是贵州省最早设立县治的古城之一。明洪武十四年(公元 1381 年)建城,明洪武十五年(公元 1382 年)为新设置的普定卫指挥使司治所,属四川都司,当时称为普定卫城;明永乐十一年(公元 1413 年)贵州承宣布政使司(即贵州省)建立后,明正统三年(公元 1438 年)普定卫改属贵州都司。民国时全省分为黔中、黔东、黔西 3 个道,安顺属黔西道(又称贵西道),民国 24 年(公元 1935 年)贵州省开始实施行政督察专员制,全省分为 11 个行政督察区,安顺属第二行政督察区。1949 年新中国成立后,建立安顺行政督察专员公署,1966 年以安顺县城关区设立安顺市,1990 年撤销原安顺市和安顺县建制,设立新安顺市(县级),2000 年撤销安顺地区和县级安顺市,设立地级安顺市③。

安顺市历来为贵州商业重镇,明清时期"商业之盛,甲于全省","三线建设"时期为重点航空工业城市。旅游资源丰富,是国家最早确定的甲类旅游开

---

① 参见《2019 年六盘水市国民经济和社会发展统计公报》。
②③ 参见安顺市人民政府官方网站。

放城市、中国优秀旅游城市、贵州省历史文化名城，拥有黄果树、龙宫2个国家5A级旅游区、7个国家4A级旅游区以及关岭古生物化石群国家地质公园等一批省级风景名胜区。安顺地处长江水系乌江流域和珠江水系北盘江流域的分水岭地带，喀斯特地貌典型；年平均温度14℃，气候宜人。安顺是贵州西线旅游重点城市，2019年旅游总人数1294.97万人次，比2018年增加27.9%，旅游总收入1343.61亿元，比2018年增长29.8%①。

五、毕节市

毕节市位于贵州西北部，川、滇、黔三省交界处，是全国唯一一个以"开发扶贫、生态建设"为主题的试验区。行政区面积2.69万平方千米，下辖1个区、7个县、1个管委会和1个新区，分别是七星关区、大方县、黔西县、金沙县、织金县、纳雍县、威宁彝族回族苗族自治县、赫章县、百里杜鹃管委会、金海湖新区。杭瑞、厦蓉等高速公路以及成贵、隆黄等铁路穿过市境，融入成渝、滇中、黔中2小时经济圈；飞雄机场开通了北京、上海、广州等23个城市航线，是珠三角连接西南地区、长三角连接东盟地区的重要通道。2019年，常住人口为671.43万，比上年末增加2.82万人，人口出生率为13.75‰，人口自然增长率为6.5‰。地区生产总值1901.36亿元，其中，第一产业增加值439.36亿元，第二产业增加值520.67亿元，第三产业增加值941.33亿元，三次产业结构为23.1∶27.4∶49.5，人均地区生产总值28378元②。

元代分属"亦溪不薛"（蒙古语为水西之地）宣慰司、乌撒乌蒙宣慰司，明代分属水西宣慰司、乌撒军民府、永宁宣抚司和乌撒卫等，清康熙五年（公元1666年）置大定府（今大方）、黔西府、平远府（今织金）、威宁府；民国属贵州省第四行政督察专员公署。1949年后设"毕节专员公署"，辖毕节、大方、黔西、金沙、织金、纳雍、水城、威宁、赫章9个县；1970年更名为"毕节地区行政公署"，同年水城县划归六盘水市；1994年撤毕节县设县级市，2011年撤地设地级市，成立七星关区③。

毕节市地处滇东高原向黔中山原丘陵过渡的斜坡地带，地势西高东低，最

① 参见安顺市人民政府官方网站。
② 参见《毕节市2019年国民经济和社会发展统计公报》。
③ 参见毕节市人民政府官方网站。

高处为赫章县珠市彝族乡的小韭菜坪，海拔 2900.6 米，也是贵州最高峰。西部威宁彝族回族苗族自治县以及赫章县西部海拔在 2000~2400 米；赫章县东部、七星关区、大方县、黔西县、纳雍县、织金县西部海拔在 1400~1800 米，金沙和黔西县以及织金县东部，为全市地势最低处，海拔在 1000~1400 米。季风气候明显，降雨量较为充沛，气候垂直变化显著。多年平均温度在 10℃~15℃，金沙县最高，威宁彝族回族苗族自治县最低。毕节市为乌江、赤水河、北盘江的发源地，乌蒙山系是牛栏江、白水河、北盘江和乌江的分水岭；大娄山脉是乌江水系和赤水河水系的分水岭；老王山山脉为乌江上游三岔河与珠江水系北盘江的分水岭。

毕节市矿产资源丰富，已探明矿产 60 多种，其中煤储量 364.7 亿吨，居全省之冠；铁矿探明储量 2.27 亿吨，占全省探明储量的 51.7%；是国家"西电东送"重要的能源基地、国家新型能源化工基地；有国家级风景名胜区织金洞、国家级森林公园百里杜鹃、国家自然保护区草海、国家级风景区"九洞天"。

六、铜仁市

铜仁市位于贵州省东北部，黔、湘、渝接合部，武陵山区腹地。东邻湖南省怀化市，北与重庆市接壤，是连接中南地区与西南边陲的纽带，享有"黔东门户"之称。土地面积 1.8 万平方千米，下辖碧江区、万山区 2 个区，以及江口县、石阡县、思南县、德江县、松桃苗族自治县、玉屏侗族自治县、印江土家族苗族自治县、沿河土家族自治县。自古以来是少数民族聚居地，现居住有土家族、汉族、苗族、侗族、仡佬族等 29 个民族，少数民族占总人口的 70.00% 以上。2019 年末，常住人口达 318.85 万人，人口出生率为 12.64‰，人口死亡率为 4.54‰；地区生产总值 1249 亿元，其中，第一产业增加值 255 亿元，第二产业增加值 326 亿元，第三产业增加值 668 亿元，三次产业比重为 20.4∶26.1∶53.5，人均地区生产总值 39298 元[①]。

锦江便利的水上交通，是铜仁历史上商业贸易比较发达的基础，宋元时期与湖南、江西、四川等地进行桐油、花生等农副产品交易，大批客商在此定居，明清时期成为贵州东部经济中心和物资集散地。由于地处湘、鄂、川、黔四省

---

① 参见《铜仁市 2019 年国民经济和社会发展统计公报》。

交界处，军事地位重要。现已初步形成水、陆、空结合的立体交通运输网络，沪昆高铁、铜玉高铁建成通车，沪昆、杭瑞等高速公路穿过市境，建有铜仁凤凰机场，水运 500 吨级船舶可经长江抵达东海。

铜仁市属于贵州开发较早的城镇，历史上为"黔东重镇"。唐初就设置了县，元代隶属思南宣慰司，明永乐十一年（公元 1413 年）撤思南宣慰司，在今铜仁市范围设铜仁、思南、石阡、乌罗 4 府，隶属贵州布政使司。明正统三年（公元 1438 年）废乌罗府，将乌罗府大部分区域并入铜仁府。民国 32 年（公元 1943 年）全省设 6 个行政督察区，第六督察区专员公署驻铜仁，下辖铜仁、江口、玉屏、松桃、印江、石阡、思南、德江、沿河 9 个县。1949 年后设铜仁地区，1966 年设万山特区，1979 年设铜仁地区行政公署，辖 8 个县、1 个自治县、1 个特区，1987 年撤销铜仁县建铜仁市（县级），2011 年撤销铜仁地区设地级铜仁市①。

铜仁市处于云贵高原向湘西丘陵过渡的斜坡地带，武陵山脉西段，西北高，东南低。地貌以低中山丘陵为主，山地占全市总面积的 67.8%，丘陵占 28.3%，坝子等仅占 3.9%。最高峰梵净山海拔 2572 米，最低海拔 205 米，喀斯特地貌发育。铜仁地处亚热带，气候垂直差异显著；自然资源丰富，天然饮用水年流量达到 24 亿立方米，每个县都有温泉分布，已查明地热矿泉 23 处；已发现矿产资源 40 余种，锰矿和汞矿储量大、优势明显，其中锰矿主要分布在松桃苗族自治县和碧江区，储量达到 5 亿吨，探明储量居全国第三位；汞矿主要分布在万山区、碧江区、松桃苗族自治县等地，历史上储量居全国第一位，目前汞矿资源已接近枯竭，万山作为资源枯竭型城市正走向绿色转型发展。动植物资源丰富，有国家一类保护动物黔金丝猴、黑叶猴，国家二类保护动物大鲵、熊猴、红面猴等。梵净山为世界自然遗产地和国家 5A 级景区，同时还拥有国家级自然保护区 3 个、国家级风景名胜区 3 个、国家矿山公园 1 个、国家级喀斯特地质公园 1 个。

七、凯里市

凯里市位于贵州省东南部，黔东南苗族侗族自治州首府所在地，行政区面

---

① 参见铜仁市人民政府官方网站。

积 1571 平方千米，城市建成区面积 70.69 平方千米，下辖 11 个镇、7 个街道办事处。湘黔铁路、株六铁路复线、沪昆高铁、贵广高铁通过市境，凯里黄平机场建成通航，清水江航运可直达洞庭湖进入长江，区位条件明显改善。"凯里"为苗语译音，意为新开垦的充满希望的土地，是一个以苗族为主体的多民族聚居地，居住有 33 个少数民族，少数民族人口占总人口的 75%，其中苗族人口占 67%。2019 年末常住人口为 54.89 万，出生率为 14.61‰，死亡率为 5.23‰，人口自然增长率为 9.38‰。地区生产总值 271.92 亿元，其中第一产业增加值 17.98 亿元，第二产业增加值 56.38 亿元，第三产业增加值 197.56 亿元，三次产业结构为 6.6：20.7：72.7，人均地区生产总值为 49620 元[1]。

明弘治七年（公元 1494 年）在今市境设清平县，民国 2 年（公元 1913 年）更名为炉山县，1952 年成立炉山苗族自治区，1955 年改为炉山苗族自治县，1958 年撤销炉山、雷山、丹寨、麻江 4 个县，合并成立凯里县，1961 年恢复雷山县、麻江县，原炉山县仍为凯里县，1962 年恢复丹寨县，1983 年 8 月撤凯里县建市[2]。

凯里市地处云贵高原向湘西丘陵倾斜的斜坡带，清水江上游、苗岭山脉东北麓，最高海拔 1447 米，最低海拔 529 米，山地和丘陵占总面积的 97.2%；属中亚热带湿润季风气候区，年平均温度 15.7℃；森林覆盖率达到 53.28%，是全国绿化模范城市。

凯里市民族风情浓郁，旅游资源丰富，被称为"中国百节之乡"；有世界上最长最宽的风雨桥和世界上最大的苗寨（西江千户苗寨）；拥有香炉山蚩尤文化园、舟溪甘囊香芦笙堂、巴拉河乡村旅游等一批精品旅游景点。

八、都匀市

都匀市地处贵州省南部，黔南布依族苗族自治州首府，布依族语意为"彩云之城"。土地总面积 2274 平方千米，下辖 5 个街道办事处、3 个镇、1 个乡。贵广高铁、黔桂铁路、厦蓉高速公路、兰海高速公路贯穿全市，是西南地区出海重要的交通枢纽。都匀市为少数民族聚居地，有布依族、苗族、水族、瑶族等 33 个少数民族，布依族、苗族、水族人口较多，其中布依族人口占总人口的

---

[1][2]　参见凯里市人民政府官方网站。

67.08%。2019 年末，户籍人口总数为 50.87 万，其中城镇人口 28.44 万，城镇化率为 55.93%；少数民族人口 36.87 万，占总人口的 72.5%。地区生产总值 213.59 亿元，其中，第一产业增加值 19.39 亿元，第二产业增加值 39.24 万元，第三产业增加值 154.96 亿元，三次产业结构为 9.1∶18.4∶72.5，人均地区生产总值为 45470 元。旅游业发展较快，2019 年实现旅游总收入 295.16 亿元，比 2018 年增长 28%[1]。

都匀行政建制始于五代时期后晋天福五年（公元 940 年），设都云县（得名于城东"都云洞"）；元世祖至元二十一年（公元 1284 年），设置都云军民长官司；明洪武二十三年（公元 1390 年），将都云改名为"都匀"；明弘治七年（公元 1494 年），改设都匀府；民国 3 年（公元 1914 年），都匀府改设为都匀县；1956 年，成立黔南布依族苗族自治州，设都匀为首府；1958 年撤县建市，1962 年撤市复县，1966 年以城关镇建市[2]。

都匀市北部多山地，中南部为狭长的河谷盆地，喀斯特地貌发育；属亚热带季风湿润气候，森林覆盖率达到 56.36%，为全球绿色城市；有国家级重点风景名胜区斗篷山—剑江风景名胜区、青云湖国家级森林公园等旅游资源，被评为中国优秀旅游城市，有"高原桥城"之美誉、中国十大名茶"都匀毛尖"之乡，2015 年首次晋级"2015 年度中国中小城市新型城镇化质量百强县市"榜单，是贵州省唯一入选城市[3]。

九、兴义市

兴义市位于贵州省西南部，黔西南布依族苗族自治州首府，地处黔、滇、桂三省接合部，西以黄泥河与云南省交界，南凭南盘江与广西壮族自治区为邻，距省会贵阳市 357 千米、云南省昆明市 362 千米、广西壮族自治区南宁市 525 千米，历史上是毗邻三省的商业集散地和交通要塞，素有"三省通衢"之说。行政区面积 2915 平方千米，下辖 10 个街道办事处、14 个镇、3 个乡。少数民族众多，有布依族、苗族、彝族、白族等 26 个民族居住，2019 年，年末常住人口 83.91 万，户籍人口 93.39 万，人口自然增长率 10.44‰。地区生产总值 465.38 亿元，其中第一产业增加值 42.99 亿元，第二产业增加值 168.48 亿元，第三产

---

①②③ 参见都匀市人民政府官方网站。

业增加值 252.92 亿元,三次产业结构为 9.5∶36.2∶54.3,人均地区生产总值 55664 元。旅游业发展迅速,2019 年接待国内外游客 3847.5 万人次,比 2018 年 增长 34.30%,旅游综合收入 498.8 亿元,增长 36.5%①。

唐贞观六年(公元 632 年),在今兴义市设附唐县,为盘州治。元朝属云南 行省普安路总管府,明代改隶四川布政司,贵州行省建立后改隶贵州。清嘉庆 2 年(公元 1797 年)改南笼府为兴义府,清嘉庆三年(公元 1798 年)置兴义县。 民国 2 年(公元 1913 年),兴义县属贵西道。1952 年设兴义专区(原兴仁专区 改为兴义专区,兴义县由兴义专区管辖),1956 年撤销兴义专区,兴义县改属安 顺专区,1965 年复置兴义专区,专署驻兴义县。1970 年兴义专区改称兴义地 区,1981 年撤兴义地区,1982 年成立黔西南布依族苗族自治州,自治州人民政 府驻兴义县,1987 年撤县建市②。

兴义市地处云贵高原向广西丘陵平原过渡地带,地势西北高、东南低,为 黔西南喀斯特高原山区,高原面上地势起伏较小,多小于 100 米。东、西、南 三面,分别被马岭河、黄泥河及南盘江切割,地势高差最大可达 1582 米,一般 为 300~700 米。马岭河为南盘江北岸支流,河流落差达 1500 多米,河水流量 大,在新构造中大幅度抬升,河流急剧下切形成深切峡谷,上游河谷深约 300 米,下游深达 600 多米,峡谷底宽 30~50 米,部分河段宽度仅有 10 米,被称为 "高原峡谷一线天",是我国最著名的峡谷漂流河流。气候属于亚热带季风气候, 雨量充沛,日照长,年平均温度 14℃~19℃,降雨量 1300~1600 毫米。南部南 盘江河谷地带,海拔较低,热量充足,为南亚热带湿润半湿润季风气候,年平 均温度达 18.5℃(徐柯健等,2008)。

矿产资源较为丰富,已探明具有经济价值矿藏有煤、铁、金等 13 种,水能 资源丰富,理论蕴藏量为 105.34 万千瓦,黄泥河下游建有大型水电站——鲁布 格,南盘江上建有天生桥大型水电站。旅游资源丰富,被称为"山水长卷,水 墨金州",拥有 3 个国家级风景名胜区,即马岭河峡谷、万峰林和万峰湖,拥有 贵州兴义国家地质公园,有省级风景区泥凼石林、省级文物保护单位何应钦故 居和刘氏庄园等。

---

① 参见《2019 年兴义市国民经济和社会发展统计公报》。
② 参见兴义市人民政府官方网站。

第四节 主体功能区与产业空间布局①

主体功能区是根据不同区域的资源环境承载能力、现有开发密度和发展潜力等，按区域分工和协调发展的原则划定的具有某种特定主体功能定位的空间单元（樊杰，2013）。全国主体功能区规划，按开发方式，分为优化开发区域、重点开发区域、限制开发区域和禁止开发区域；按开发内容，分为城市化地区、农产品主产区和重点生态功能区；按层级，分为国家和省级两个层面。

贵州全省划分为重点开发区域、限制开发区域和禁止开发区域三类。

一、重点开发区域

重点开发区域是指具备较强经济基础、科技创新能力和较好发展潜力；城镇体系初步形成，具备经济一体化条件，中心城市有一定辐射带动能力，有可能发展成为新的大城市群或区域性城市群；能够带动周边地区发展，并对促进全国区域协调发展意义重大的区域。贵州省的重点开发区域又分为国家级和省级两大类。

（一）国家级重点开发区域

黔中地区为贵州省国家级重点开发区域，包括贵阳市和遵义市、安顺市、毕节市、黔南布依族苗族自治州、黔东南苗族侗族自治州的 24 个县级行政单元，区域土地面积 30602.06 平方千米，占全省总面积的 17.37%。同时，还包括以县级行政区为单元划为国家农产品主产区的开阳等 8 个县（市）中的 81 个重点建制镇（镇区或辖区），以及距安顺市中心城区较近的镇宁布依族苗族自治县城关镇。

黔中地区位于全国"两横三纵"城市化战略格局中沿长江通道横轴和包昆通道纵轴的交汇地带，是西南连接华南、华东的重要陆路交通枢纽。区位和地缘优势明显，城市和人口相对集中，经济密度较大，铝、磷、煤等矿产资源丰富，水资源保障程度较高，发展的空间和潜力较大，环境承载力较强，是落实

---

① 参见《贵州省主体功能区规划》。

国家区域发展总体战略和构建贵州省城市化发展战略格局的中心区域。

（二）省级重点开发区域

省级层面重点开发区域是具有一定经济基础、资源环境承载能力较强、发展潜力较大、集聚人口和经济条件较好的地区，故应重点进行工业化、城镇化开发的地区。贵州省省级重点开发区域为钟山—水城—盘州区域、兴义—兴仁区域和碧江—万山—松桃区域，包括六盘水市、铜仁市、黔西南布依族苗族自治州的8个县级行政单元，区域土地面积13317平方千米，占全省的7.56%。同时，还包括以县级行政区为单元划为国家农产品主产区中的部分重点建制镇（镇区或辖区）。

二、限制开发区域

国家限制开发区域分为两类：一类是农产品主产区，即耕地较多、农业生产条件相对较好，尽管也适宜工业化城镇化开发，但从保障国家农产品安全以及全民族永续发展的需要出发，把增强农业综合生产能力作为发展的首要任务的地区；另一类是重点生态功能区，即生态系统脆弱或生态功能重要，资源环境承载能力较低，以增强生态产品供给能力为首要任务的区域。

（一）国家级限制开发区域（农产品主产区）

贵州省国家农产品主产区共有35个县级行政单元，同时，还包括属于国家重点开发区域的织金等5个县中的部分乡镇，区域土地面积83251.01平方千米，占全省的47.26%。

受自然地理条件限制，贵州省农产品主产区主要呈块状分布在农业生产条件较好、经济较集中、人口较密集的北部地区、东南部地区和西部地区，以国家粮食生产重点县和全省优势农产品生产县为主体，形成黔中丘原盆地都市农业区、黔北山原中山农—林—牧区、黔东低山丘陵林—农区、黔南丘原中山低山农—牧区、黔西高原山地农—牧区5个农业发展区。

贵州在重点建设优势农产品产业带的同时，充分发挥其特色农业资源优势，积极引导和支持其他特色优势农产品基地的建设。主要包括：黔北富硒（锌）优质绿茶、黔中高档名优绿茶、黔西"高山"有机绿茶和黔东优质出口绿茶生产基地；黔中、黔东、黔南精品水果基地；黔西、黔北、黔东、黔南优质干果基地；黔北、黔西、黔中、黔南中药材基地；黔北、黔西优质烤烟生产基地；

黔东、黔中特色水产养殖基地；黔西、黔南、黔北特色优质小杂粮基地；黔东优质油茶基地；黔北、黔东林下经济产业基地等。

（二）国家级和省级限制开发区域（重点生态功能区）

贵州省国家级和省级限制开发区域包括威宁彝族回族苗族自治县、罗甸县等21个县级行政单元，区域土地面积48997.7平方千米，占全省的27.81%。其中国家重点生态功能区有9个县级行政单元，土地面积26441平方千米，占全省的15.01%；省级重点生态功能区有12个县级行政单元，土地面积22556.7平方千米，占全省的12.8%。

贵州省重点生态功能区主要分为水源涵养型、水土保持型、石漠化防治型、生物多样性保护型四种类型（见表7-5）。重点生态功能区要以修复生态、保护环境、提供生态产品为首要任务，因地制宜发展旅游、农林副产品加工等资源环境可承载的适宜产业，引导超载人口逐步有序转移。

表7-5 贵州省重点生态功能区类型

层级	大区名称	亚区名称	类型
国家层面	桂黔滇喀斯特石漠化防治生态功能区	威宁—赫章高原分水岭石漠化防治与水源涵养区	石漠化防治与水源涵养
		关岭—镇宁高原峡谷石漠化防治区	石漠化防治与水土保持
		册亨—望谟南、北盘江下游河谷石漠化防治与水土保持区	石漠化防治与水土保持
		罗甸—平塘高原槽谷石漠化防治区	石漠化防治与水土保持
省级层面	武陵山区生物多样性与水土保持生态功能区	沿河—石阡武陵山区生物多样性与水土保持区	生物多样性保护与水土保持
	桂黔滇喀斯特石漠化防治生态功能区	黄平—施秉低山丘陵石漠化防治与生物多样性保护区	石漠化防治与生物多样性保护
		荔波丘陵谷地石漠化防治与生物多样性保护区	石漠化防治与生物多样性保护
		三都丘陵谷地石漠化防治与水土保持区	石漠化防治与水土保持
	苗岭水土保持与生物多样性保护生态功能区	雷山—锦屏中低山丘陵水土保持与生物多样性保护区	石漠化防治与生物多样性保护

资料来源：《贵州省主体功能区规划》。

1. 水源涵养型

推进天然林草保护，封山育林育草、退耕还林还草，治理水土流失，维护或重建湿地、森林、草地等生态系统。严格保护具有水源涵养功能的自然植被，禁止过度放牧、无序采矿、毁林开荒等行为。加大河流源头及上游地区的小流域治理，减少面源污染。拓宽农民增收渠道，解决农民长远生计，巩固林草植被建设成果。

2. 水土保持型

大力发展节水灌溉和雨水集蓄利用。限制陡坡开垦和超载放牧。加大公益林建设和退耕还林还草力度，加强小流域综合治理，恢复退化植被，最大限度地减少人为因素造成新的水土流失。解决农民长远生计，巩固水土流失治理、退耕还林还草成果。

3. 石漠化防治型

实行封山育林育草、植树造林、退耕还林还草和种草养畜，推进石漠化防治工程和小流域综合治理，恢复退化植被，实行生态移民，改变耕作方式。解决农民长远生计，巩固石漠化治理成果。

4. 生物多样性保护型

禁止滥捕滥采野生动植物资源，保持并恢复野生动植物物种和种群的平衡，实现野生动植物资源的良性循环和永续利用。加强防御外来物种入侵，保护自然生态系统与重要物种栖息地，防止生态建设导致生境的改变。

三、禁止开发区域

禁止开发区域是指有代表性的自然生态系统、珍稀濒危野生动植物物种的天然集中分布地、有特殊价值的自然遗迹所在地和文化遗址等，需要在国土空间开发中禁止进行工业化、城镇化的地区。贵州省禁止开发区域分为国家和省级两个层面，禁止开发区域有 348 处，包括各类自然保护区、文化自然遗产、风景名胜区、森林公园、地质公园、重点文物保护单位、重要水源地、重要湿地、湿地公园和水产种质资源保护区，面积 17882.67 平方千米，占全省总面积的 10.15%。

（一）国家级禁止开发区域

贵州省划为国家级禁止开发区域的有国家级自然保护区、世界和国家文化自然遗产、国家级风景名胜区、国家级森林公园、国家级地质公园。

（二）省级禁止开发区域

省级禁止开发区域是依法设立的省级和市（州）级自然保护区、省级风景名胜区、省级森林公园、省级地质公园、国家重点文物保护单位、重要水源地保护区、国家重要湿地、国家湿地公园、国家级和省级水产种质资源保护区等，点状分布于重点开发区域和限制开发区域（见表7-6）。

表7-6　贵州省禁止开发区域分类统计

类型	个数	面积（平方千米）	占全省土地面积比重（%）
一、国家级禁止开发区域			
国家级自然保护区	9	2471.82	1.40
世界和国家文化自然遗产	8	2142.32	1.22
国家级风景名胜区	18	3416.10	1.94
国家级森林公园	22	1510.51	0.86
国家级地质公园	10	2010.98	1.14
二、省级禁止开发区域			
省级和市（州）级自然保护区	19	2338.87	1.32
省级风景名胜区	53	5037.73	2.86
省级森林公园	27	871.85	0.49
省级地质公园	3	396.53	0.23
国家级重点文物保护单位	39	—	—
重要水源地保护区	129	—	—
国家重要湿地	2	82	0.05
国家湿地公园	4	40.58	0.02
国家级和省级水产种质资源保护区	5	38.43	0.02
合计	348	17882.67	10.15

资料来源：《贵州省主体功能区规划》。

该区域依据法律法规规定和相关规划实施强制性保护。严禁不符合主体功能定位的各类开发活动，按照全面保护和合理利用的要求，保持该区域的原生态，利用资源优势，重点发展生态特色旅游，开发绿色天然产品，传承贵州独特的少数民族文化传统，健全管护人员社会保障体系，提高公共服务水平，促进该区域的协调发展。

第八章 基础设施与公共服务建设

第一节 交通运输网络建设

一、交通网络发展现状

"十二五"以来，贵州省交通基础设施建设取得巨大成就，是贵州省历史上投资规模最大、发展速度最快、基础设施提升最快的时期，在西部率先通高速公路、西南地区率先通高铁，干线交通基础设施建设基本达到全国平均水平。贵州省交通运输网络主要包括铁路、公路、航空、水运等。

1. 铁路交通

贵州省高铁快速发展，贵阳市、遵义市、都匀市、安顺市、凯里市、毕节市等主要城市开通高铁，9个市（州）只有兴义市未通。贵广高铁、沪昆高铁贵阳至长沙段建成通车，实现了贵阳至珠三角4小时、至长株潭3小时、至北京8小时的目标。建成了白云至龙里北高铁连接线以及黄桶—织金、织金—毕节等一批路网性铁路。2016年12月沪昆高铁贵阳至昆明段建成通车、2018年渝黔铁路建成通车、2019年12月成贵高铁建成通车，铜玉城际铁路（2018年12月通车）、安六城际铁路（2017年12月通车）、渝怀铁路复线、叙毕铁路等建成通车，2020年高速铁路通车里程达1527千米，贵阳市成为全国十大高铁枢纽。铁路网覆盖50多个县（市、区）。

2. 公路交通

2010年以来，内联外通的高速公路网线基本建成，2020年高速公路里程达

7607 千米，全国排名第 5。西部各省份中第一个实现了"县县通高速"，贵阳至各市（州）形成了 2 条以上高速公路，连接省外的高速公路省际通道口达 15 个。形成黔中经济区 2 小时、全省 4 小时、周边省会城市 7 小时的高速公路通道网络。

完成普通国道、省道改造 4941 千米，新建、改建农村公路 6.86 万千米，西部地区首先实现 30 户以上自然村寨全部通硬化路，全省 3.99 万个村寨建设"组组通"硬化路 7.87 万千米，长期以来农村地区出行困难的问题得到显著改善。

2019 年，公路通车里程达到 20.47 万千米，公路网密度为 121 千米/100 平方千米，其中，国道 11875 千米，省道 21422 千米，县道 36422 千米，乡道 48568 千米，村道 86436 千米。

专栏 8-1

贵州的公路桥梁建设

贵州作为"世界桥梁博物馆"，目前已建成桥梁 2.1 万座、总里程 2500 千米，桥梁类型众多，几乎包括了当今世界全部桥型，穿行在贵州高原河谷之上的桥梁，成为一道道亮丽的风景。

（1）坝陵河大桥：大桥位于贵州省安顺市，是沪瑞国道主干线上跨越坝陵河大峡谷的第一座特大型桥梁。全桥投资 14.8 亿元，大桥桥面吊机为国内首次采用技术。该桥为主跨 1088 米的单跨钢桁加劲梁悬索桥，桥梁全长 2237 米，桥面至坝陵河水面 370 米，建成时居"国内第一，世界第六"。

（2）总溪河大桥：大桥位于纳雍县内的毕节至都格高速公路总溪河上，全长 928 米，主拱跨径 360 米，桥面距河面 270 米，是目前贵州省已建成的最大钢管砼上承式土桁拱桥。

（3）六广河大桥：大桥属于息烽至黔西高速公路段，跨越六广河风景名胜区。大桥桥梁主跨 580 米，全长 1280 米，为双塔双索面叠合梁斜拉桥，黔西岸索塔高 248 米，息烽岸索塔高 236 米，桥面与河面最高垂直距离达 375 米，主塔采用薄壁空心花瓶形索塔，十分壮观。

---

3. 航空交通

贵州省已经形成以贵阳龙洞堡机场为枢纽的"一枢九支"新格局，每个市

（州）至少有一个机场，机场直线距离 100 千米范围内民航运输覆盖 80% 以上的县级行政单位和 90% 以上的人口。贵阳龙洞堡机场完成了二期扩建工程，启动了空域结构调整工作，日起降架次保障能力提高，机场年旅客吞吐量突破 3000 万人次，三期扩建工程顺利开工。支线机场旅客吞吐量增长迅速，从 2010 年的 10 万人次左右增长到了 2015 年的 238.8 万人次，增长了约 23 倍。

4. 水运交通

贵州省主要有八大水系，长江流域的牛栏江—横江水系、乌江水系、赤水河—綦江水系和沅江水系四大水系；珠江流域的南盘江水系、北盘江水系、红水河水系和都柳江水系，水运资源丰富。"十二五"以来重点实施了 3 条水运通道、6 个库区航运建设工程。按内河Ⅳ级航道标准完成了乌江水运主通道建设，乌江沙沱、思林电站过船设施、构皮滩翻坝运输系统工程建成，2021 年实现乌江全线通航北入长江；按内河Ⅳ级航道标准完成了红水河水运主通道贵州段的建设，并积极协调广西壮族自治区，加快推进龙滩翻坝运输系统和过船设施建设，为红水河南下珠江奠定基础。

建成清水江锦屏到白市的高等级航道工程和都柳江从江、大融的航电枢纽工程，开工建设都柳江郎洞、清水江平寨等 4 个航电枢纽工程，实现贵州航电一体化的突破，北盘江光照、乌江乌江渡等 4 个库区的航运建设工程，以及乌江、南盘江北盘江红水河两条出省水运主通道，赤水河、清水江、都柳江三条出省水运辅助通道，水运航道网加速形成。截至 2020 年底，全省内河航运里程达 3958 千米，其中高等级航道建成里程近 1000 千米。"十三五"期间新建港口泊位 27 个，其中 24 个为 500 吨级泊位。推动北入长江、南下珠江水运通道的形成，到 2025 年，通航里程超过 4000 千米[①]，助力长江经济带的高质量发展，形成与其他运输方式及周边省份水运有效衔接、协调发展的全省水运体系，为贵州省后发赶超、跨越式发展提供畅通、高效的水运服务。

二、综合交通运输网络布局[②]

贵州省地处西南地区与中部地区、华南沿海的接合部，是西南地区向南通

---

① 《贵州省"十四五"交通运输发展规划》。
② 参见《贵州省综合交通运输"十三五"发展规划》。

达珠江三角洲、北部湾，向东通往华中、长江三角洲、京津冀，向西南通往滇中城市群和东南亚、南亚国家的重要通道，在全国综合交通运输通道中地位重要。

贵阳市为全国《综合交通网中长期发展规划》42 个全国性综合交通枢纽（节点城市）之一。《国务院关于依托黄金水道推动长江经济带发展的指导意见》（国发〔2014〕39 号）和《长江经济带发展规划纲要》，明确贵阳为加快建设的14 个全国性综合交通枢纽之一，遵义为加快建设的区域性综合交通枢纽之一，"一带一路"西南地区的重要衔接转换枢纽。依托渝黔、成贵、黔桂、贵广等高速公路，构建丝绸之路经济带与 21 世纪海上丝绸之路的重要衔接转换枢纽，以及打造连接重庆、成都等中欧班列始发口岸的支线枢纽；依托沪昆高速公路、衢丽铁路、隆百铁路、黔桂铁路等，构建对接中国—中南半岛国际经济合作走廊、孟中印缅经济走廊的后方物流基地和重要衔接转换枢纽。

《国务院关于支持贵州在新时代西部大开发上闯新路的意见》（国发〔2022〕2 号）对贵州的战略定位是"内陆开放型经济新高地"，要"巩固提升贵州在西部陆海新通道中的地位"。为加快主通道建设，推进贵阳到南宁、黄桶到百色铁路和黔桂铁路增建二线等建设；对贵广铁路进行提质改造；对兰海、沪昆等高速公路的繁忙路段进行扩容改造；加快打通周边省份省际交通瓶颈的路段建设；积极推动北上长江、南下珠江的水运通道建设，推进乌江、南北盘江—红水河航道的升级提等，加快望谟港、播州港、开阳港、思南港等的建设；加快全国性综合交通枢纽贵阳和遵义建设，以及威宁、黔北、盘州等支线机场建设。

全省枢纽空间布局为"一核七心三节点"。"一核"，即贵阳（包括贵安一体化的安顺枢纽、贵安新区枢纽）全国性综合交通枢纽。"七心"，即分别为遵义、毕节、六盘水、都匀、凯里、兴义、铜仁 7 个区域性综合交通枢纽。"三节点"，即分别为德江、盘县、洛贯 3 个主要地区性枢纽节点。核心枢纽与区域性枢纽以及主要地区性枢纽节点之间建设满足功能要求、能力要求的综合运输通道，形成分层次、各有重点、相互联动的发展格局，实现整体效率、便捷性、服务水平的有效提升。

（一）对外通道布局

依托国家大通道、省际通道建设，构建形成全省以贵阳枢纽为核心、各区域中心城市为重要节点的"一环七射"对外综合运输大通道格局，紧密连接周边各城市群和省会城市，通达国家中心城市、主要沿海港口、边境口岸。

"一环"，即以贵阳铁路枢纽、公路枢纽、龙洞堡机场为核心，贵阳市域铁路环线、高速公路环线、黔中经济区高速公路环线组成的核心枢纽环线，形成各主要对外通道在贵阳核心枢纽体中的有效连接和中转换乘。

"七射"，即贵阳至珠三角、贵阳至长株潭、贵阳至成渝城市群重庆暨长江上游航运中心、贵阳至成渝城市群成都、贵阳至滇中城市群、贵阳至北部湾城市群、贵阳经铜仁至襄阳等七条对外综合运输大通道。对外放射的综合运输通道由高（快）速铁路、高速公路为主体以及包括普通铁路、普通国道、水运通道等组成。

（二）省域交通网络布局

省域陆路通道网络总体布局规划为"三横六纵五连"，基本形成网格化互联互通以及多方向、多通路对外连通格局，与全省城镇体系空间格局相适应，覆盖全省所有市（州）首府和大部分县城。

"三横"，即以沪昆铁路、沪昆客专、沪昆高速、国道320为主体组成的中部大通道（沪昆通道），以衢丽铁路、杭瑞高速以及乌江水运通道为主体组成的北部通道，以永（州）兴（义）铁路、南部横向高速公路以及南北盘江—红水河水运通道组成的南部通道。

"六纵"，即以成贵—贵广高铁、厦蓉高速为主体组成的成（都）贵（阳）广（州）通道，以渝黔—黔桂铁路通道、兰海高速为主体组成的重（庆）贵（阳）南（宁）通道，以隆百铁路、赤水至望谟高速公路为主体组成的泸（州）安（顺）百（色）通道，以内昆铁路—水红铁路通道、昭通—威宁—六盘水—盘县—兴义城际铁路、威宁至板坝高速公路为主体组成的昭（通）六（盘水）兴（义）通道，以规划的涪陵至柳州铁路、沿河至榕江高速公路为主体组成的涪（陵）凯（里）柳（州）通道，以渝怀铁路、铜玉铁路、松桃至从江高速公路组成黔（江）铜（仁）从（江）通道。

"五连"，即贵阳—兴义、贵阳—织金—六盘水、安顺—六盘水—威宁—云南昭通、铜仁—玉屏、四川泸州—仁怀—遵义，由铁路和高速公路组成的连线。

第二节 通信网络建设

改革开放 40 多年来，贵州邮政逐步摆脱了畜力和人力运送，形成了以汽车、火车为主，飞机为辅的现代化邮路。引进了分拣自动流水线，建立了商函自动处理系统、特快专递跟踪查询系统等现代化生产系统。邮电通信业的发展改变了贵州人民的生产以及生活方式，成为贵州经济发展的重要推动力。

通信网络建设取得了较大成效。从邮政通信发展情况来看，随着移动通信的快速发展，贵州省年末移动电话用户数逐年不断增加，固定电话用户数呈下降趋势，城市和乡村电话用户数量出现不同程度的下滑；互联网固定宽带接入用户数逐年增加。统计公报数据显示，2019 年末，互联网出省带宽 1.20 万 Gbps，光缆线路长度 114.14 万千米。全年邮政业务总量 76.05 亿元，比 2018 年增长 20.6%；电信业务总量 3874.88 亿元，比 2018 年增长 76.8%（见表 8-1）；快递业务量 2.46 亿件，比 2018 年增长 16.0%；快递业务收入 46.11 亿元，比 2018 年增长 14.0%。

表 8-1　2011~2019 年贵州通信业发展情况　　　　　　单位：万户

指标\年份	年末固定电话用户	城市电话用户	乡村电话用户	年末移动电话用户	年末互联网固定宽带接入用户
2011	403.96	254.90	149.07	2175.22	214.52
2012	386.37	270.82	115.55	2515.00	243.93
2013	362.99	269.60	93.36	2871.75	356.75
2014	339.10	261.36	77.74	3059.85	—
2015	—	—	—	3172.31	916.70
2016	—	—	—	3262.43	1094.98
2017	—	—	—	3792.27	3505.71
2018	—	—	—	4248.90	4116.72
2019	229.71	—	—	4386.24	—

资料来源：历年《贵州省国民经济和社会发展统计公报》。

第三节　邮政设施建设

随着社会经济的快速发展，人们生活水平大幅度提高，贵州邮政事业迎来了良好的发展机遇。2012～2019 年，国内快递由 1259 万件增加到 24562 万件，增长了 19.5 倍；国际快递增长最快，由 4.9 万件增长到 22.17 万件，增长了 45.84 倍。集邮业务增长了 1.45 倍，2018 年邮政储蓄增长了 9.66 倍。互联网的普及逐渐改变了人们的阅读习惯，电子读物逐渐占据主导地位，报纸、杂志订阅量呈现先上升后下降趋势，2016 年订阅量最大，达到 40829.66 万份，2019 年下降到 39610 万份；汽车邮路下降了 1.48%；邮电局所数量经历了从下降到上升的过程，2015 年达到峰值，为 21380 处，2016 年减少到 14832 处，减少了 6548 处，2012～2019 年变化率为 -1.44%（见表 8-2）。

表 8-2　贵州省 2012～2019 年邮政业务情况

指标	2012 年	2013 年	2014 年	2015 年	2016 年	2017 年	2018 年	2019 年	变化率（%）
邮电局所总数（处）	21496	19482	20582	21380	14832	15751	21082	18393	-1.44
邮政	1425	1307	1326	1737	1778	1828	1830	1830	28.42
邮路网路总长度（千米）	99155	136429	154810	164841	187688	148484	147277	150032	51.31
汽车邮路	58062	76734	38400	43177	45748.50	56927.80	55721	57207	-1.48
铁路邮路	6413	5880	5880	2536	2536	—	—	—	—
邮政业务总量（亿元）	14.97	17.93	22.64	27.75	33.77	53.23	63.07	76.05	508.02
函件（万件）	5041	6036	5192	3809.37	3795.23	7773	9288	6094	36.96
报刊、杂志累计订销量（万份）	35056	38027	40469	40002.68	40829.66	15772	21180	39610	12.99
国内快递（万件）	1259	1796	1071	4652.68	7028.23	9.85	14.14	24562	1950.91
国际快递（万件）	4.90	5.33	2.63	16.40	6.02	880.81	942.88	22.17	4584.31
邮政储蓄期末余额（亿元）	347.38	457.89	556.61	623.63	662.05	4398.10	3356.50	—	866.45
集邮业务（万枚）	1907	1918	2720.40	2616.10	3274.10	15772	21180	2769.30	45.21

资料来源：2013～2019 年《贵州统计年鉴》。

从业务量来看，2011~2019 年贵州全年邮电业务总量、电信业务总量及邮政业务总量均保持增长态势，其中，邮电业务总量从 219.32 亿元增长到 3950.93 亿元，电信业务总量从 204.35 亿元增长到 3874.88 亿元，邮政业务总量从 14.97 亿元增长到 76.05 亿元（见表 8-3）。

表 8-3　2011~2019 年贵州省邮政与电信业务量情况　　单位：亿元

指标＼年份	2011	2012	2013	2014	2015	2016	2017	2018	2019
邮电业务总量	219.32	262.04	300.79	381.73	514.77	839.27	878.52	2254.24	3950.93
电信业务总量	204.35	244.11	278.15	353.98	481.00	796.58	825.29	2191.17	3874.88
邮政业务总量	14.97	17.93	22.64	27.75	33.77	42.69	53.23	63.07	76.05

资料来源：历年《贵州统计年鉴》。

第四节　其他设施建设

一、教育科研设施建设

（一）教育发展情况

教育是立国之本，是以促进人的身心发展为目的的社会活动，教育科研设施对一个地区的经济发展、居民素质、文化水平以及创新能力的提高有着举足轻重的作用。近年来，贵州省在教育科研设施建设方面保持高效发展趋势，形成了学前教育、义务教育、高中阶段教育、高等教育机构组成的教育设施体系。

《贵州省 2019 年国民经济和社会发展统计公报》显示，2019 年，在校生总人数为 789.54 万人。其中，在校研究生 2.37 万人；普通高等教育在校生 76.57 万人；普通高中在校生 99.21 万人；中职教育在校生 43.81 万人；初中在校生 179.28 万人；普通小学在校生 388.30 万人。九年义务教育巩固率达到 93.0%，全国平均水平为 94.8%，高中阶段毛入学率为 89.0%，接近全国平均水平的

89.5%，高等教育毛入学率（38.0%）低于全国平均水平（51.6%）①。

从教育投入经费来看，2019 年，全省教育经费总投入 1364.44 亿元，其中国家财政性教育经费 1160.65 亿元，占教育总投入的 85.06%，贵州省教育经费投入为 17261 元，全国为 17796 元②。

从教育经费投入构成来看，2019 年，全省义务教育经费投入比重最大，为 728.50 亿元，占教育经费投入的 53.39%，其次为高等教育，投入 249.05 亿元，占 18.25%；高中教育经费占 16.64%，学前教育经费占 8.48%，其他教育经费比重最小，为 3.24%（见图 8-1）。从各类经费增长情况看，其他教育经费增长幅度最大，比上年增长了 17.89%；学前教育和高中教育的幅度接近，增长率分别为 3.55% 和 4.30%（见表 8-4）。

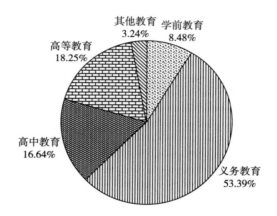

图 8-1　2019 年贵州省教育投入经费构成

资料来源：《2019 年贵州省教育经费执行情况统计快报》。

表 8-4　2019 年贵州省教育经费投入基本情况

指标	教育经费总投入（亿元）	比上年增长（%）
学前教育	115.65	3.55
义务教育	728.50	6.39
高中教育	227.11	4.30

① 参见《2019 年全国教育事业发展统计公报》。
② 参见《2019 年贵州省教育经费执行情况统计快报》，贵州省教育厅官方网站。

续表

指标	教育经费总投入（亿元）	比上年增长（%）
高等教育	249.05	11.42
其他教育（包括教育行政、事业单位等）	44.13	17.89
合计	1364.44	—

资料来源：《2019 年贵州省教育经费执行情况统计快报》。

与周边省市对比来看，2015～2019 年贵州省公共财政中教育经费支出处于不断上升态势，2019 年教育支出为 1061.57 亿元，比 2015 年增加了 295.52 亿元，增长率为 38.58%，仅高于四川（28.14%）和广西（27.81%）（见表 8-5）。

表 8-5　2015～2019 年贵州省及其相邻省份教育支出情况

地区	公共财政中教育支出（亿元）					教育支出占公共财政支出比例（%）				
	2015 年	2016 年	2017 年	2018 年	2019 年	2015 年	2016 年	2017 年	2018 年	2019 年
贵州省	766.05	840.25	906.66	983.86	1061.57	19.45	19.71	19.69	19.56	17.85
四川省	1243.87	1277.45	1397.19	1470.00	1594.00	16.59	15.95	16.08	15.14	15.40
云南省	758.02	864.12	988.75	1069.49	1067.31	16.08	17.22	17.31	17.60	15.77
广西壮族自治区	789.34	850.78	911.92	927.82	1008.88	19.42	19.15	18.56	17.47	17.24
湖南省	913.89	1027.39	1119.83	1177.77	1273.98	15.95	16.21	15.78	15.75	15.86
重庆市	519.93	565.26	614.54	678.83	730.28	13.71	14.31	14.17	14.95	15.06

资料来源：根据 2015～2019 年《全国教育经费执行情况统计表》整理。

从生均公共财政预算教育经费来看，2019 年，贵州省高等教育生均经费最多，每生大于 20000 元，幼儿园最低，每生不到 8200 元。2015～2019 年，贵州生均教育经费不断增长，其中，普通高中和普通初中增长幅度最大，普通高中增长了 80.50%，普通初中增长了 56.49%，中等职业学校的增长幅度最小，为 26.45%。与全国平均水平比较来看，除中等职业和普通小学以外，各级教育生均教育经费都低于全国平均水平，差距最大的为中等职业学校，2015～2019 年平均每生比全国低 8436.24 元，其次为普通小学，低 646.15 元（见表 8-6）。

表8-6 2015~2019年贵州省和全国生均公共财政预算教育经费增长情况

单位：元

教育单位	地区	2015年	2016年	2017年	2018年	2019年
幼儿园	全国	—	—	6951.49	7671.84	8615.38
	贵州	—	—	6162.12	7992.63	8162.19
普通小学	全国	8838.44	9557.89	10911.17	11328.05	11949.08
	贵州	8645.83	9659.17	10337.00	10842.93	11302.93
普通初中	全国	12105.08	13415.99	15739.92	16494.37	17319.04
	贵州	8704.94	10131.84	11715.25	13021.59	13622.45
普通高中	全国	10820.96	12315.21	15138.49	16446.71	17821.21
	贵州	8184.95	9637.74	11728.12	14061.30	14773.77
中等职业学校	全国	10961.07	12227.70	15112.35	16305.94	17282.42
	贵州	6995.93	6425.03	7770.97	7635.91	8846.18
普通高等学校	全国	18143.57	18747.65	21471.03	22245.81	23453.39
	贵州	15414.17	15586.11	19954.09	20220.51	22834.59

资料来源：2015~2019年《全国教育经费执行情况统计表》。

（二）科研发展情况

贵州省科学研究及技术转化能力不断增强。从科研机构来看，2019年，建有国家级国际科技合作基地5个，院士工作站86个，国家重点实验室5个。从科研成果及技术转化来看，2019年，签订技术合同2906项，成交金额227.18亿元，合同数量比2016年增加了1926个，成交金额为2016年的10.15倍；2019年专利申请44328件，授权24729件，分别是2016年的1.75倍和2.37倍。此外，重视质量提升及品牌建设，2019年全国质量强市创建城市1个、全国知名品牌创建示范区3个、省级知名品牌创建示范区12个、省级名牌产品723个。贵州省不具备发展大规模、机械化农业的自然条件，在农业发展策略上，重点突出农业的生态性、优质性和特色性，2019年，建设国家有机产品认证示范创建区13个，获得有机产品认证证书1915张、无公害农产品产地7811个（见表8-7）。

表8-7 2016年和2019年科技发展基本情况

指标	2016年	2019年	变化
省部级以上科技成果登记（项）	120	220	100

续表

指标	2016 年	2019 年	变化
签订技术合同（项）	980	2906	1926
成交金额（亿元）	22.39	227.18	204.79
专利申请（件）	25315	44328	19013
授权专利（件）	10425	24729	14304
拥有国家级国际科技合作基地（个）	—	5	—
院士工作站（个）	—	86	—
国家重点实验室（个）	—	5	
全国质量强市创建城市（个）	—	1	—
全国知名品牌创建示范区（个）	—	3	—
省级知名品牌创建示范区（个）	—	12	—
省级名牌产品（个）	—	723	—
国家有机产品认证示范创建区（个）	—	13	—
有机产品认证证书（张）	—	1915	—
无公害农产品产地（个）	—	7811	—

资料来源：《2016 年贵州省国民经济和社会发展统计公报》和《贵州统计年鉴》（2020）。

（三）教育科研设施布局

20 世纪 50 年代以来的贵州，在教育方面经历了接管和改造、整顿和发展、曲折发展、全面发展 4 个阶段；改革开放以来，贵州教育事业在起点低、投入少的情况下，取得了较好的成绩。据统计年鉴数据，截至 2019 年，贵州有 72 所普通高等学校，185 所中等职业教育学校，2476 所普通中学，6943 所小学，10685 所幼儿园。

从地区分布来看，普通高等学校分布不均衡，集中分布在贵阳市，有 37 所，占全省普通高等学校的 51.39%，其次为黔南布依族苗族自治州和遵义市，有 7 所，占 9.72%，最少的是黔西南布依族苗族自治州和安顺市，只有 2 所；中等职业教育学校分布较为均衡，最多的贵阳市有 52 所，最少的安顺市有 9 所；普通中学、小学和幼儿园，毕节市分布最多，分别为 936 所、1663 所、2181 所，与毕节市面积大、人口多有关，其次为遵义市（见表 8-8）。

表 8-8　2019 年贵州省各市（州）学校分布情况　　　　单位：所

地区	幼儿园	小学	普通中学	中等职业教育学校	普通高等学校
黔东南苗族侗族自治州	1564	674	213	26	3
贵阳市	1020	534	330	52	37
遵义市	1752	1173	420	23	7
黔南布依族苗族自治州	954	514	165	18	7
毕节市	2181	1663	936	15	6
黔西南布依族苗族自治州	774	669	254	12	2
铜仁市	754	1278	256	17	5
安顺市	736	440	153	9	2
六盘水市	896	612	209	13	3

资料来源：根据各市（州）2019 年国民经济与社会发展统计公报数据整理。

（四）主要高校建设①

1. 贵州大学

贵州大学创建于 1902 年，历经贵州大学堂、省立贵州大学、国立贵州农工学院、国立贵州大学等时期，1950 年 10 月定名为贵州大学。1997 年 8 月，与贵州农学院等院校合并。2004 年 8 月，与贵州工业大学合并。2004 年 12 月，成为教育部与贵州省人民政府共建高校。2005 年 9 月，成为国家"211 工程"大学。2012 年 9 月，成为国家"中西部高校综合实力提升工程"入选高校。2016 年 4 月，成为中西部"一省一校"国家重点建设高校。2017 年 9 月，成为国家世界一流学科建设高校。2018 年 2 月，成为教育部、贵州省人民政府"部省合建"高校。

学校占地面积 4646 亩，图书馆现有馆藏纸质文献 381 万余册，电子图书 240 万余册。学校学科门类齐全，涵盖文学、历史学、哲学、理学、工学、农学、医学、经济学、管理学、法学、教育学及艺术学 12 类。下设 38 个学院，在校全日制本科学生 32702 人，研究生 12202 人。现有在职职工 4087 人，其中专任教师 2726 人，专任教师中具有博士学位教师 1300 人，占比 47.7%。正高级职称人员 537 人，副高级职称人员 927 人（相关数据截至 2021 年 6 月）。

———————————

① 各高校官方网站。

面向未来，学校秉承"明德至善　博学笃行"的校训，紧紧围绕立德树人的根本任务，加快推进部省合建和"双一流"高水平大学建设，服务贵州"乡村振兴""大数据""大生态"三大战略行动，为开创百姓富、生态美的多彩贵州新未来作出更大贡献。

2. 贵州师范大学

贵州师范大学的前身——"国立贵阳师范学院"创建于 1941 年，是当时全国八所国立师范学院之一。1950 年 10 月更名为"贵阳师范学院"；1954 年 10 月教育部委托贵州省人民政府管理；1985 年更名为"贵州师范大学"。1996 年被贵州省人民政府确定为省属重点大学；2015 年成为教育部与贵州省人民政府共建的高等学校。

现有花溪、宝山、白云三个校区，占地面积近 2800 亩。设有 24 个学院、1 所继续教育学院、1 所独立学院（求是学院）。有全日制在校学生 4.27 万人，教职工 2599 人，具有博士学位教师 678 人，教师队伍中有教授 309 人、副教授 699 人。

学校涵盖哲学、文学、教育学等 11 个学科门类。现有 4 个贵州省国内一流建设学科、4 个贵州省区域内一流建设学科、2 个贵州省"世界一流建设学科Ⅱ类学科（群）"、1 个贵州省"国内一流建设学科Ⅰ类学科（群）"、6 个一级学科博士学位授权点（覆盖 32 个二级学科）、22 个一级学科硕士学位授权点、9 个专业学位类别硕士学位授权点。现有 86 个本科专业，其中 20 个为国家级一流本科专业建设点、7 个全国高校本科特色专业建设点。

学校有国家级教师研修基地、国家级大学校外实践基地、国家级实验教学示范中心等国家级基地 9 个。有国家工程技术研究中心、国家地方联合工程实验室、国家级大学科技园、教育部 111 引智基地、省部共建国家重点实验室培育基地等国家级科研平台 9 个，教育部科技创新人才团队 1 个。有省级重点实验室、省高校人文社科研究基地、省级工程实验室、省级协同创新中心、省级天文研究与教育中心等省级科研平台 32 个，省级科技创新人才团队 13 个。

学校历经八十年风雨，培养培训了 30 万余名优秀人才，逐步发展成为教师教育特色鲜明、多学科协调发展的师范大学（相关数据截至 2021 年 11 月）。

3. 遵义医科大学（原遵义医学院）

遵义医科大学创建于 1947 年，是抗日战争胜利后中国共产党创办的第一所医学本科院校，曾用关东医学院、大连大学医学院、大连医学院等名称。1969年为支援"三线建设"，学校整体搬迁至贵州省遵义市，更名为遵义医学院。2018年更名为遵义医科大学。经过70余年的建设与发展，已成为以医学为主、多学科支撑、办学特色鲜明的省属高校，是国家卫生健康委员会与贵州省人民政府共建高校、国家中西部高校基础能力建设工程高校、国家首批卓越医生教育培养计划项目试点高校、国家首批临床医学硕士专业学位研究生培养模式改革试点高校。

学校由新蒲校区、大连路校区及珠海校区3个校区组成，占地面积约2515亩，有全日制在校生近2万人，下设28个教学院系、8所直属附属医院。有国家级住院医师规范化培训基地2个，国家级专科医师培训基地3个。

学校本科教育涵盖医学、理学、工学、教育学、管理学、文学6个学科门类，31个本科专业。有国家级一流专业和特色专业4个，国家级精品课程、国家精品资源共享课、国家精品视频公开课各1门，国家虚拟仿真实验项目3项，国家级实验教学示范中心2个，国家级虚拟仿真实验教学中心1个，国家级大学生校外实践教育基地1个。1955年开始招收研究生，研究生教育涵盖医学、理学、工学、法学4个学科门类，有一级学科硕士学位授权点8个，二级学科硕士学位授权点43个，专业硕士学位授权点4个。学校为国家输送了近8万名医学人才（数据截至2020年11月）。

4. 贵州中医药大学（原贵阳中医学院）

贵州中医药大学创建于1965年，现已成为以中医药为主、多学科支撑的中医药高等院校。1978年开始研究生教育，1981年获硕士学位授予权。2004年被批准为贵州省重点支持建设高校，2016年成为国家中医药管理局和贵州省人民政府共建高校。2018年11月，原"贵阳中医学院"被教育部批准更名为"贵州中医药大学"。

学校有花溪、甲秀两个校区。现有本科以上在校学生1.5万余人，其中硕士研究生千余人。设有基础医学院、药学院、第一临床医学院、第二临床医学院、针灸骨伤学院、护理学院、人文与管理学院、体育健康学院、信息工程学院（现代信息技术教育中心）、继续教育学院、马克思主义学院、外语教学部、研究生院、苗医药学院、中医养生学院等15个直属院（部）；有中医、中药、民族医药等10个研究所；有两所直属附属医院，均为三级甲等中医院，第一附属医院为"贵州省中医院"，第二附属医院为"贵州省中西医结合医院"。

学校现有专任教师 1010 人，其中具有高级职称者近 600 人，获硕士及以上学位教师占专任教师的比例近 80%，有博士生导师（兼职）36 名。拥有"国医大师"1 人，"全国名中医"4 人；有国医大师工作室（站）5 个，全国名中医工作室 3 个，全国名老中医药专家传承工作室 20 个、贵州省民族民间医（药）师传承工作室 1 个、省级人才培养基地和人才团队 15 个。

学校现有 23 个本科专业，覆盖医学、理学、工学、管理学、法学、教育学 6 个学科门类。有硕士学位授权点 27 个，其中一级学科硕士学位点 3 个、二级学科硕士学位点 20 个、专业硕士学位点 4 个。省部级以上重点学科 32 个，其中国家重点（培育）学科 1 个、国家中医药管理局重点学科 18 个，省级特色重点学科 4 个、省级重点学科 7 个，贵州省国内一流建设学科 1 个、区域一流建设学科 1 个（相关数据截至 2019 年 12 月）。

5. 贵州财经大学

贵州财经大学，创办于 1958 年，原名贵州财经学院，2012 年，经教育部批准更为现名。

学校现有花溪、鹿冲关两个校区，占地总面积 5029 亩。形成了以经济学、管理学为主体，以法学、工学为支撑，以文学、理学为基础，以教育学和艺术学为补充，多学科协调发展的学科专业体系。承办有国家统计局和贵州省人民政府共办的大数据统计学院 1 个，设有学院（部）18 个，其中包含 1 个开放型的贵阳大数据金融学院，1 个不具有法人资格的中外合作办学机构——西密歇根学院。现有全日制在校生 2 万余人，其中本科生 1.7 万余人，研究生 2426 人，留学生 55 人。有教职工 1918 人，专任教师 1250 人，其中高级职称教师 838 人，拥有博士学位教师 601 人。

学校有 1 个博士后科研流动站，2 个一级学科博士学位授权点，9 个一级学科硕士学位授权点，13 个硕士专业学位授权类别，3 个国内一流建设学科群，6 个区域内一流建设学科，6 个省级特色重点学科，10 个省级重点学科。有本科专业 65 个，涵盖 8 个学科门类，其中国家级一流本科专业 10 个，国家级特色专业 6 个。有国家级经济管理实验教学示范中心 1 个，国家级经济管理虚拟仿真实验教学中心 1 个，国家级人才培养模式创新实验区 1 个。

重视平台建设和科研服务，现设有省级重点实验室 4 个，省级协同创新中心 2

个，省级人才培养、培训基地 7 个，省级工程研究中心 1 个，省级创新团队 5 个，省级研究中心（院）5 个。设置科研机构 42 个（相关数据截至 2020 年 12 月）。

6. 贵州医科大学

贵州医科大学前身为 1938 年建立的"国立贵阳医学院"，是当时全国最早直属国家教育部的 9 所高等医学院校之一，1950 年"国立贵阳医学院"更名为"贵阳医学院"并划归贵州省人民政府管理，1965 年将"贵阳医学院中医系"划离另行组建"贵阳中医学院"；1981 年成为全国第一批硕士学位授予单位；2003 年成为博士学位授予单位；2015 年 4 月更名为"贵州医科大学"。

学校占地面积 1868 亩，直属附属医院 8 所，非直属附属医院 10 所，教学医院 12 所，非临床专业实践教学基地 132 个。拥有多个科研平台和创新团队，其中省部共建国家重点实验室等国家级平台 4 个，省部级平台 27 个，厅级平台 26 个，校级平台 21 个；拥有各级各类创新团队 42 个。学校设有教学单位 21 个，本科专业 39 个。博士学位授权点 3 个，其中一级学科博士学位授权点 2 个（基础医学、公共卫生与预防医学），专业学位类别博士学位授权点 1 个（临床医学）。硕士学位授权点 16 个，其中一级学科硕士学位授权点 8 个，专业学位硕士学位授权点 7 个，二级学科硕士学位授权点 1 个。国家临床重点专科建设项目 4 个，国家级一流专业建设点 7 个，临床医学、药理学与毒理学进入 ESI 全球前 1%。

学校现有全日制在校生 2.49 万人（其中研究生 2600 余人、留学生 200 余人），学校累计培养全日制毕业生 58500 多名（其中研究生 7900 余人）。学校在职在岗职工 1800 余人，具有博士学位 400 人，具有高级专业技术职务教师 668 人（相关数据截至 2021 年 5 月）。

二、医疗设施建设

（一）发展概况

1949 年以前，贵州在交通条件相对较好的县城有医疗卫生机构 84 个，医院病床 934 张，每千人拥有医院病床 0.06 张，卫生技术人员 665 人，千人卫生技术人员 0.5 人。1949 年以后，国家加大力度改善贵州医疗卫生条件，1988 年，医疗卫生事业机构增加到 7021 个，其中中医院、专科防站所等发展较快，1988 年设置县级中医院，基本实现了县县有药检机构，千人医院病床数增加到 1.61

张，千人卫生技术人员 2.75 人（贵州省统计局，2000）。

国家提出全面建成小康社会以来，建立健全覆盖城乡居民的基本医疗、公共卫生制度成为重要目标，卫生机构、卫生技术人员、卫生机构床位逐年增长。2012~2019 年，医疗卫生机构增加了 828 个；卫生技术人员增长了 1.22 倍；卫生机构床位增长了 0.92 倍；人均卫生机构床位数，每千人拥有床位从 3.8 张提升到 6.9 张，全国从 4.2 张提升到 6.3 张（见表 8-9）。

表 8-9　2012~2019 年贵州省基本医疗卫生服务发展状况

指标 \ 年份	2012	2013	2014	2015	2016	2017	2018	2019
卫生机构（个）	27672	29124	28966	26860	28000	28100	28100	28500
卫生技术人员（人）	120000	155300	183700	180792	204700	301900	323528	266300
卫生机构床位（张）	131000	164200	169500	194323	208800	232900	245639	251100
千人卫生机构床位数（张）	3.8	4.7	4.8	5.5	5.9	6.5	6.8	6.9
全国千人卫生机构床位数（张）	4.2	4.6	4.9	5.1	5.4	5.7	6.0	6.3

资料来源：根据 2012~2019 年《贵州省国民经济和社会发展统计公报》整理。全国数据来源于《中国统计年鉴》（2020）。

（二）分布情况

贵州省 9 个市（州）中，毕节市、遵义市和黔东南苗族侗族自治州拥有数量较多的医疗卫生机构；贵阳市、遵义市的医疗卫生技术人员较多；遵义市、贵阳市、毕节市医疗卫生机构床位多于其他市（州）（见表 8-10），三级甲等医院集中分布在贵阳市。

表 8-10　2019 年贵州省各市（州）基本医疗卫生服务情况

地区 \ 指标	卫生机构（个）	卫生技术人员（人）	卫生机构床位（张）	千人拥有卫生技术人员（人）	千人拥有卫生机构床位（张）
贵阳市	3370	54547	34624	10.13	8.97
遵义市	4419	50427	51979	8.00	8.30
安顺市	2003	14284	13998	6.05	5.92
毕节市	5296	35047	42365	3.73	4.51
六盘水市	1657	20217	20694	5.72	5.83

续表

地区 \ 指标	卫生机构（个）	卫生技术人员（人）	卫生机构床位（张）	千人拥有卫生技术人员（人）	千人拥有卫生机构床位（张）
铜仁市	3394	24063	21126	5.37	4.95
黔东南苗族侗族自治州	3913	27685	27628	7.80	7.80
黔南布依族苗族自治州	2290	21831	22507	6.60	6.81
黔西南布依族苗族自治州	2158	19401	18540	5.26	4.17
全省	28572	266348	266544	7.30	7.35

资料来源：根据各地级（州）、各市（州）或贵州省《2019年国民经济和社会发展统计公报》整理。

2019 年，从千人拥有卫生技术人员来看，贵阳市最高，为 10.13 人，其次为遵义市 8.00 人，毕节市最低为 3.73 人。在千人拥有卫生机构床位方面，贵阳市最多为 8.97 张，其次为遵义市 8.30 张，黔西南布依族苗族自治州和毕节市最低，分别为 4.17 张和 4.51 张。

三、文化设施建设

1949 年以前，贵州省绝大多数的县城和农村，基本没有公共文化设施，仅在贵阳市有少量设施简陋的公共文化设施。1949 年，全省有公共图书馆 1 个、文化馆 12 个、电影院 5 个。1949 年后，对接管的民众教育馆进行了改造，新建了大批文化馆、文化站、公共图书馆等，在电影、艺术、群众文化等方面有了较大发展。1957 年建设了第一座群众艺术馆，1978 年文化馆增加到 87 个、公共图书馆 25 个，群艺馆和博物馆各 2 个；1988 年公共图书馆增长到 84 个、电影院 313 个、博物馆 4 个、群艺馆 7 个。也就是说，改革开放后的 10 年，是贵州省文化基础设施建设增长速度最快的时期。

"十一五"以来，为满足基层人民群众的基本需求，丰富人民群众的文化生活，全省加快文化基础设施建设，构建现代公共文化服务体系，制定了贵州省县级文化馆、图书馆维修改造规划，维修改造了全省 52 个县级文化馆和 36 个县级图书馆，截至 2014 年底，完成 1448 个乡镇综合文化站和 172 个社区文化活动室改造。到 2019 年，共有文化馆（含群艺馆）1680 个、公共图书馆 98 个、博物馆 91 个、电影院 228 个（见表 8-11）。

表 8-11 新中国成立以来贵州省文化设施发展情况 单位: 个

年份	文化馆	公共图书馆	博物馆	群众艺术馆	电影院
1949	12	1	0	0	5
1957	86	9	2	1	14
1978	87	25	2	2	10
1988	86	84	4	7	313
1990	—	84	4	—	—
2000	—	89	8	—	—
2005	87	90	10	—	—
2010	95	93	59	—	—
2015	98 (含群艺馆)	96	73 (含纪念馆)	—	—
2018	99	93	103	—	—
2019	1680 (含群艺馆)	98	91	—	228

资料来源: 根据《贵州奋进的四十年》《新中国 60 年统计资料汇编》和相应年份的《贵州省国民经济和社会发展统计公报》整理。

从各市(州)分布来看,文化馆、公共图书馆、博物馆及艺术表演团体等,主要分布在黔东南苗族侗族自治州、遵义市与贵阳市等地区。从人均拥有公共文化设施来看,黔东南苗族侗族自治州最多,拥有文化馆 0.47 个、公共图书馆 0.47 个、博物馆 0.78 个,六盘水市最少,10 万人拥有文化馆、公共图书馆、博物馆数量分别为 0.14 个、0.11 个和 0.09 个(见表 8-12)。

表 8-12 2019 年贵州省各市(州)文化设施分布情况

地区　　　　　　　　　指标	文化馆 (个)	公共图书馆 (个)	博物馆 (个)	每 10 万人拥有数量(个/10 万人)		
				文化馆	公共图书馆	博物馆
黔东南苗族侗族自治州	17	17	28	0.47	0.47	0.78
贵阳市	11	12	11(2018 年)	0.22	0.24	0.23(2018 年)
遵义市	13	15	18	0.21	0.24	0.29
黔南布依族苗族自治州(2016 年)	10	7	3	0.30	0.21	0.09
毕节市(2016 年)	12	9	2	0.18	0.13	0.03
黔西南布依族苗族自治州	9	9	11	0.24	0.24	0.30
铜仁市	11	11	3	0.25	0.24	0.07
安顺市	7	6	5	0.30	0.25	0.21

地区 \ 指标	文化馆（个）	公共图书馆（个）	博物馆（个）	每10万人拥有数量（个/10万人）		
				文化馆	公共图书馆	博物馆
六盘水市	5	4	3	0.14	0.11	0.09
合计	95	90	73	2.31	2.14	1.86

资料来源：根据各市（州）2016~2019 年《国民经济和社会发展统计公报》整理。

各市（州）文化公共设施分布不平衡，与区域产业发展战略以及传统文化传承状况相关。黔东南苗族侗族自治州、铜仁市少数民族风情浓郁，获批的 724个国家传统村落中，黔东南苗族侗族自治州数量最多，其次为安顺市，民族文化博物馆建设有良好的文化基础（杨兴艳和赵翠薇，2020）。从文化产业发展来看，2017 年，贵州省文化产业增加值占地区生产总值的比重为 2.4%，黔南布依族苗族自治州比重最大，为 4.50%，其次为贵阳市（3.97%）和安顺（3.78%），位列最后的是六盘水市，文化产业增加值占地区生产总值比重的 1.25%（王红霞，2019）。

贵州电影业稳步发展，电影院从 1949 年的 5 个增加到 1988 年的 313 个。"十三五"时期，"星空影院县级覆盖"列入贵州省重点文化产业项目，在该项目支持下，完成了县级影院建设，2016~2019 年，全省影院数量从 160 家增长到228 家，电影票房为 8.07 亿元。通过试点、政策鼓励等方式，积极推动乡镇影院建设，乡镇影院数量从 2016 年的 20 个增加到 2019 年的 36 个（见表 8-13）。总体来讲，贵州电影市场仍然处于发展中（武建勋，2020）。

表 8-13　2016~2019 年贵州省电影业发展状况

年份	票房（亿元）	影院数量（家）	乡镇影院数量（家）
2016	4.91	160	20
2017	6.59	179	22
2018	7.73	197	27
2019	8.07	228	36

资料来源：武建勋. 贵州乡镇影院建设的现状、问题及对策［J］. 当代电影，2020（8）：72-77.

第九章　生态文明建设

贵州省是长江、珠江两江上游重要的生态屏障。山多平地少，喀斯特地貌广布，生态环境脆弱，陡坡垦殖、毁林开荒等不合理的开发利用，导致了水土流失、石漠化等严重的生态环境问题。加强生态环境保护，提高生态建设水平，既是生态文明建设的要求，又关系到长江、珠江中下游地区的可持续发展。近年来，贵州省生态环境保护受到高度重视，实施了退耕还林、石漠化综合治理等工程，探索建立生态补偿、河长制等机制，生态建设成效显著。

第一节　贵州省生态环境基本状况

一、主要的生态问题

（一）水土流失

贵州省山地、丘陵面积大，山高坡陡、地表崎岖，平均坡度达 17.78°，其中大于 15°区域占全省面积的 69.4%（贵州省区域地理信息项目领导小组，1996）。由于喀斯特地区土壤剖面普遍缺乏过渡层，形成岩土软硬界面，岩石和泥土之间的黏着力差，特殊的土体结构降低了稳定性。丰富的降水导致化学淋溶作用极强，土壤中黏粒垂直下移，形成上层土体松软、下层土体紧实的不同物理性状的界面（杨明德，1990）。贵州降水丰富，并且 80%左右集中在夏季，植被一旦遭到破坏极易产生水土流失。贵州省人口密度大，长期以来种植业是农村主要的生计方式，毁林（草）开荒严重，坡耕地多，不合理的耕种方式以及开发建设，贵州成为全国水土流失较为严重的省份之一。

20 世纪 50 年代以来，贵州省水土流失面积呈现先上升后下降趋势。1987 年水土流失面积最大，为 7.67 万平方千米，比 20 世纪 50 年代的 2.50 万平方千米增加了 5.17 万平方千米。20 世纪 80 年代，为防治水土流失，逐步实施了长江、珠江上游防护林建设、退耕还林（草）、封山育林、坡改梯、联合国世界粮食计划署"中国 3356 项目工程"等大型生态建设工程，2012 年通过了《贵州省水土保持条例》，2015 年发布了《贵州省水土保持补偿费征收管理办法》等。随着城镇化、工业化水平提升，农业剩余劳动力逐渐向第二、第三产业转移，耕地压力减小，甚至出现撂荒现象。中国山区出现大规模耕地撂荒现象约在 2000年，2005 年以后尤其严重。贵州省的情况与全国基本一致，2005 年后常住人口数小于户籍人口数，调查村庄的耕地撂荒发生频率在 90% 左右，与劳动力析出和劳动力工资大幅增长的时间吻合（李升发等，2017）。在多种因素共同作用下，水土流失恶化趋势得到遏制，1987~2019 年，贵州省水土流失面积下降了2.9 万平方千米，每年下降约 900 平方千米，水土流失面积占全省面积的比例从43.50% 下降到 27.08%（见表 9-1）。

表 9-1　贵州省水土流失状况

时间	水土流失面积（万平方千米）	占全省面积的比例（%）
20 世纪 50 年代	2.50	14.20
20 世纪 60 年代	3.50	19.80
1987 年	7.67	43.50
2000 年	7.30	41.54
2010 年	5.50	31.37
2015 年	4.90	27.71
2018 年	4.83	27.42
2019 年	4.77	27.08

资料来源：王伟康. 数说贵州水利 70 年［J］. 当代贵州，2019（31）：12-13；历年《贵州省水土保持公报》。

区域水土流失程度常采用单位面积的年泥沙流失量表征，根据年泥沙流失量分为无明显侵蚀、轻度侵蚀、中度侵蚀、强度侵蚀和极强侵蚀 5 个等级。1987~2019 年，贵州省轻度、中度和强度等级的水土流失面积呈现下降趋势，其中轻度水土流失面积减少了 7111.09 平方千米，中度流失面积减少了 12949.45 平方千米，强度流失面积减少了 10158.79 平方千米，但极强及以上等级的水土流失面积，增加了 1254.44 平方千米。说明整体上水土流失程度有所减轻，但局部地区有恶化趋势（见图 9-1）。

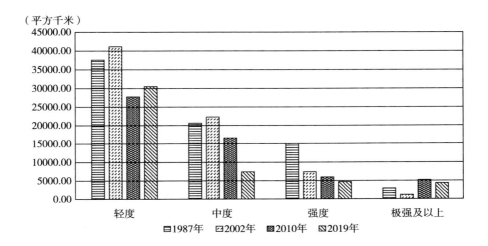

图 9-1　1987~2019 年贵州省不同强度水土流失面积

资料来源：历年《贵州省水土保持公报》。

从各市（州）水土流失情况看，2019 年，黔东南苗族侗族自治州、黔南布依族苗族自治州和贵阳市的水土流失面积比例较低，分别为 10.98%、16.88%、22.71%，毕节市、六盘水市、铜仁市的较高，分别为 37.68%、36.51%、32.54%。空间上西北部的水土流失程度比东南部严重（见表 9-2）。

表 9-2　贵州省各市（州）水土流失情况

市（州）名称	2000 年		2010 年		2019 年	
	面积（平方千米）	比例（%）	面积（平方千米）	比例（%）	面积（平方千米）	比例（%）
贵阳市	2621.50	32.64	2242.76	27.92	1824.35	22.71
六盘水市	5229.53	52.75	4254.87	42.92	3619.51	36.51
遵义市	12832.01	41.71	9725.77	31.62	8317.15	27.03

续表

市（州）名称	2000 年		2010 年		2019 年	
	面积 （平方千米）	比例 （%）	面积 （平方千米）	比例 （%）	面积 （平方千米）	比例 （%）
安顺市	3535.05	38.15	2864.85	30.91	2435.70	26.29
铜仁市	9479.22	52.65	6825.26	37.91	5858.74	32.54
黔西南布依族苗族自治州	6094.65	36.27	5744.39	34.18	4947.67	29.44
毕节市	15813.99	58.89	11669.69	43.46	10118.33	37.68
黔东南苗族侗族自治州	8411.51	27.73	5397.62	17.79	3330.36	10.98
黔南布依族苗族自治州	9161.55	34.98	6544.19	24.98	4421.11	16.88

资料来源：历年《贵州省水土保持公报》。

（二）喀斯特石漠化

喀斯特石漠化是土地荒漠化的主要类型之一。2007 年，国家发展和改革委员会定义岩溶石漠化为"在热带、亚热带湿润、半湿润气候条件和岩溶极其发育的自然背景下，受人为活动干扰，使地表植被遭受破坏，造成土壤侵蚀程度严重，基岩大面积裸露，土地退化的表现形式"（李阳兵，2017）贵州省地处中国西南喀斯特中心，碳酸盐岩出露面积占全省总面积的 61.92%，是世界上喀斯特地貌发育最典型的地区之一。明末清初，今贵州安顺、盘县、普安等地已出现石漠化现象。清代以来，以玉米为主的单一种植结构，使得贵州面临严重的石漠化问题（严奇岩，2010），并且成为贵州经济落后的重要原因（洪名勇等，2016）。经济发展水平较低，农村能源种类稀少，过度樵采、毁林毁草开垦、乱砍滥伐等行为，森林资源遭到严重破坏，石漠化发展迅速，成为全国石漠化面积最大、程度最深、危害最重的省份。2010 年遥感监测数据表明，全省没有发生石漠化的土地面积 39463.5 平方千米，占土地总面积的 22.4%；潜在石漠化面积 33148.5 平方千米，占 18.8%；轻度石漠化以上等级石漠化面积 36472.6 平方千米，占全省总面积的 20.7%，其中，轻度石漠化面积 22426.4 平方千米，中度石漠化面积 10018.3 平方千米，强度（含极强度）石漠化面积 4027.4 平方千米。

从空间分布来看，石漠化土地集中分布在贵州西部、南部和西北部，总体上呈现西部重、东部轻，南部重、北部轻的格局。

20 世纪 80 年代，贵州省开始开展石漠化治理工作，最初称为"石山治理"，"石漠化"概念提出后称"石漠化治理"。石漠化治理措施包括坡改梯、种植水保林和经果林、自然修复（封禁治理）、建设小型水利（水保）工程等。

　　按照治理措施及成效，贵州省石漠化治理可分为石山治理、初期治理、中期生态建设及专项治理 4 个阶段（张信宝，2016）。在石山治理和石漠化治理的初期阶段，由于经济发展水平较低，石漠化治理目标主要为了提高粮食产量，解决温饱问题，采取的方式以坡改梯为主。中期阶段 1999~2008 年，经过改革开放多年的发展，中国经济发展水平得到较大提高，水土流失、生物多样性减少等生态问题受到重视，石漠化治理目标从最初的解决温饱问题，转移到生态建设，采取的治理措施以水保林建设、自然修复等为主。2008 年后的专项治理阶段，采取林、田、水、路综合治理的方式。经过治理，石漠化扩展态势在 20 世纪八九十年代得到遏制，2000 年以后发生逆转。随着农村剩余劳动力向二三产业转移，大量农民外出务工，农村土地压力减轻；1998 年长江洪涝灾害发生后，国家启动了"天然林资源保护""退耕还林"等生态建设项目，投入大量资金，截至 2012 年，退耕还林工程累计投资 180.8 亿元；2008 年启动石漠化综合治理工程，到 2010 年，累计投资 13.5 亿元；2011~2015 年，贵州省水利部门共投资 166445.11 万元（其中中央投资 103320 万元，地方投资 50446.82 万元，世界银行贷款 11139.21 万元，欧盟赠款 1539.08 万元），完成水土流失综合治理面积 1921.70 平方千米。石漠化治理初见成效，但也存在缺少分区指导、不够尊重群众意愿，以及国家生态建设目标与地方经济发展诉求相矛盾、关键性科学技术问题研究薄弱等问题（李建存等，2013；苏迪，2012）。贵州省不同阶段的石漠化治理措施如表 9-3 所示。

表 9-3　贵州省不同阶段的石漠化治理措施

治理阶段	主要治理目标	治理措施及重要程度	社会经济状况	国家级治理项目	石漠化发展趋势
石山治理阶段（20 世纪 80 年代初期）	改善生产生活条件，解决温饱问题，减少水土流失	坡改梯（☆☆☆） 小型水利工程（☆☆） 水保林（☆） 经果林（☆）	家庭联产承包责任制。生活贫困，社会经济发展水平低	水土保持小流域试点治理，三小水利工程	加剧

续表

治理阶段	主要治理目标	治理措施及重要程度	社会经济状况	国家级治理项目	石漠化发展趋势
石漠化治理初期阶段(1980~1998年)	改善生产生活条件,增加收入,遏制石漠化扩展趋势	坡改梯(☆☆☆) 水保林(☆☆) 经果林(☆☆) 小型水利工程(☆☆) 自然修复(☆)	家庭联产承包责任制。农民开始外出务工,温饱问题逐渐解决	"长治""长防""珠治""珠防""中低产田改造""农业综合开发"等项目	有所抑制
石漠化治理中期生态建设阶段(1999~2008年)	增加植被覆盖,改善生产生活条件,增加收入	自然修复(☆☆☆) 坡改梯(☆☆) 水保林(☆☆) 经果林(☆☆) 小型水利工程(☆☆)	家庭联产承包责任制。农民大量外出务工,温饱问题基本解决	"天然林资源保护""退耕还林"等项目	开始逆转
石漠化专项治理阶段(2009年始)	增加植被覆盖率,加速逆转石漠化趋势。改善生产生活条件,增加收入。新农村建设	自然修复(☆☆☆) 水保林(☆☆) 经果林(☆☆) 小型水利工程(☆☆) 乡村、田间道路(☆☆) 坡改梯(☆)	家庭联产承包责任制。1/3~1/2农村劳力外出务工,大部分农民经济状况明显改善	2008年国家启动"石漠化综合治理工程"项目、"坡耕地水土流失防治""国土整治"等	逆转

注:☆代表一般措施;☆☆代表重要措施;☆☆☆代表非常重要措施。

资料来源:张信宝. 贵州石漠化治理的历程、成效、存在问题与对策建议 [J]. 中国岩溶,2016 (5):497-502.

二、保护生态环境的主要方式

(一)自然保护区建设

1978年1月,贵州建立了省内第一个国家级自然保护区——梵净山自然保护区,1997年底,全省有自然保护区35个,2009年达到130个,2019年略有下降,减少到106个,其中国家级11个,省级7个,地市级16个,县级72个。从保护区类型来看,以森林生态系统、野生动植物保护为主(见表9-4和表9-5)。

表9-4 贵州省自然保护区发展情况

年份	自然保护区数量	保护区面积(万公顷)	占全省土地面积(%)
1997	35	31.61	1.78
1999	56	33.51	1.89
2009	130	96.02	5.46

续表

年份	自然保护区数量	保护区面积（万公顷）	占全省土地面积（%）
2015	119	89.79	5.10
2019	106	86.05	4.88

资料来源：历年《贵州统计年鉴》。

表9-5 2009年、2015年、2017年、2019年贵州省各类自然保护区数量

类型	2009年	2015年	2017年	2019年
森林生态系统、野生动植物	127	115	115	103
内陆湿地	1	3	3	2
古生物遗址	1	1	1	1
地质地貌	1	0	0	0
总计	130	119	119	106

资料来源：历年《贵州统计年鉴》。

除自然保护区外，贵州省还有森林公园97个、风景名胜区71个，面积合计216.14万公顷，占全省土地总面积的9.68%（见表9-6）。

表9-6 2019年贵州省各类保护地情况

类型	数量（个）			面积（万公顷）	占全省土地总面积比例（%）
	总量	国家级	省级		
自然保护区	106	11	7	86.05	4.88
风景名胜区	71	18	53	102.09	3.20
森林公园	97	30	46	28.00	1.60
总计	274	59	106	216.14	9.68

资料来源：《贵州统计年鉴》（2020）。

专栏9-1

梵净山自然保护区

梵净山国家级自然保护区，位于贵州省铜仁市的江口、印江、松桃三县交界处，最高峰海拔2572米，也是武陵山脉最高峰。面积419平方千米，主要保护亚热带森林生态系统和黔金丝猴、珙桐等珍稀动植物。

梵净山是全球重要的生物多样性基地和多元化生物自然生态栖息地，保存有亚热带原生生态系统。植物种类丰富，有植物2000余种，其中国家保护植物31种；裸子植物36种，是全球裸子植物最丰富的地区；有动物801种，其中国家保护动物19种，拥有200万~7000万年前的古老物种。

珍稀濒危和特有物种多。珙桐又名"中国鸽子树"，为我国特产植物，一级重点保护植物，第三纪古热带植物区系的孑遗种；梵净山冷杉为梵净山特有树种，梵净山冷杉林丰富了我国植物区系；梵净山是水青冈林在亚洲最重要的保护地。黔金丝猴仅分布于梵净山，我国一级保护动物，世界濒危物种。

（二）生态文明示范区建设

（1）毕节试验区建设。1988年6月9日，经国务院批准，在毕节地区（今毕节市）建立试验区，是全国唯一以"开发扶贫、生态建设"为主题建设的试验区，旨在探索经济社会贫穷落后、生态环境恶化的地区，实现经济发展与生态建设共赢的可持续发展道路。毕节市位于黔西北，乌江发源地，20世纪80年代初，是贵州最贫困的地区之一，生态环境恶劣。1987年农民人均纯收入184元，全市8个县中6个属于国家级贫困县，农村贫困人口占总人口的53.68%，森林覆盖率8.53%，发展面临"经济贫困、生态恶化、人口膨胀"三大难题。经过30多年的建设，2020年实现地区生产总值2020.39亿元，经济实力跃居全省第三位，仅次于贵阳市和遵义市；城镇人均可支配收入34274元，高于安顺市和铜仁市，农村常住居民人均可支配收入11238元，高于铜仁市和黔东南苗族侗族自治州。按照农村家庭人均纯收入3335元的标准，2013年有贫困人口166.97万人，2017年为72.46万人，贫困发生率从23.94%下降到8.89%，2020年全部脱贫。在生态建设方面，实施了"3356""两江防治"等生态建设工程，开创了山顶植树封山育林戴帽子、山腰退耕还林还草种树拴带子、坡脚种植绿肥牧草铺毯子、山下基本农田建设打谷子和多种经营抓票子的"五子登科"的发展模式，1988~2017年，森林面积从601.8万亩增加到2127万亩，2019年森林覆盖率达到56.13%[①]，累计治理石漠化1226.04平方千米。

①　参见毕节市人民政府官方网站。

（2）生态文明示范区建设。2013年，贵州在基础条件优越的市（州），创建并命名了省级生态乡镇35个、省市级生态村72个。2014年命名省级生态乡镇28个，省市级生态村185个。2017年乌当区获批全国第一批"绿水青山就是金山银山"实践创新基地（全国13个），汇川区、观山湖区命名为全国第一批（共46个）"国家生态文明建设示范市县"，汇川区、平坝区、凤冈县建设"省级生态县（区）"，42个乡镇建设成为"省级生态镇"、125个行政村建设成为"省级生态村"。

2016年中共中央办公厅、国务院办公厅印发了《关于设立统一规范的国家生态文明试验区的意见》，将贵州、福建、江西三省列入首批国家生态文明试验区，贵州成为西部首个国家生态文明试验区。2017年中共中央办公厅、国务院办公厅印发了《国家生态文明试验区（贵州）实施方案》，该方案提出将贵州建成长江、珠江上游绿色屏障建设示范区、西部地区绿色发展示范区、生态脱贫攻坚示范区、生态文明法治建设示范区和生态文明国际交流合作示范区。以建设"多彩贵州公园省"为总体目标，在生态文明建设体制机制改革方面先行先试，走出一条新型工业化、山区新型城镇化和农业现代化的路子。2020年，贵州省环境空气质量总体优良，9个中心城市空气质量优良天数占比为99.2%，主要河流监测断面水质达到Ⅲ类及以上水质类别比例为99.3%[①]。2020年底，全省森林覆盖率达61.5%，草原综合植被盖度88%[②]。2021年，贵州省水土流失总面积为46398.23平方千米，占全省土地总面积的26.34%；比2020年减少609.97平方千米[③]。2022年，中央发布《国务院关于支持贵州在新时代西部大开发上闯新路的意见》（国发〔2022〕2号），提出将贵州建设成为生态文明建设先行区，未来将继续提升自然生态系统质量，持续打好污染防治攻坚战，建立健全生态文明试验区制度体系，并积极推进全省社会经济低碳循环发展。

（三）生态红线保护区划定

生态红线概念在2011年国务院发布的《国务院关于加强环境保护重点工作的意见》（国发〔2011〕35号）中首次提出，文件明确要求"在重要生态功能区、陆地和海洋生态环境敏感区、脆弱区等区域划定生态红线"，党的十八届三

---

① 参见《2020年贵州省生态环境状况公报》。
② 参见《2020年贵州省自然资源公报》。
③ 参见《2021年贵州省水土保持公报》。

中全会和 2014 年新修订的《中华人民共和国环境保护法》也相继提出"划定生态保护红线"。《国家生态保护红线—生态功能红线划定技术指南（试行）》将生态保护红线定义为"是指对维护国家和区域生态安全及经济社会可持续发展，保障人民群众健康具有关键作用，在提升生态功能、改善环境治理、促进资源高效利用等方面必须严格保护的最小空间范围与最高或最低数量限值"。生态保护红线所包围的区域为生态保护红线区。

贵州生态保护红线区包括禁止开发区、集中连片优质耕地、公益林地、生态敏感区和生态脆弱区及其他具有重要生态保护价值的区域。2016 年，贵州省人民政府印发了《贵州省生态保护红线管理暂行办法》（黔府发〔2016〕32号），规定生态保护红线划定后原则上不得擅自调整，确需调整的，应当按照"总量不减、占补平衡、生态功能相当"的原则进行。在各类生态保护红线区内，严格限制城镇化和工业化活动，禁止建设破坏生态功能和生态环境的工程项目。

贵州生态红线保护区面积共计 56236.16 平方千米，占全省土地面积的31.92%。遗产地类生态保护红线区面积 2430.14 平方千米，包括世界自然遗产地 3 个，国家自然遗产地 4 个，国家自然与文化双遗产地 1 个。

风景名胜区类生态保护红线区面积 8453.83 平方千米，占全省土地总面积的4.80%，其中国家级风景名胜区 18 个，面积 3416.10 平方千米，省级风景名胜区 53 个，面积 5037.73 平方千米。自然保护区类生态保护红线区面积 6395.39平方千米，占全省土地总面积的 3.63%，其中，国家级自然保护区 9 个，面积2593.54 平方千米，省级自然保护区 6 个，面积 1049.33 平方千米，市州级自然保护区 16 个，面积 2752.52 平方千米。

地质公园类生态保护红线区面积 2174.02 平方千米，占全省国土总面积的1.23%，其中世界地质公园 1 个，面积 170 平方千米，国家地质公园 9 个，面积1658.02 平方千米，省级地质公园 2 个，面积 346.00 平方千米。

森林公园类生态保护红线区面积 2543.67 平方千米，占全省土地总面积的1.44%，其中国家级森林公园 25 个，面积 1606.94 平方千米，省级森林公园 32个，面积 936.73 平方千米。

国家重要湿地 2 个，面积 151.8 平方千米。国家湿地公园 37 个，面积592.81 平方千米，其中国家湿地公园 36 个，面积 585.81 平方千米，国家城市湿地公园 1 个，面积 7 平方千米。

全省千人以上集中式饮用水源地保护区 1490 个，面积 4386.24 平方千米，占全省土地总面积的 2.49%。其中，县城集中式饮用水源保护区 156 个，面积 2064.44 平方千米，示范小城镇集中式饮用水源保护区 114 个，面积 349.30 平方千米，建制乡（镇）集中式饮用水源保护区 1220 个，面积 1927.50 平方千米。

水产种质资源保护区类生态保护红线区面积 135.81 平方千米，其中国家级水生生物自然保护区 1 个，面积 30.29 平方千米，国家级水产种质资源保护区 12 个，面积 104.26 平方千米，省级水产种质资源保护区 2 个，面积 1.26 平方千米。

五千亩以上耕地大坝永久基本农田类生态保护红线区 165 个，大坝中划定的永久基本农田面积 882.20 平方千米，其中 51 个万亩大坝的永久基本农田面积 378.55 平方千米，114 个五千亩大坝永久基本农田面积 503.65 平方千米。

国家级生态公益林面积 34271.79 平方千米，占全省土地总面积的 19.45%。

石漠化敏感区面积 6934.91 平方千米，占全省土地总面积的 3.94%（见表 9-7）。

表 9-7　贵州省生态保护红线分类

生态保护红线类型		数量（个）	生态保护红线面积（平方千米）	占全省土地总面积的比例（%）
遗产地类	世界自然遗产地	3	1286.75	0.73
	国家自然遗产地	4	624.59	0.36
	国家自然与文化双遗产地	1	518.80	0.29
风景名胜区类	国家级风景名胜区	18	3416.10	1.94
	省级风景名胜区	53	5037.73	2.86
自然保护区类	国家级自然保护区	9	2593.54	1.47
	省级自然保护区	6	1049.33	0.60
	市州级自然保护区	16	2752.52	1.56
地质公园类	世界级地质公园	1	170.00	0.10
	国家级地质公园	9	1658.02	0.94
	省级地质公园	2	346.00	0.19

续表

生态保护红线类型		数量（个）	生态保护红线面积（平方千米）	占全省土地总面积的比例（%）
森林公园类	国家级森林公园	25	1606.94	0.91
	省级森林公园	32	936.73	0.53
国家重要湿地类	国家重要湿地	2	151.80	0.09
国家湿地公园类	国家湿地公园	36	585.81	0.33
	国家城市湿地公园	1	7.00	0.004
千人以上集中式饮用水源地保护区类	县城集中式饮用水源保护区	156	2064.44	1.17
	示范小城镇集中式饮用水源保护区	114	349.30	0.22
	建制乡（镇）集中式饮用水源保护区	1220	1927.50	1.10
水产种质资源保护区类	国家级水生生物自然保护区	1	30.29	0.02
	国家级水产种质资源保护区	12	104.26	0.06
	省级水产种质资源保护区	2	1.26	0.007
五千亩以上耕地大坝永久基本农田类	五千亩耕地大坝永久基本农田	114	503.65	0.29
	万亩耕地大坝永久基本农田	51	378.55	0.21
重要生态公益林类	国家级生态公益林	—	34271.79	19.45
石漠化敏感区类	石漠化敏感区	—	6934.91	3.94
总计（扣除重叠部分）		—	56236.16	31.92

资料来源：根据《贵州省生态保护红线管理暂行办法》整理。

三、生态服务功能状况

（一）生态用地面积不断增加

土地是人类社会生存、发展最根本的物质基础，具有生产、支撑、财产、生态等功能。伴随着城镇快速扩张以及工业生产规模的迅速扩大，林地、草地、湿地等被大量占用，许多具有特殊生态价值的土地丧失其原有的生态功能，生态环境不断恶化，严重阻碍区域可持续发展。随着人类文明的演进，人们亲近自然、热爱自然的情感日益增强，对于清洁水源、洁净空气以及美好景观的渴求也越发强烈，土地的生态功能受到广泛重视。

自董雅文等（1999）提出"生态用地"一词后，学者围绕生态用地概念、内涵进行了探讨，从生态中心视角给出了广义和狭义两个定义。广义概念认为凡是具有生态功能的土地均应称作生态用地，狭义概念则认为只有以生态功能为主体功能的土地才可视为生态用地（唐双娥，2009）。显然，第一种观点过于宽泛，从理论上讲，所有土地都具有生态功能，只是不同土地类别生态功能的强度存在差异，以此为指导进行划分，则丧失了土地类别划分的意义（彭建等，2015）。生态功能是生态用地的核心，从土地功能出发开展生态用地分类，对于明晰生态用地效益有着重要意义。

据此，从土地利用类型的主导功能考虑，结合国内学者已经提出的分类方法和贵州省土地利用的实际，将土地利用类型中的林地、草地、湿地和其他作为生态用地。具体分类情况如表 9-8 所示。

表 9-8　基于土地利用分类的生态用地类型

一级分类	二级分类
林地	常绿阔叶林、落叶阔叶林、常绿针叶林、针阔混交林、常绿阔叶灌木林、落叶阔叶灌木林、常绿针叶灌木林、乔木园地、灌木园地、灌木绿地、稀疏灌木林
草地	草丛、草本绿地
湿地	草本沼泽、湖泊、水库/坑塘、河流
其他	裸岩、裸土、沙漠/沙地

资料来源：笔者整理。

运用贵州省 2000 年、2005 年和 2010 年 3 期土地利用数据，统计显示 2000~2010 年，生态用地面积由 1236.47 万公顷增加到 1293.14 万公顷，增加了 56.67 万公顷，年均增长率为 0.45%。从不同生态用地类型变化情况看，林地、草地、湿地和其他面积均在增加，其中湿地的变化最为显著，变化率为 15.04%。

林地是面积变化最大的生态用地类型。2000 年贵州省林地面积为 924.12 万公顷，2010 年增加到 962.45 万公顷，10 年增加了 38.33 万公顷，变化率为 4.15%，2000~2005 年变化率较大，为 2.13%，2005~2010 年变化率为 1.98%。其次为草地，2000 年面积为 300.23 万公顷，2010 年增加到 317.23 万公顷，增加了 17.00 万公顷，变化率为 5.66%，前 5 年的变化率较大，为 4.12%，后 5 年的变化率较小，为 1.48%（见表 9-9）。

表 9-9　2000 年、2005 年、2010 年贵州省生态用地面积及其变化

年份	生态用地	草地	林地	其他	湿地	总计
2000	面积（万公顷）	300.23	924.12	3.21	8.91	1236.47
2005	面积（万公顷）	312.60	943.77	3.21	9.38	1268.96
2010	面积（万公顷）	317.23	962.45	3.21	10.25	1293.14
2000~2005	变化面积（万公顷）	12.37	19.65	0	0.47	32.49
	变化率（%）	4.12	2.13	0	5.27	2.63
2005~2010	变化面积（万公顷）	4.64	18.68	0.08	0.87	24.18
	变化率（%）	1.48	1.98	0	9.28	1.91
2000~2010	变化面积（万公顷）	17.00	38.33	0.08	1.34	56.67
	变化率（%）	5.66	4.15	0	15.04	4.58

资料来源：根据《贵州省生态十年遥感调查与评估》成果数据整理。

生态用地面积尤其是林地、草地面积的增加，得益于国家 1999 年开始实施的退耕还林还草等生态工程；农村劳动力大量析出，减轻了耕地压力，毁林开荒现象得到遏制，甚至出现耕地抛荒现象；农村能源结构发生改变，燃料由原来的薪柴、秸秆等生物质为主，逐渐被电力、煤炭等替代，自然植被得以保护和恢复。湿地具有涵养水源、美化环境、调节气候等极为重要的生态功能，被誉为"地球之肾"。贵州省湿地类型多样，自然湿地包括河流湿地、湖泊湿地、沼泽湿地等，人工湿地有库塘、输水河等，为保护湿地，制定了《贵州省湿地保护条例》《贵州省湿地保护发展规划（2014—2030）》等政策措施，湿地面积不断恢复、扩大。"十三五"期间贵州全省建成湿地保护公园 53 个，湿地保护小区 96 个。湿地保护公园中，有 45 个为国家湿地公园。2020 年初，印发了《贵州省重要湿地资源动态监测与评价实施方案》，在全省范围内布设了 42 个监测点，监测结果初步显示，全省湿地保护成效显著，湿地鸟类种群数量明显增多，黑颈鹤、鸳鸯等种群数量稳中有增，陆续发现了中华秋沙鸭和彩鹮等珍稀濒危种类①。交通和水利是"十一五"重点建设的基础设施，如 2009 年开工建设的黔中水利枢纽工程，涉及大中小型水库 91 处，增加了人工湿地面积。

_____

① 参见贵州省林业局网站。

（二）生态系统服务价值日益提升

20 世纪 40 年代以来，生态系统概念的提出和发展，为研究生态系统服务功能奠定了科学基础。生态系统服务功能是指生态系统与生态过程形成及所维持的、人类赖以生存的自然环境条件与效用，生态系统不仅为人类提供了食品、医药等生产生活原料，还创造和维持了地球生态支持系统，具有直接利用价值、间接利用价值、选择价值及存在价值（欧阳志云和王如松，2000）。生态系统服务功能价值评估是生态环境保护、环境经济核算、生态补偿决策的重要依据，目前尚未形成统一的生态系统服务价值评估体系，使用较多的评估方法，大致分为基于单位服务功能价格的方法和基于单位面积价值当量因子的方法，第一种方法难以对每种服务价值的评价方法和参数标准进行统一，并且参数较多、计算过程也较为复杂；当量因子法具有直观易用、数据需求少的特点，适用于区域及全球尺度的评估（谢高地等，2015）。

本部分以谢高地等（2015）的研究成果为基础，采用当量因子法进行贵州生态系统服务功能价值评估。选取王鹤松等（2021）提出的以农田为基准的地区修订方法和谢高地等（2015）提出的 1 个标准当量因子的生态系统服务价值量计算方法，最终确定贵州省单位面积生态服务价值当量（见表 9-10）和单位面积生态服务价值（见表 9-11）。

表 9-10　贵州省单位面积生态服务价值当量

| 生态系统分类 | | 供给服务 | | | 调节服务 | | | | 支持服务 | | 文化服务 | |
一级分类	二级分类	食物生产	原料生产	水资源供给	气体调节	气候调节	净化环境	水文调节	土壤保持	维持养分循环	生物多样性	美学景观
森林	针叶林	0.30	0.71	0.37	2.31	6.89	2.03	4.54	2.80	0.22	2.56	1.11
	针阔混交	0.42	0.96	0.50	3.19	9.55	2.70	4.77	3.89	0.30	3.53	1.55
	阔叶	0.39	0.90	0.46	2.95	8.83	2.62	6.44	3.60	0.27	3.28	1.44
	灌木	0.26	0.58	0.30	1.92	5.75	1.74	4.55	2.34	0.18	2.13	0.94
草地	草地	0.52	0.76	0.42	2.68	7.08	2.34	5.19	3.26	0.24	2.96	1.30
湿地	湿地	0.69	0.68	3.52	2.58	4.89	4.89	32.93	3.14	0.24	10.70	6.43
荒漠	裸地	0.00	0.00	0.00	0.03	0.00	0.14	0.04	0.03	0.00	0.03	0.01
水域	水系	1.09	0.31	11.27	1.05	3.11	7.54	138.95	1.26	0.10	3.47	2.57

资料来源：根据《贵州统计年鉴》数据计算得到。

表 9-11　贵州省单位面积生态服务价值

一级分类	林地（元）				草地（元）	湿地（元）	裸地（元）	水系（元）
二级分类	针叶林	针阔混交	阔叶	灌木	草地	湿地	裸地	水系
食物生产	832.04	1172.42	1096.78	718.58	1437.16	1928.82	0.00	3025.60
原料生产	1966.64	2685.22	2496.12	1626.26	2117.92	1891.00	0.00	869.86
水资源供给	1021.14	1399.34	1285.88	832.04	1172.42	9795.40	0.00	31352.83
气体调节	6429.41	8887.71	8206.95	5332.63	7450.55	7185.81	75.64	2912.14
气候调节	19174.77	26587.50	24583.04	15997.89	19704.25	13615.22	0.00	8660.79
净化环境	5635.19	7526.19	7299.27	4840.97	6505.05	13615.22	378.20	20990.13
水文调节	12631.90	13274.84	17926.71	12669.72	14447.26	91638.01	113.46	386672.32
土壤保持	7790.93	10816.54	10022.32	6505.05	9076.81	8736.43	75.64	3517.27
维持养分循环	605.12	832.04	756.40	491.66	680.76	680.76	0.00	264.74
生物多样性	7110.17	9833.22	9114.63	5937.75	8244.77	29764.39	75.64	9644.12
美学景观	3101.25	4311.49	4008.93	2609.58	3630.73	17888.89	37.82	7147.99

资料来源：根据《贵州统计年鉴》数据计算得到。

　　结合贵州省 2000 年、2005 年和 2010 年 3 期的生态用地变化数据，参考贵州省单位面积生态服务价值，得出贵州省生态用地变化所引起的生态系统服务价值变化。

　　结果表明，2000～2010 年，生态用地生态服务价值处于增长态势，从 8861941.43×10⁶ 元增加到 9303405.47×10⁶ 元，增加了 441464.04×10⁶ 元，变化率为 4.98%。其中，林地的生态服务价值增加了 283537.24×10⁶ 元，变化率为 4.5%，是生态用地服务价值增加最多的地类；其次为草地，增加了 126608.38×10⁶ 元，变化率为 5.66%。湿地为生态服务价值变化率最高的地类，为 9.54%，生态服务价值增加了 31318.42×10⁶ 元（见表 9-12）。

表 9-12　2000 年、2005 年、2010 年贵州省生态系统服务价值变化

	生态用地类型	草地	林地	其他	湿地	总计
生态服务价值（10⁶ 元）	2000 年	2235752.85	6297775.88	242.98	328169.70	8861941.43
	2005 年	2327837.81	6442546.71	242.98	341532.18	9112159.70
	2010 年	2362361.23	6581313.12	242.98	359488.12	9303405.47

续表

	生态用地类型	草地	林地	其他	湿地	总计
2000~ 2005 年	价值变化（10^6 元）	92084.96	144770.83	0.00	13362.49	250218.27
	变化率（%）	4.12	2.30	0.00	4.07	2.82
2005~ 2010 年	价值变化（10^6 元）	34523.42	138766.41	0	17955.94	191245.78
	变化率（%）	1.48	2.15	0	5.26	2.10
2000~ 2010 年	价值变化（10^6 元）	126608.38	283537.24	0.00	31318.42	441464.04
	变化率（%）	5.66	4.50	0.00	9.54	4.98

资料来源：生态用地数据来源于遥感影像解译，结合表9-10、表9-11参数计算得到。

第二节　生态环境保护的体制机制建设

一、生态补偿机制的贵州实践

贵州省高度重视水环境保护。在赤水河流域、清水江流域、红枫湖水库等地实施了生态补偿机制，取得了一定成效。从流域生态补偿对象来看，主要是针对流域水体污染，未对流域提供的生态服务进行补偿；从补偿标准的制定依据来看，以污染水体处理成本为依据，未综合考虑机会成本等损失；从补偿模式来看，生态补偿都是政府主导型，市场机制的生态补偿尚未建立（汪念等，2015）。

1. 赤水河流域的生态补偿（陈东晖等，2014）

赤水河是长江上游南岸一级支流，发源于云南省镇雄县，流经云南、贵州、四川三省的 13 个县市，在四川省合江县与习水河汇合后流入长江。流域面积 20440 平方千米，干流长 444.5 千米，云南省内河段长 73.5 千米，贵州省内河段长 123 千米，四川省内长 51 千米。贵州省茅台镇以上为上游，茅台镇至丙安镇为中游，丙安镇以下为下游。

赤水河自古是川盐入黔的主要通道，流域独特的地质、土壤、气候和大气微生物等条件，成为珍稀特有鱼类的栖息地，流域内共有 108 种鱼类；盛产国酒茅台、习酒、郎酒等名优白酒，获得"美酒河"的美誉。随着流域人口增长，城镇化和工业化水平的提高、农业种植面积的扩大等，水体污染严重。经过治理，赤水河水质稳步提升，《2019年贵州省生态环境状况公报》显示，2019年流域水质综合评价为"优"，流域建设的16个水质监测断面，包括6个国控、10个省控断面，所有断面水质为Ⅰ～Ⅲ类。赤水河上游的矿产开发等工业企业，产生的污水必须达标后才能排放，遵义市白酒酿造产生的污水基本全部处理，达标后排放。目前农业面源污染和农村生活污水是主要的污染源，虽然多数乡镇都建设了污水处理厂，但是由于赤水河流域农村居民点分布分散，山高坡陡，地形复杂，难以收集集中处理。

为加强赤水河流域生态环境保护，保障赤水河流域水量及水质质量，2014年贵州省政府办公厅发布了《贵州省赤水河流域水污染防治生态补偿暂行办法》，按照"保护者受益、利用者补偿、污染者受罚"的原则，在毕节市和遵义市之间实施生态补偿。该办法规定，上游毕节市和下游遵义市实施双向补偿，下游遵义市享有Ⅱ类水质标准的权利，如果上游毕节市出境断面水质优于Ⅱ类水质标准，则受益的遵义市应缴纳生态补偿资金；反之，毕节市出境断面水质劣于Ⅱ类水质标准时，则由毕节市缴纳生态补偿资金。补偿以赤水河在毕节市和遵义市跨界断面（清池断面）的水质监测结果为依据，标准为《地表水环境质量标准（GB3838-2002）》，考核因子为高锰酸盐指数、氨氮和总磷含量，超标补偿标准为高锰酸盐指数0.1万元/吨、氨氮0.7万元/吨、总磷1万元/吨。2018年，云南、贵州、四川三省签订《赤水河流域横向生态保护补偿协议》。该协议规定，2018～2020年，三省按照1∶5∶4的比例，共同出资2亿元设立赤水河流域水环境横向补偿资金，补偿资金按照3∶4∶3的比例进行分配，三省将依据考核断面水质达标等情况，获取相应的生态补偿资金。水质考核监测指标为高锰酸盐指数、氨氮、总磷三项指标，按照《地表水环境质量标准GB3838-2002》执行，分段清算生态补偿资金。例如，若赤水河清水铺断面水质部分达标或完全未达标，云南省扣减相应资金拨付给贵州省和四川省，两省分配比例均为50%；若鲢鱼溪断面部分达标或完全未达标，贵州省扣减相应资金拨付给四川省；茅台镇上游新增断面水质考核部分达标或完全未达标，贵州省和四川省各承担50%的资金扣减任务。

可见，目前赤水河流域实施的生态补偿机制，对流域水污染防治起到重要作用，但需要进一步完善。第一，生态补偿标准以污染物防治成本为依据，未能综合考虑上游地区在水环境保护中，不仅支付保护成本，而且产业发展受到限制，影响了地区经济的发展，如上游为提供足量的水资源和保障良好的水质，禁止新建改建和扩建煤炭企业，2011 年 12 家煤炭企业停产，每年损失税收 2 亿元。第二，补偿模式为政府主导型，未能形成市场化、多元化的生态补偿机制。第三，以横向补偿为主，省际、贵州省内的横向生态补偿为主，持续的纵向生态补偿机制尚未形成。为完善生态补偿措施，保障赤水河流域保护的持续性，建议上游云南省的威信县、镇雄县和贵州省毕节市，可向上级行政主体申请纵向财政转移支付，中央通过生态基金、水土保持基金等支持上述地区的环境治理保护项目，县级可向地市或省申请补偿资金，企业也可向县市申请补偿资金，形成纵向补偿体系。如图 9-2 所示。

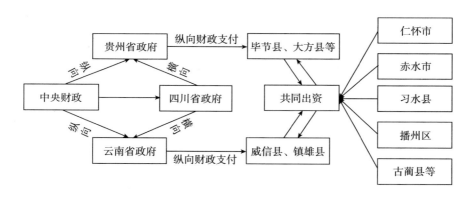

图 9-2 赤水河流域生态补偿模式

2. 清水江流域的生态补偿（齐敏和马彦涛，2015）

清水江是长江上游重要支流、贵州第二大河流，为沅水流域干流的上游河段。清水江在贵州省内全长 459 千米，流经黔南布依族苗族自治州的福泉市、都匀市和黔东南苗族侗族自治州凯里、丹寨等 16 个县（市），其中福泉市是我国重要的磷化工基地，磷化工企业多，导致该流域中、下游河段总磷污染严重。清水江水污染形势十分严峻，在干流和重要支流重安江水质监测结果显示，5 个断面水质几乎都为劣五类水质，水体中总磷、氟化物严重超标，重安江大桥断面水质总磷浓度最大超标倍数达 213 倍。

2009 年，贵州省环保厅以清水江为生态补偿机制试点流域，按照"谁污染谁付费、谁破坏谁补偿"的原则，制定了《贵州省清水江流域水污染补偿办法

（试行）》，2010 年 12 月 29 日，贵州省人民政府正式颁布《贵州省清水江流域水污染补偿办法》。根据清水江水体总磷、氟化物超标现象突出的特征，确定补偿因子为总磷和氟化物。按照贵州污染物治理成本，确定补偿标准为总磷 0.36 万元/吨，氟化物 0.6 万元/吨。

黔南布依族苗族自治州、黔东南苗族侗族自治州跨界断面以及黔东南苗族侗族自治州出境段位为控制断面，对各断面设置水质控制目标，补偿标准的制定结合治理成本，补偿资金为各单因子补偿资金之和，补偿资金按月计算。

单因子补偿资金=$\sum$（断面水质实测值−断面水质目标值）×月断面水量×补偿标准

补偿资金=控制断面月水质实测值与目标值之差×月断面水量×补偿标准

按照水质标准确定补偿对象，如果黔南布依族苗族自治州和黔东南苗族侗族自治州跨界断面当月水质实测值超过控制目标，黔南布依族苗族自治州应当缴纳相应的水污染补偿资金，补偿资金按 3∶7 的比例上缴省级财政和黔东南苗族侗族自治州财政；黔东南苗族侗族自治州出境断面当月水质实测值超过控制目标，黔东南苗族侗族自治州也应当向省级财政缴纳补偿资金。各级财政的补偿资金纳入同级环境污染防治资金管理，专项用于清水江流域水污染防治和生态修复。

《贵州省清水江流域水污染补偿办法》实施后，为达到水质标准，黔南布依族苗族自治州实施了瓮福（集团）有限责任公司污水循环利用"WFS"管线工程、贵州川恒化工有限责任公司生产废水循环利用治理及磷石膏渣场防渗综合工程，贵州开磷剑江化肥有限责任公司的合成氨生产线搬迁工程，关闭了贵州都匀水泥厂湿法旋窑生产线。黔东南苗族侗族自治州先后关闭了污染严重的企业 6 家，拆除 6 台矿冶炉及小高炉，淘汰落后产能 19.6 万吨，完成了三穗恒丰矿业有限公司等 9 家企业清洁生产审计。流域内化工、冶金等工业企业废水全部实现循环利用，工业企业废水重复利用率达 85% 以上。

2010 年，黔南布依族苗族自治州投入 728 万元，在流域内治理水土流失 6 平方千米，修复生态 480 公顷，保土耕作 50 公顷，石漠化综合治理 1706 公顷；黔东南苗族侗族自治州投入 670 万元，综合治理水土流失 31.12 平方千米。为治理农业农村污染，黔南布依族苗族自治州整治了贵州伊势农业有限公司养鸡场等 6 个规模畜禽养殖场，黔东南苗族侗族自治州开展了畜禽粪便瓦斯发电综合利用。2010 年，黔东南苗族侗族自治州共投入 3500 万元，实施农村环境综合整治项目、乡村清洁工程项目和农村"一事一议"财政奖补资金项目，对农村环境进行综合整治。流域内 16 个县（市）严格按照《贵州省主要污染物总量减排攻坚战行动方案》要求，建成了污水处理厂，城市污水处理率达到 60% 以上。

根据贵州省生态环境厅公布数据，清水江水质明显改善。干流监测断面数据表明，2010~2015 年，水体中总磷浓度从 2.17 毫克/升下降到 1.92 毫克/升，氟化物浓度从 0.74 毫克/升下降到 0.50 毫克/升；支流重安江大桥监测断面数据表明，水体中总磷浓度从 2012 年的最高值 10.21 毫克/升下降到 2015 年的 6.37 毫克/升，氟化物浓度从 2010 年的 1.95 毫克/升下降到 2015 年的 1.32 毫克/升。

3. 红枫湖的生态补偿（王家齐等，2012）

红枫湖是云贵高原乌江支流猫跳河上的深水水库，也是贵州最大的喀斯特人工湖、贵阳市主要饮用水源地。红枫湖主要入湖河流有羊昌河、麻线河、桃花源河和后六河四条，入湖流量最大的为羊昌河，其次是桃花源河，两条河流主要流经安顺市平坝县。为促进红枫湖流域水污染防治，2012 年 9 月 1 日开始实施《贵州省红枫湖流域水污染防治生态补偿办法（试行）》，按照"治理者受益、污染者赔偿、利用者补偿"的原则，在贵阳市和安顺市之间建立了流域水污染防治生态补偿机制，补偿监测控制断面为羊昌河的焦家桥断面和桃花源河骆家桥断面。从安顺市进入贵阳市的河流水质达到规定标准，则贵阳市应给予安顺市一定的水污染生态补偿资金；反之，安顺市补偿贵阳市。补偿标准按照当地污水处理厂的运行费用确定，平坝县污水处理厂 COD 的处理费用为 0.4 万元/吨，氨氮和总磷处理费用取 COD 的 5 倍，红枫湖流域水污染补偿标准暂定为化学需氧量 0.4 万元/吨、氨氮 2 万元/吨、总磷 2 万元/吨。

二、"河长制"的贵州实践[①]

2017 年 4 月，贵州发布了《贵州省全面推行河长制总体工作方案》，推行省、市、县、乡、村五级河长制，实施范围包括河流、水库、湖泊等各类水域，具体为乌江、沅水、赤水河—綦江、牛栏江—横江、北盘江、南盘江、红水河和都柳江八大水系的干流及主要一二级支流，涵盖县级以上 168 个集中式饮用

---

① 参见贵州省水利厅官方网站。

水水源地，水利普查流域面积 50 平方千米以上的 1059 条河流、小 Ⅱ 型水库；流域面积小于 50 平方千米、有河流名称且河道有长流水的河流同样纳入河长制管理。

该方案指出，贵州省委书记、省长担任省级总河长，并兼任贵州最大河流乌江干流及其流域内 6 座大型水库的省级河长；分管水利和环境保护工作的副省长共同担任副总河长，并分别兼任一条重要河流的省级河长；省委、省人大、省政府、省政协的省级领导人，各担任一条重点河流（湖泊、水库）的省级河长。贵州各市（州）、县（市、区、特区）、乡（镇）、村对流经本行政区域的每一条河流（河段、湖泊、水库），明确一位相应级别的领导担任河长。

2020 年，河长制的实施目标已实现。预计到 2030 年，全省两大流域八大水系水质将持续稳定改善，城市建成区黑臭水体总体得到消除，县城以上集中式饮用水水源水质优良比例达到 100%。

第十章　区域发展战略与路径

本章提出了未来贵州省区域和各类产业发展定位，从发展特色优势产业、推动城乡一体化发展、加快黔中城市群发展、构建现代基础设施体系、建设国家生态文明示范区等方面提出了经济社会发展路径。

第一节　区域发展战略定位

一、区域发展定位

贵州是西南地区重要的陆路交通枢纽，改革开放特别是实施西部大开发战略以来，贵州经济社会发展取得显著成效，进入了历史上发展的最好时期。但由于各种原因，贵州发展仍存在特殊困难，与全国差距较大，与周边省会差距也较大。准确地说，同样是地处西南偏远地区，成都、重庆和昆明的发展就领先于贵阳。历史发展证明，资源共享和经济共享既是区域共同发展的重要条件，也是经济发展的催化剂，实施大贵阳带动战略，加快融入成渝城市群，积极倡导构建国家第四极长江上游城市群，打造西部地区重要的经济增长极将对贵州经济起着极大的促进作用。

二、产业定位

（一）发展山地特色高效农业

贵州位于云贵高原东部，地处亚热带湿润季风气候区，地貌多样，雨量充沛，立体气候明显，具有发展特色农业的优势和潜力。特色农业是指具有独特的资源条件、明显的区域特征、特殊的产品品质和特定的消费市场的农业产业。

近年来，贵州特色农业稳步发展，如中药材、夏秋反季节蔬菜、辣椒、高品质绿茶、珍稀食用菌、优势水果、刺梨等特色农业正在快速发展，成为贵州农业结构调整中的亮点，贵州特色农产品生产在农业结构调整中的地位更加突出，在发展山地特色高效农业产业的同时加快推进传统农业向现代农业转变，提高农业产业化水平，建立高产、优质、生态、安全的现代山地特色高效农业产业体系，形成贵州品牌的特色农业标志。

（二）构建高质量发展工业产业体系

贵州省推进优质烟酒、现代能源、新型建材、现代化工、先进装备制造、基础材料、生态特色食品、大数据电子信息、健康医药、新能源汽车十大工业产业提质升级，促进工业经济发展。努力打造产业集群"两区六基地"，构建新型工业化发展新格局，促进形成世界酱香型白酒产业基地核心区、"中国数谷"电子信息产业发展核心区、世界级磷煤化工产业基地、国家级新型功能材料产业基地、全国重要的能源基地、高端装备制造及应用基地、绿色食品工业基地、中药（民族药）生产加工基地。依托十大产业，充分发挥资源禀赋和比较优势，因地制宜选准具有竞争优势、带动作用和市场前景的主导产业。发挥龙头骨干企业引领支撑作用，提高中小企业专业化水平，促进大中小企业融通发展；坚持以发展产业为主要功能，推动产业和要素资源向开发区集聚，促进各类开发区规范有序发展；把创新摆在工业发展的重要位置，推动产业数字化，着力推进科技创新及成果转化运用，加快新旧功能转换，增强市场核心竞争力；坚持生态产业化、产业生态化，严格环保标准，提升清洁生产水平，大力推动资源节约与综合利用，实现工业转型升级；构建高质量发展的工业产业体系。

（三）构建高质量发展现代服务业体系

2016 年以来，贵州省坚持以供给侧结构性改革为主线，实施现代服务业改革创新、促进服务业重点行业加快发展，呈现"稳中求进、持续向好"的良好发展态势。据贵州省统计局数据，2020 年全省服务业增加值 9075.07 亿元，比上年同期增长 4.1%，比全国（2.1%）高 2.0 个百分点；增加值总量比第一产业和第二产业分别多 6535.19 亿元和 2863.45 亿元，占全省生产总值的比重为 50.9%；对全省经济增长的贡献率为 43.2%，拉动经济增长 1.9 个百分点。随着新技术的突破和信息化的推进，居民消费结构升级、服务业专业化分工程度深化，服务业涌现了一批快速发展的新兴行业和新型业态，具有代表性的有大数据信息服务业、金融保险业、现代物流业、电子商务、山地旅游业等。这些新兴行业和新兴业态有巨大的发展潜力和广阔的市场空间，成为支撑贵州经济发展的新动能。

（四）建设高质量国家级大数据综合试验区

贵州省位于我国中部和西部的结合地带，连接成渝经济区、珠三角经济区、北部湾经济区，是我国西南地区重要的经济走廊。在国家实施西部大开发的背景下，贵州省抓住机遇，面向经济社会跨越发展的需求，把大数据应用作为产业发展的战略引领，坚持"应用驱动、创新引领，政府引导、企业主体，聚焦高端、确保安全"，通过改革、开放、创新，挖掘数据资源价值，集聚大数据技术成果，形成大数据企业集群；在全球大数据产业快速发展的背景下，贵州省大数据产业具备相应的政策支持条件、产业发展基础，以及涵盖云计算、物联网、电子政务、交通、工业、医疗等多行业的多元化投资机会；提升大数据产业发展支撑能力、大数据技术创新能力和大数据安全保障能力，努力建成全国领先的大数据资源集聚地和大数据应用服务示范基地。富士康、高通、华为等企业积极布局贵州大数据产业，中国电信、中国移动、中国联通三大运营商的云计算和大数据中心的建设为贵州省大数据产业提供新动力。贵州大数据建设成果不仅包括绿色数据中心的建设，还包括贵阳大数据交易所、云上贵州等大数据研究成果。

第二节　区域发展路径与对策

一、创新发展特色优势产业

发展山地高效特色农业，为促进贵州省农业现代化与新型工业化、信息化、城镇化同步发展，实现农业增效、农民增收。调整优化农业产业结构，大力发展特色优势农业、林特产业和林下经济，培育新型农业经营主体，强化绿色导向。加快构建现代农业产业体系，做大做强十二个农业特色优势产业，提高中药农产品标准化、规模化、品牌化水平。推进茶产业、特色食用菌、蔬菜产业提质增效，打造全国优质竹荪产业集群和南方高品质夏菇生产区，建设食用菌产业大省，成为中国南方重要的夏秋蔬菜和名特优蔬基地；优先发展地道药材，大力发展火龙果、百香果、猕猴桃、特色樱桃等优势水果；稳定发展生猪、牛羊、生态家禽、生态渔业等产业集群；实施现代农业园区建设工程，推进修文、水城、湄潭、麻江、安龙等国家级现代农业产业园区建设；协同发展林业产业和林下经济，推进林业资源开发利用；发展立体林业，调整优化林业结构，发展果蔬、花卉苗木、木本中药材、花椒等特色林业，提高林地生产力，推进林业经济效益和生态效益同步提升。实施化肥农药减量增效工程，推广农作物病虫害绿色防控技术和测土配方施肥，推进有机肥代替化肥，实现农业绿色生产与发展。与此同时，牢牢守住发展和生态两条底线，以农民增收为核心，以结构调整为主线，以农业园区建设为平台，构建特色产业、质量安全、基础设施、科技支撑、市场开拓和政策保障六大体系。

大力推进新型工业化，构建高质量发展工业产业体系，将经济着力点放在实体经济上，聚焦加快工业化进程，实施产业发展提升行动，做大做强十大工业产业，推进产业基础高级化、产业链现代化，推动产业高端化、绿色化、集约化发展，提高经济质量效益和核心竞争力。持续做强优质烟酒产业，提升烟酒品牌影响力；发展生态特色食品加工，打造世界级酱香型白酒产业基地核心区和全国绿色食品工业基地。协同发展基础能源和高效电力产业，扎实推进能源工业运行新机制，推动基础能源产业、电力产业优化升级，保障能源供应安全，着力构建绿色低碳、安全高效的现代能源体系，申建全国新型综合能源战略基地。加强重点矿产资源"大精查"和开发利用，加强技术创新，优化生产工艺流程和产品结构，促进现代化工加快发展，推动基础材料向新材料领域提升转化，新型建材优化升级，增强资源型产业可持续发展能力和市场竞争力。强化技术创新，夯实产业基础，提升产业链供应链现代化水平，增强市场竞争力，打造高端装备制造基地。充分发挥生物资源和民族文化特色优势，推进健康医药产业和民族特色轻工业加快发展，提升产业链价值链，努力增强产品市场竞争力。优化工业产业布局，聚焦产业特色，以产业园区为载体，加快建设主导产业突出、特色鲜明的产业园区，错位发展首位产业、首位产品，优化和稳定产业链供应链，推动优势产业集聚集约发展。

全面发展旅游业。贵州作为西部重要的旅游省份，拥有非常丰富的旅游资源，坚持以国际化理念引领旅游业发展，发挥优势、突出特色，丰富旅游生态和人文内涵，高品质开发旅游新业态，进一步打造国际一流山地旅游目的地，国内一流度假康养目的地，建设多彩贵州旅游强省。以民族和山地为特色的文化旅游业为动力推动四季旅游均衡发展，形成特色鲜明、多极拉动的全域旅游目的地体系，提升"山地公园省·多彩贵州风"品牌影响力。同时发展避暑休闲、温泉度假、健康养生等旅游产品，自然景观游、生态旅游、山地户外运动等自然山水旅游产品优先发展；提升红色旅游、民族文化旅游、特色城镇旅游等传统旅游产品品质，形成具有贵州特色的多元化旅游产品体系；发展乡村旅游，推进乡村旅游重点村创建，实施乡村旅游村寨、客栈、民宿和农家乐建设，打造一批乡村类旅游 A 级景区；拓展旅游景区、旅游酒店、旅行社、旅游车队、乡村旅游等产业链，培育壮大旅游市场主体，培育和引进旅游龙头企业，推动优强旅游企业上市融资，打造大型现代旅游集团。

坚持创新在现代化建设全局中的核心地位，把科技创新作为推动发展的战略支撑，着力推进数字产业化、产业数字化，强化科技和人才支撑，发展数字经济，建设"数字贵州"。围绕大数据产业链，实施数字经济万亿元倍增计划，大力发展大数据有关硬件、终端、软件、内容与服务产业和互联网经济、平台经济、无接触经济等新业态培育。推进人工智能大数据云服务平台、人工智能高端语音云呼叫产业园、人脸识别系统等项目建设。关注大数据网络安全，推进贵阳大数据及网络安全示范城市建设，建设国家大数据安全综合靶场和工业信息安全创新中心。用大数据赋能实体经济，推动实体经济数字化、网络化、智能化发展，推进传统产业在与大数据融合发展中实现转型升级。加强数字社会、数字政府建设，建设智慧城市、智慧社区和数字乡村，提升政府管理、公共服务、社会治理等数字化、智能化水平，打造数字治理示范区。建立开放式创新体系，提升科技创新能力和水平，建设各领域创新载体，突破重点领域核心关键技术瓶颈，强化科技对经济社会发展的重要支撑作用，将贵州国家大数据综合试验区建设成为全国数据汇聚应用新高地、政策法规创新先行区、综合治理示范区、产业发展集聚区、创业创新首选地。

二、深入推动新型城镇化发展

贵州省城镇发展不平衡问题突出。近年来，以人为核心的城镇化、高质量

发展为导向的新型城镇化已经取得明显成效。第七次人口普查数据显示，2020
年全省常住人口城镇化水平达到53.15%，比2015年提高8个百分点以上；户籍
人口城镇化率超过43%，比2015年提高10个百分点以上。在此背景下，仍需继
续大力推进新型城镇化，构建高质量发展城镇体系，突出山地特色，做大做强
城镇经济，健全城乡融合发展体制机制，形成优势互补的区域经济发展格局。
顺应区域交通格局变化和产业发展趋势，构建以黔中城市群为主体，贵阳贵安
为中心，贵阳—贵安—安顺都市圈、遵义都市圈为重点，其他市（州）区域中
心城市为支撑，以县城为重要载体，黔边城镇带和特色小镇为组成的新型城镇
化空间格局。加快发展其他市（州）区域中心城市和重要节点城市，支持六盘
水、安顺、毕节、铜仁、凯里、都匀、兴义等区域中心城市做优做特，完善城
市功能，加快产业和人口集聚，扩大城市容量，增强辐射带动能力。发展城镇
经济，强化城镇产业支撑，大力提升城镇基础设施、居住、基本公共服务、生
态环境和社会治理品质；从城镇服务经济出发，推动城镇现代物流、文化旅游、
金融、健康养老、会展等产业的发展。协同优化城镇消费经济，创新城镇消费
模式、优化城镇消费环境。发展城镇创新经济，支持城市高新区聚集创新资源，
培育引进高新企业，建设更多"双创"基地；发展县域经济，创新发展路径，
做大做强特色产业，推动县域经济向城市经济升级。

三、加强黔中城市群建设

近年来，贵州全面推进黔中城市群建设，着力将其打造为西部地区经济充
满活力、生活品质优良、生态环境优美的新兴增长极，城镇规模快速扩张，产
业和人口快速聚集，已经成为贵州省快速发展的重要支撑。黔中城市群是贵州
省的核心区域，规划范围涉及贵阳市、遵义市、安顺市、毕节市、黔东南苗族
侗族自治州、黔南布依族苗族自治州6个市（州）及贵安新区的33个县（市、
区），具有明显的区位和地缘优势，环境承载力较强、发展空间和潜力很大，重
点支持以贵阳为中心、遵义、安顺、都匀、凯里等为支撑的黔中城市群加快形
成。实施强省会战略，努力提高省会贵阳市的首位度，推动以贵阳为龙头的黔
中城市群融入成渝城市群，倡导构建长江上游城市群建设；积极推动贵阳、
贵安新区、安顺一体化发展，发挥黔中城市群在要素配置、产业集聚、技术
创新等方面的重要作用，使黔中城市群成为贵州省对外参与国内外经济竞争

与合作、对内带动全省区域经济社会加速发展的核心区域，建设贵州省域重要的增长极。

四、构建现代基础设施体系

构建现代基础设施体系，从交通设施建设、电网与电源建设、水利工程建设等方面进行优化，形成相互协调的现代化基础设施体系。

实施交通强国建设试点，提升大通道快速路网的完善度，织密筑牢基础网，建成结构合理、衔接高效、外联内畅的现代化多层级综合交通枢纽体系，提升贵州的西南陆路交通枢纽地位。进一步完善铁路运输网、公路连接网，实施县乡公路路面改善提升工程，从而增强县乡公路通行服务和安全保障能力。同时推进以机场改扩建工程为重点的高效航空辐射网建设，对航班航线网络规划进行研究。协同水运出省通道建设，提升"北上长江，南下珠江"水运大通道运输能力，推进库区航运工程、旅游航运工程建设；形成一体化智慧交通体系，加强贵阳、遵义全国性综合交通枢纽建设，增强贵州在西部陆海通道中的枢纽作用，完善智慧高速公路建设。

提高电网智能化水平，促进电网与电源建设协调发展，为保障能源安全和电力供应打下基础。构建坚强的输电网网架，巩固完善 220 千伏电网，建成"环网为主、链式为辅、网间支援"的电网结构，进一步加快贵州电网和兴义地方电网的"两网融合"，在完善电网设施建设的同时，推动智能安全配电网的建设，对城乡电网进行升级改造，优化电网网架结构，加快智能电网设施布局，提高电能质量和服务水平，形成可观可控的城市低压透明电网，推进农村配电网优化升级，实现城乡用电服务均等化。强化电网安全管理，优化电网调度、运行维护和风险管控，建设保底电网。

推进水网建设。从解决水资源时空分布不均和工程性缺水问题出发，加快传统水利向绿色现代水利转型发展，形成互联互通、合理高效的贵州大水网。加强水库建设与城镇布局、乡村产业相结合，以加强城乡水源保障为宗旨，推进城市应急备用水源的保护与建设。同时发展智慧水利，对已建成水利工程实行监测与运行信息化管理，形成集水资源管理、水利工程建设于一体的"云服务"体系；加快输配水网体系的建设，依靠具备较强调蓄能力的江河湖库等骨干水源，因地制宜实施引提水和连通工程；提高水旱灾害防御能力，秉承生态防洪抗旱理念，推进"蓄、护、疏、调"协同，构建现代水旱灾防御体系。

五、建设国家生态文明示范区

坚持生态优先绿色发展，建设高质量国家生态文明先行区。贵州位于世界三大喀斯特区域之一的中国西南岩溶地区中心腹地，山地和丘陵、喀斯特面积比重大，导致生态环境十分脆弱。因此，需加强生态环境治理和保护修复，全面提升生态安全屏障功能和质量，科学推进石漠化、水土流失综合治理，切实增强生态系统稳定性，促进人与自然和谐共生。加快建设苗岭、大娄山、乌蒙山、武陵山四大山脉生态廊道和乌江、赤水河、牛栏河—横江、清水江—阳河、都柳江等重点河流生态保护带，实施乌江流域山水林田湖草生态保护修复工程、赤水河流域生态保护样板示范工程，筑牢长江、珠江上游重要生态安全屏障。强化石漠化分类治理，探索与乡村产业结构调整、区域经济发展、群众增收致富有机结合的防治新模式。对林地石漠化区域采取封山育林和科学营造防护林、用材林、经济林等方式，促进林草植被正向演替和林农增收。加强自然保护地保护修复，提升自然保护地基础设施、应急防灾水平，实施以自然恢复为主、科学合理人工措施为辅的受损自然生态系统修复工程。强化污染治理，开展环境保护宣传活动，发挥市民主体作用，建设"百姓富、生态美"的多彩贵州。

参考文献

［1］敖锐，周靖陈，仁远，等．仁怀大曲酱香酒技术标准体系的结构说明［J］．酿酒科技，2016（3）：125-127.

［2］敖以深．"建国"以来贵州工业化发展道路及模式的反思［J］．长江师范学院学报，2015（3）：53-56.

［3］敖以深．乌江中下游地区阳明文化传播特点分析［J］．遵义师范学院学报，2012（2）：74-76.

［4］白明，王孝平．黔中经济区现状、问题与对策［J］．贵州财经大学学报，2011（5）：100-104.

［5］边英英，魏建新，张加敏．乌鲁木齐产业结构特征与生态环境相关性分析［J］．湖北农业科学，2016（13）：3533-3536.

［6］冰河．苗族土家族的工艺文化及其特征［J］．西北民族学院学报（哲学社会科学版），1999（1）：117-121.

［7］蔡运龙．贵州省地域结构与资源开发［M］．北京：海洋出版社，1990.

［8］曹万平．侗族服装类型与文化特征［J］．设计艺术（山东工艺美术学院学报），2015（2）：70-78.

［9］陈东晖，安艳玲．政府主导型生态补偿模式在贵州赤水河流域的适用性研究［J］．水利与建筑工程学报，2014（3）：173-177.

［10］陈厚义．选择与发展：贵州经济发展与产业结构调整［M］．贵阳：贵州人民出版社，2005.

［11］陈慧琳，黄成林，郑冬子．人文地理学［M］．北京：科学出版社，2001.

［12］陈良，高建浩，王彬．贵州特色农业发展的问题及对策研究［J］．现代化农业，2014（3）：39-42.

［13］陈为兵．论王阳明对贵州文化的影响［J］．黑龙江工业学院学报，2017（7）：16-20.

［14］陈永波，李正丽．贵州省茶类地理标志保护现状及发展对策［J］．贵州农业科学，2018（11）：158-162.

［15］陈永孝．贵州省经济地理［M］．北京：新华出版社，1993.

［16］陈政，陈曦．充分发挥贵州在新一轮西部大开发中的比较优势和潜力［J］．理论与当代，2012（10）：9-14.

［17］陈政．推动贵州茶产业高质量发展的思考［J］．当代贵州，2021（30）：62-64.

［18］崔忠强，杨旭，刘志臣，等．贵州优势矿产资源与优势旅游环境资源开发对策［J］．西部探矿工程，2015（10）：76-80.

［19］代兴波．浅谈对天保工程的认识［J］．农业与技术，2015（14）：88-89.

［20］邓小海，肖洪磊．从脱贫攻坚到乡村振兴：乡村旅游转向研究——以贵州省为例［J］．湖北民族大学学报（哲学社会科学版），2020（5）：42-49.

［21］邓晓红，毕坤．贵州省喀斯特地貌分布面积及分布特征分析［J］．贵州地质，2004（3）：191-193.

［22］董雅文，周雯，周岚，等．城市化地区生态防护研究：以江苏省南京市为例［J］．城市研究，1999（2）：6-10.

［23］杜学领．贵州省煤炭工业发展探讨［J］．煤炭经济研究，2020（1）：54-62.

［24］樊杰．主体功能区战略与优化国土空间开发格局［J］．中国科学院院刊，2013（2）：193-206.

［25］范松．贵州城镇起源特殊性的历史观察［J］．贵州社会科学，2012（6）：133-136.

［26］费孝通．乡土中国［M］．北京：三联书店，1985.

［27］冯成，高璐，祁佳，等．新形势下发挥贵州经济比较优势及其重点推进研究［J］．贵州商学院学报，2021（1）：11.

［28］冯文岗，马琨，郝瑞锋，等．贵州旅游产业化发展路径研究［J］．贵州商学院学报，2021（2）：1-10.

［29］高可盈，白建妹，黎辰星．智慧旅游视角下贵州旅游业转型升级思考［J］．中国市场，2016（51）：31-34.

［30］高全成，王恩胡．西部地区特色优势产业发展状况综述［J］．西安财经学院学报，2008（3）：9.

［31］葛美玲，封志明．中国人口分布的密度分级与重心曲线特征分析［J］．地理学报，2009（2）：202-210.

［32］葛中曦，丁扬，李益敏．多民族及生态脆弱地区产业结构演替及生态环境效应分析：以云南省怒江州为例［J］．安徽农业科学，2015（19）：324-327.

［33］耿晓琴，陈恩磊，董成文．贵州渔业绿色发展路径探究：以"贵水黔鱼"品牌建设为例［J］．江西水产科技，2021（3）：2.

［34］龚振黔，赵平略．论王阳明"知行合一"说对贵州地方文化的影响［J］．贵州社会科学，2013（12）：18-22.

［35］关晓溪，罗开莲，陈继红，等．农药减量使用视角下的贵州农业绿色发展［J］．中国植保导刊，2020（5）：94-96.

［36］贵阳市志编纂委员会．贵阳市志：宗教志［M］．贵阳：贵州人民出版社，1996.

［37］贵州省地方志编纂委员会．贵州省志·地理志［M］．贵阳：贵州人民出版社，1985.

［38］贵州省地方志编纂委员会．贵州省志·电力工业志［M］．贵阳：贵州人民出版社，1997.

［39］贵州省地方志编纂委员会．贵州省志·卷16农业志1978-2010［M］．贵阳：贵州人民出版社，2011.

［40］贵州省地方志编纂委员会．贵州省志·水利志［M］．贵阳：贵州人民出版社，1997.

［41］贵州省发展和改革委员会课题组．贵州经济区域划分和"十一五"区域经济发展研究［Z］．2005.

［42］贵州省国土资源厅编制．贵州省地图集［M］．成都：成都地图出版

社，2005.

［43］贵州省农村经济区划编写组．贵州省农村经济区划［M］．贵阳：贵州人民出版社，1989.

［44］贵州省农业地貌区划编写组．贵州省农业地貌区划［M］．贵阳：贵州人民出版社，1989.

［45］贵州省农业机械化区划编写组．贵州省农业机械化区划［M］．贵阳：贵州人民出版社，1989.

［46］贵州省农业厅，中国科学院南京土壤研究所．贵州土壤［M］．贵阳：贵州人民出版社，1980.

［47］贵州省区域地理信息项目领导小组．贵州省地理信息数据集［M］．贵阳：贵州人民出版社，1996.

［48］贵州省水利厅，贵州省环境保护局．贵州省水功能区划［R］．2014.

［49］贵州省统计局农村处．贵州省改革开放以来农业与农村发展成效［J］．农技服务，2019（3）：6-7.

［50］贵州省综合农业区划编写组．贵州省综合农业区划［M］．贵阳：贵州人民出版社，1988.

［51］贵州统计局．贵州奋进的四十年［M］．北京：中国统计出版社，1989.

［52］郭长智．谈贵阳王阳明文化［J］．贵阳市委党校学报，2000（3）：56-57.

［53］郭旭，徐志昆．贵州白酒品牌体系构建现状、存在问题及对策研究［J］．贵州商学院学报，2020（4）：19-29.

［54］郭旭，周山荣，黄永光．基于酒文化的中国酒都仁怀旅游发展策略［J］．酿酒科技，2016（4）：106-110.

［55］国家特邀国土资源监察专员赴贵州调研组．贵州省矿产资源开发与矿山环境保护调研报告［J］．中国国土资源经济，2008（1）：4-7.

［56］韩忠禄，费孟，潘东彪．贵州丘陵山区土地宜机化改造探索［J］．贵州农机化，2021（4）：4-7.

［57］郝志斌，杨荣芳，商崇菊．贵州大水面生态渔业产业体系构建研究［J］．中国水产，2020（3）：4.

［58］何法元，陈晓静．论苗族多声部情歌的形态特征及其文化生境［J］．名作欣赏，2011（26）：166-168．

［59］何玲，马俊丽．特殊地貌背景下贵州省农业现代化转型之路研究［J］．农业经济，2021（7）：15-17．

［60］衡献伟，李青松，付金磊，等．贵州煤炭工业科技创新进展及"十四五"时期发展方向［J］．中国煤炭，2021（5）：13-19．

［61］洪名勇，张绍阳，何金福．贵州省喀斯特石漠化的历史深化—远古时期至现代［J］．城市资源与环境，2016（11）：117-179．

［62］侯石安，胡杨木．现代物流，要素投入对贵州农业经济增长的影响：基于贵州省1995—2018年时间序列数据［J］．贵州社会科学，2019（3）：126-132．

［63］胡双发．贵州农村居民消费水平滞后原因与提升对策［J］．安顺学院学报，2021（1）：102-112．

［64］胡晓亮，李红波，张小林，等．乡村概念再认知［J］．地理学报，2020（2）：398-409．

［65］华斌，康月范，林昊．中国高新技术产业政策层级性特征与演化研究：基于1991—2020年6043份政策文本的分析［J］．科学学与科学技术管理，2022（43）：1-26．

［66］黄登科，赵宇鸾．贵州省县域人口与经济分布格局的时空演变［J］．贵州师范大学学报（自然科学版），2016（5）：16-25．

［67］黄明珠．贵州民族地区山地旅游发展策略［J］．贵阳学院学报（社会科学版），2020（2）：61-64．

［68］黄威廉，屠玉麟，杨龙．贵州植被［M］．贵阳：贵州人民出版社，1988．

［69］蒋焕洲．贵州旅游资源深度开发对策研究［J］．国土与自然资源研究，2012（2）：66-68．

［70］冷继茂，周文琴，肖德福．贵州喀斯特环境生态渔业发展现状及利用模式［J］．贵州农业科学，2009（10）：3．

［71］李成刚．大数据发展助推实体经济提升实证研究：基于2013—2018年省级面板数据［J］．贵州社会科学，2020（1）：10．

［72］李建存，涂杰楠，童立强，等．贵州岩溶石漠化20年演变特征与影响因素分析［J］．国土资源遥感，2013（4）：133-137．

［73］李坤．返本开新：泽被黔中的阳明文化［J］．当代贵州，2015（46）：10-11．

［74］李如友，郭鲁芳．旅游减贫效应之辩：一个文献综述［J］．旅游学刊，2017（6）：28-37．

［75］李升发，李秀彬，辛良杰，等．中国山区耕地撂荒程度及空间分布：基于全国山区抽样调查结果［J］．资源科学，2017（10）：1801-1811．

［76］李亦秋，杨广斌．典型喀斯特城镇体系的分形研究：基于贵州省城镇体系的实证分析［J］．山地农业生物学报，2007（1）：52-57．

［77］李阳兵，黄娟，徐倩，罗光杰．对石漠化概念及其治理的再思考［J］．贵州师范大学学报（自然科学版），2017（35）：1-6．

［78］梁龙武，王振波，方创琳，等．京津冀城市群城市化与生态环境时空分异及协同发展格局［J］．生态学报，2019（4）：1212-1225．

［79］刘锦．贵州旅游业的发展现状及对策分析［J］．旅游纵览（下半月），2016（6）：136．

［80］刘开华，郑长德．新结构经济学视域下贵州省产业结构的优化研究［M］．北京：中国经济出版社，2016．

［81］刘玉洁，吕硕，陈洁，等．青藏高原农业现代化时空分异及其驱动机制［J］．地理学报，2022（1）：214-227．

［82］刘悦．贵州工业经济走新路：《贵州省"十三五"工业发展规划》出炉［J］．当代贵州，2017（2）：44-45．

［83］刘宗碧．阳明文化在贵州［J］．贵州师范大学学报（社会科学版），2014（5）：5-8．

［84］陆清平，赵翠薇，王杰．贵州省城镇综合位序：规模分布变化及其特征［J］．长江流域资源与环境，2021（2）：1-12．

［85］马骏祺．贵州文化600年［M］．贵阳：贵州人民出版社，2014．

［86］牟玉梅，毛妃凤，张绍刚．贵州省辣椒产业现状与发展建议［J］．中国蔬菜，2020（2）：3．

［87］潘治富．中国人口：贵州分册［M］．北京：中国财政经济出版

社，1988.

［88］彭建，汪安，刘焱序，等．城市生态用地需求测算研究进展与展望［J］．地理学报，2015（2）：333-346.

［89］彭建，王仰麟，叶敏婷，等．区域产业结构变化及其生态环境效应：以云南省丽江市为例［J］．地理学报，2005（5）：798-806.

［90］彭建，熊康宁．世界遗产视角下的赤水丹霞地貌刍议［J］．贵州师范大学学报（自然科学版），2008（26）：11-17.

［91］秦勇，高弟．贵州省煤层气资源潜力预测与评价［M］．徐州：中国矿业大学出版社，2012.

［92］秦勇，汤达祯，刘大锰，等．煤储层开发动态地质评价理论与技术进展［J］．煤炭科学技术，2014（1）：80-88.

［93］任敏，马彦涛．清水江流域生态补偿实践的政策创新及完善［J］．资源节约与环保，2015（9）：173.

［94］任敏．"河长制"：一个中国政府流域治理跨部门协同的样本研究［J］．北京行政学院学报，2015（3）：25-31.

［95］沈德林，杨民，王燕，等．贵州省深化畜牧业结构调整助力乡村振兴［J］．贵州畜牧兽医，2018（4）：6.

［96］沈镭，高丽．中国西部能源及矿业开发与环境保护协调发展研究［J］．中国人口·资源与环境，2013（10）：17-23.

［97］石开忠．从"五普"到"六普"看贵州省各民族人口数量变化及原因［J］．贵州民族大学学报（哲学社会科学版），2014（2）：1-3.

［98］史继忠．贵州文化解读［M］．贵阳：贵州教育出版社，2000.

［99］史开志，余波．打造本地品牌　筑牢产业之基［J］．当代贵州，2020（2）：66-67.

［100］宋圭武．对小农经济特性的两点再思考［J］．内蒙古社会科学（汉文版），2003（1）：75-79.

［101］宋生琼，夏清波，冉启洋．贵州省矿产资源及其勘查开发现状、存在问题与建议［J］．国土资源情报，2012（10）49-53.

［102］苏迪．贵州喀斯特石漠化治理与生态文明建设［J］．安徽农业科学，2012（32）：15856-15857.

［103］孙飞红．中国消费结构升级问题的理论与现实［J］．中国经贸导刊，2020（6）：10-13.

［104］孙国均．贵州省人口结构变化及对策研究［D］．贵阳：贵州大学，2016.

［105］孙亚莉，江金进，曾芳．贵州省矿产资源综合开发利用现状及建议［J］．中国国土资源经济，2017（7）：20-22.

［106］覃国宁．浅谈苗族服饰的民族文化特征［J］．中央民族大学学报（哲学社会科学版），1992（5）：39-40.

［107］汤向华．贵州省水电开发的现状、问题及对策［J］．贵州电力技术，2017（6）：85-88.

［108］汤芸，张原，张建．从明代贵州的卫所城镇看贵州城市体系的形成机理［J］．西南民族大学学报（人文社科版），2009（10）：7-12.

［109］唐双娥．法学视角下生态用地的内涵与外延［J］．生态经济，2009（7）：190-193.

［110］唐似亮．对布依族文化生存状态的思考［J］．曲靖师范学院学报，2004（4）：38-41.

［111］田宏．基于消费结构的大庆市城镇居民生活质量研究［J］．大庆社会科学，2019（5）：91-94.

［112］汪念，王启，王正美．贵州省流域水污染防治生态补偿实践与进展［J］．绿色科技，2015（12）：196-197.

［113］汪有盛，李万禄．贵州城镇［M］．贵阳：贵州科技出版社，1991.

［114］王德炉，朱守谦，黄宝龙．石漠化的概念及其内涵［J］．南京林业大学学报（自然科学版），2004（6）：87-90.

［115］王东民．贵州的古城［J］．贵州文史丛刊，1989（4）：128-133.

［116］王鹤松，何敏，闫薇，等．基于遥感总初级生产力的天山—塔里木绿洲地区生态系统脆弱性研究［J］．生态学报，2021（24）：1-9.

［117］王红霞．贵州文化产业发展报告［J］．新西部，2019（19）：40-44.

［118］王家齐，郑宾国，刘群，等．红枫湖流域生态补偿断面水质监测与补偿额测算［J］．环境化学，2012（6）：917-918.

［119］王剑，韩卉．阳明文化启蒙思潮与社会主义自由观之涵养［J］．贵州师范大学学报（社会科学版），2017（6）：116-122.

［120］王莉鑫．贵州山地旅游发展现状与改善措施探究［J］．当代旅游，2021（1）：36-37.

［121］王礼全．贵州经济形势分析与预测经济蓝皮书2012年［M］．贵阳：贵州人民出版社，2012.

［122］王娜，李旭东．贵州省人口年龄结构现状与特征分析［J］．六盘水师范学院学报，2015（3）：76-80.

［123］王世杰．喀斯特石漠化概念演绎及其科学内涵的探讨［J］．中国岩溶，2002（2）：101-105.

［124］王晓东，李晓华，王春华，等．贵州煤炭工业转型升级的问题及路径探讨［J］．机电信息，2019（27）：119-121.

［125］王燕，张游宇，罗伟，等．贵州省畜牧业发展现状及建议［J］．贵州畜牧兽医，2021（5）：3.

［126］王远白．阳明文化与大众需求［J］．当代贵州，2015（32）：56-57.

［127］王孜昌，王宏艳．贵州省气候特点与植被分布规律简介［J］．贵州林业科技，2002（4）：46-50.

［128］韦启光．王阳明龙场悟道与贵州少数民族文化［A］//王天玺．西部发展的理论与实践［M］．昆明：云南教育出版社，2005.

［129］吴爱华．贵州山地旅游发展现状与发展策略研究［J］．西部旅游，2021（6）：20-21.

［130］吴敏．促进贵州农村特色经济产业化的思考［J］．贵州社会科学，2008（11）：76-78.

［131］吴士章，蒋太明，肖厚军，等．贵州水资源利用现状、供需预测及保护对策研究［J］．贵州师范大学学报（自然科学版），2003（2）：64-69.

［132］吴天祥，田志强．品鉴贵州白酒［M］．北京：北京理工大学出版社，2014.

［133］吴战平．贵州省气候变化影响评估研究［M］．北京：气象出版社，2016.

［134］吴中伦．贵州新型工业化进程中绿色转型的机制创新研究［J］．贵州民族研究，2018（4）：179-182.

［135］武鸿麟．贵州小城镇改革发展研究［M］．贵州：《贵州小城镇改革发展研究》课题组，2003.

［136］武建勋．贵州乡镇影院建设的现状、问题及对策［J］．当代电影，2020（8）：72-77.

［137］萧利声．贵州省小水电发展的回顾与展望［J］．贵州水利发电，2001（15）：1-5.

［138］肖良武．阳明文化品牌构建与价值提升研究［J］．贵阳学院学报（社会科学版），2016（6）：43-47.

［139］肖良武．知行合一思想的经济学解读及对现实的观照［J］．管理学刊，2010（3）：16-19.

［140］谢高地，张彩霞，张雷明，等．基于单位面积价值当量因子的生态系统服务价值化方法改进［J］．自然资源学报，2015（8）：1243-1254.

［141］熊康宁，李晋，龙明忠．典型喀斯特石漠化治理区水土流失特征与关键问题［J］．地理学报，2012（7）：878-888.

［142］熊康宁．喀斯特石漠化的遥感—GIS典型研究：以贵州省为例［M］．北京：地质出版社，2002.

［143］熊肖雷，张慧芳．产业融合视角下城乡绿色农业产业链协同发展的对策研究：以贵州省为例［J］．经济研究导刊，2021（13）：17-21.

［144］徐福英．城市产业结构调整与资源环境关系的实证研究：基于青岛市2001—2010年的数据分析［J］．城市发展研究，2012（12）：83-87.

［145］徐海星．服务业撑起贵州经济半壁江山［J］．当代贵州，2015（43）：40-41.

［146］徐宏杰，桑树勋，杨景芬，等．贵州省煤层气勘探开发现状与展望［J］．煤炭科学技术，2016（2）：1-7.

［147］徐柯健，李兴中，刘嘉麒．贵州兴义喀斯特景观特征［J］．中国岩溶，2008（2）：157-164.

［148］许炳南，吴俊铭，姚檀桂，等．贵州气候与农业生产［M］．贵阳：贵州科技出版社，1992.

［149］严奇岩．清代玉米的引进与推广对贵州石漠化的影响［J］．贵州师范大学学报（社会科学版），2010（3）：48-53.

［150］杨斌．国民党统治时期的贵州人口资料辨析［J］．贵州文史丛刊，2002（1）：42-44.

［151］杨斌．军阀统治时期贵州人口资料辨析［J］．贵州社会科学，2001（3）：105-109.

［152］杨斌．清代前期贵州人口的分布变迁［J］．贵州社会科学，1999（1）：94-99.

［153］杨滨，杨荣芳．贵州省水能资源开发现状及前景浅析［J］．人民长江，2009（9）：10-11.

［154］杨公仆，夏大慰．现代产业经济学［M］．上海：上海财经大学出版社，2005.

［155］杨广斌，安裕伦，张雅梅，等．基于3S的贵州省万亩大坝信息提取技术［J］．贵州师范大学学报（自然科学版），2003（2）：93-96.

［156］杨柳英，赵翠薇．贵州省产业结构变化及其生态环境效应研究［J］．贵州科学，2018（2）：53-57.

［157］杨龙，殷红梅．贵州生态旅游资源评价与开发利用建议［J］．贵州师范大学学报（自然科学版），1998（4）：64-69.

［158］杨明德．论贵州岩溶水赋存的地貌规律性［J］．中国岩溶，1982（2）：81-91.

［159］杨明德．论喀斯特地貌地域结构及其环境效益——贵州喀斯特环境研究［M］．贵阳：贵州人民出版社，1988.

［160］杨明德．论喀斯特环境的脆弱性［J］．云南地理环境研究，1990（1）：21-29.

［161］杨明坤．贵州煤矿煤层气开发利用现状及建议［J］．有色金属文摘，2019（1）：77-78.

［162］杨青青，鞠萍，左海静．中国优秀传统文化在大学生党建和思政教育中的作用研究［J］．教书育人（高教论坛），2015（36）：32-33.

［163］杨秋婷．山地特色高效农业推进贵州乡村振兴的驱动力研究［J］．国土与自然资源研究，2019（5）：79-82.

［164］杨兴，周路，田晓琴．贵州设施渔业的发展现状与对策［J］．贵州农业科学，2007（6）：151-152.

［165］杨兴艳，赵翠薇．贵州省传统村落居民点空间分布及其影响因素［J］．水土保持研究，2020（5）：389-395.

［166］杨宗贵．中国人口迁移与城市化研究：贵州卷［M］．武汉：华中理工大学出版社，1994.

［167］于漪，李桥兴．基于资源开发视角的贵州省旅游产业发展路径研究［J］．贵州社会科学，2019（7）：160-168.

［168］詹瑜．贵州仁怀白酒产业集群的形成路径、发展机制及启示［J］．酿酒科技，2019（3）：131-136.

［169］张涤．浅析贵州矿产资源及其开发利用［J］．贵州地质，2003（3）：150-153.

［170］张宏海．贵州与长江经济带协同发展研究［J］．新经济，2015（7）：12-13.

［171］张建．明清贵州城镇的形成及其对当今贵州民族地区发展的启示［J］．贵州大学学报（社会科学版），2012（4）：68-73.

［172］张剑雄，沈弘益．西藏特色产业发展研究［M］．厦门：厦门大学出版社，2015.

［173］张金带，李子颖，苏学斌，等．核能矿产资源发展战略研究［J］．中国工程科学，2019（1）：113-118.

［174］张满姣．贵州500亩以上坝区产业发展现状分析［J］．安顺学院学报，2021（4）：38-41.

［175］张梦雨．贵州农村产业结构优化及影响因素研究［D］．贵阳：贵州财经大学，2018.

［176］张小林．乡村概念辨析［J］．地理学报，1998（4）：79-85.

［177］张晓松．山骨印记：贵州文化论［M］．贵阳：贵州教育出版社，2000.

［178］张晓阳．贵州区域经济发展研究［M］．北京：中国经济出版社，2016.

［179］张信宝．贵州石漠化治理的历程、成效、存在问题与对策建议

［J］．中国岩溶，2016（5）：497-502．

［180］张勇．贵州经济发展必须走新型工业化道路［J］．贵州大学学报（社会科学版），2004（6）：18-21．

［181］赵斌，袁志敏．贵州省林地资源保护利用现状与对策探讨［J］．中南林业调查规划，2014（2）：14-16．

［182］赵星．贵州喀斯特聚落文化研究［J］．贵州师范大学学报（自然科学版），2010（3）：108-112．

［183］赵震海，况顺达．关于贵州煤炭资源开发的思考［J］．中国矿业，2006（3）：17-20．

［184］赵志龙，罗娅，余军林，等．贵州高原1960—2016年降水变化特征及重心转移分析［J］．地球信息科学学报，2018（10）：1432-1442．

［185］郑功勋，李晓华，王晓东，等．基于AHP-SWOT分析的贵州煤炭产业发展研究［J］．煤炭工程，2020（8）：188-192．

［186］周琦，张世俊，杨兵，等．贵州省旅游资源大普查实施背景、技术要求与主要成果及意义［J］．贵州地质，2018（2）：145-152．

［187］周毅．中国城市化道路与模式研究［M］．北京：新华出版社，2015．

［188］周子琴，苏维词，郑群．2007—2016年贵州省水资源生态足迹的演化特征［J］．水土保持通报，2019（2）：227-233．

［189］祝德桂．1964—1978年的三线建设对贵州社会经济发展的重要意义［J］．贵州文史丛刊，1995（3）：27-30．